| 博士生导师学术文库 |

A Library of Academics by
Ph.D. Supervisors

经济与文学

朱丽霞 著

光明日报出版社

图书在版编目（CIP）数据

经济与文学 / 朱丽霞著 . -- 北京：光明日报出版社，2019. 5

（博士生导师学术文库）

ISBN 978 - 7 - 5194 - 5356 - 5

Ⅰ. ①经… Ⅱ. ①朱… Ⅲ. ①文人—社会活动—研究—中国—清前期 Ⅳ. ①D691. 71

中国版本图书馆 CIP 数据核字（2019）第 093529 号

经济与文学

JINGJI YU WENXUE

著　　者：朱丽霞

责任编辑：杨　娜　　责任校对：董小花

封面设计：一站出版网　　责任印制：曹　净

出版发行：光明日报出版社

地　　址：北京市西城区永安路 106 号，100050

电　　话：010-63139890（咨询）　63131930（邮购）

传　　真：010 - 63131930

网　　址：http：//book. gmw. cn

E - mail：yangna@ gmw. cn

法律顾问：北京德恒律师事务所龚柳方律师

印　　刷：三河市华东印刷有限公司

装　　订：三河市华东印刷有限公司

本书如有破损、缺页、装订错误，请与本社联系调换，电话：010 - 63131930

开　　本：170mm×240mm

字　　数：221 千字　　印　　张：16. 5

版　　次：2020 年 1 月第 1 版　　印　　次：2020 年 1 月第 1 次印刷

书　　号：ISBN 978 - 7 - 5194 - 5356 - 5

定　　价：85. 00 元

序

杨庆存

文学是综合性极强与容纳性极大的文化载体，而一定的经济条件又是文学生产与文学发展的必要前提。经济与文学二者之间的关联研究，就是跨学科结缘生成的新领域。

众所周知，在中国古代文学经典中，散文如晁错《论贵粟疏》、桓宽《盐铁论》、鲁褒《钱神论》，诗歌如李白《行路难》“金樽清酒斗十千，玉盘珍馐值万钱“、白居易《卖碳翁》“半匹红绡一丈绫，系向牛头充炭直”、黄庭坚《送顾子敦赴河东》“犹闻昔在军兴日，一马人间费十牛”，诸如此类的例子不胜枚举，其中无不蕴含着丰富的经济元素。经济对于文学生产的促进与支撑，更是不言而喻。然而，很少有文学史家将经济学内容纳入文学研究范畴，讨论经济学与文学之间关联的跨学科研究成果更是罕见。当我看到上海交通大学朱丽霞教授《经济与文学》书稿清样时，不由眼前一亮，细读之后，感觉至少有以下三方面的特点。

一、跨学科、大思路、深层次是这部著作的重要特点。

文学是人类思想情感与艺术智慧的结晶，文学活动更是人类历史实践的重要内容。文学与社会环境、历史发展以及创作群体的思想学养、经济基础密切相关。一方面，文学自身的艺术表现力、吸引力和感染力，以及突出的社会性、鲜明的时代性和独特的民族性，与涉及的内容包罗万象、深厚广博密不可分，诸如宇宙、人生，思想、情感，历史、社会，政治、经济，军事、法律，如此等等，无不含纳其中。另一方面，文学的生产又与时代发展和创作者的经济状况直接关联。刘勰《文心雕龙》用“文变染乎世情，兴废系乎时序”概括文学与“世情”“时序”的密切关系，而恩格斯《在马克思墓前的讲话》则指出了“人们首先必须吃、喝、住、穿，然后才能从事政治、科学、艺术、宗教等等”的朴素事实。

然而，以往传统的文学研究，大都注重文学创作的思想内容与艺术特点，将文学文本、作家作品、流派衍变诸方面，作为根本性、基础性、核心性和普遍性的内容，鲜见从经济与文化层面开展跨学科的深入考察。朱丽霞教授的学术专著《经济与文学》，立足于深入研究明末清初易代之际文人经济状况与文学创作活动之间的相互关系，且以著名文人方文和学者朱彝尊为典型案例，细致考察和深刻剖析由于复杂社会矛盾和不同价值取向而形成的经济状况、生活状态与创作情况，着力探讨特定历史时期文学发展的内在规律，提出一系列新观点、新见解。此仅举一例，如著者认为，“作为文学史上走向巅峰的少数诗人之一，方文的名字没有引起文学研究者足够的重视。在明末清初的遗民研究中，方文是被人谈论不多的一位，这也许是因为顾炎武、王夫之、屈大均等的光芒过于耀目，也许因为方文并未成为历史上中流砥柱式的人物，从而造成了他的易被忽视。但无论对于清初遗民还是整个文学史，方文的作品都有着无可争议的重要意义，因为它代表了一个新起点。”由此可窥一斑。

总之，《经济与文学》既呈现出跨学科、大思路、深层次的突出特点，又体现着见解独到、视野开阔和勇于创新的学术精神，为学界提供了一部颇具原创性、开拓性和前沿性的新成果。

二、广大精微，征引宏富，扎实深厚是这部著作的又一重要特点。

致广大而尽精微，文献作基础，史实为依据，有证必引，无征不信，言之成理，持之有故，是人文研究的优良传统。朱丽霞教授的《经济与文学》不仅征引大量历史文献，着眼于广阔的历史大背景，描述明末清初易代之际文人群体面临“谋国与谋身”的历史困境、复杂心态和艰难选择，而尤其是立足于史实细节，从方文与朱彝尊本人文集中爬梳发掘大量第一手资料，乃至从本人文学作品中，深入分析他们赖以生存的经济物质基础、思想意识观念和文学创作活动。

比如，作者以史料记载与文学作品为据，指出易代之前即以诗歌散文成就著称于时的桐城名人方文，易代后奔波于塞北江南，开馆授徒，行医卖卜，惨淡经营，维持生存与创作，坚守遗民节操，矢志不移，用一生的付出完成了一个儒家士人的道德操守。著作还专设“方文的经济收入与文学运作”，以丰富的资料说明其文学活动的经济基础。又以文学创作活动为介质，与许多遗民和新朝官员保持密切关系。著作还采用简洁新颖的表格形式，胪列友人交往作品，充分说明遗民精英方文，是易代之初与社会上层、下层均有密切交往却又保持自身节操和文化归属的重要代表人物。

著作还通过朱彝尊本人的大量文学作品与书信，说明其在易代之后以讲学、游幕为生，坚持文学创作和文化活动，后参加康熙间的博学鸿词科之荐，成为新政权的拥护者。书中专设“博鸿后的经济支付与收入来源”一节讨论其经济收入来源、生活支出状况和文学文化活动情况。朱彝尊在三十余年的遗民生涯中，走访古迹、收藏碑拓和图书、研究金石文字，留下大量反映当时文化生态和历史影像的著作，成为文学与文化建树卓越的著名词人、学者和藏书家。

总之，著作以征引的大量文献与作品为依据，认为方文与朱彝尊，分别代表了明末清初大批遗民分化后的走向和不同的谋生方式，具有典型性与代表性，是观察十七世纪中期在历史巨变中文学嬗变与文化走向的重要窗口。

三、底蕴丰厚，富有文采是这部书的第三个重要特点。

学术著作由于研究内容、文献征引和表达方式的特殊性，往往很难达到语言生动吸引读者的效果。不必说古代如刘勰《文心雕龙》恢宏巨著或李清照《词论》短小精悍之类的深厚典雅者极为少见，即便如鲁迅历时十年结撰的《中国小说史略》语言之优雅，也可谓凤毛麟角。朱丽霞教授在广征博引的同时，又努力雅意润色，在学术语言的表达方面下功夫，尤其是精心凝炼章节目录，以富于浓厚文学色彩的语言，表达学术研究的丰富内容，体现出令人钦佩的文化底蕴和文采。

比如，第一章以"路在何方"表达文人"易代之际的生存境遇"，以清代杜濬《龚宗伯座中赠优人扮虞姬》绝句"八千子弟封侯去，唯有虞兮不负心"表达对坚持故国情怀操守的敬佩，以褚人穫《坚瓠五集》卷三收入的时人讽刺诗《一队夷齐》"圣朝特旨试贤良，一队夷齐下首阳"描述部分文人入仕新朝的情景；第二章"方文谋生与诗文创作(上)"，以方文本人《建昌访魏竟甫明府》"莫笑西川杜工部，也从人乞草堂资"诗句、《北游草·清江赠任计部崧翰》"我欲卜居枚叔里，从容来乞草堂资"诗句为章节的题目，表现经济拮据依靠友人帮助来维持生活的尴尬处境；都给人新颖有趣的雅致感和甚有文化品位的厚重感。

记得20世纪末，当马萨·伍德曼西和马克·奥斯迪恩合编的《新经济批评：文学与经济交叉研究》（1999）面世后，学界曾有过讨论文学与经济跨学科研究的新思潮，但真正开展经济与文学跨学科研究的力作并不多，特别是中国传统文化方面的成果更少见。朱丽霞教授的《经济与文学》，无疑是这一领域的开山之作。

2019年3月20日写于奉贤

目　录

CONTENTS

绪　论

以朝代更替为时代背景、以一流经典大家为主要架构方式的传统文学史的撰写发轫于二十世纪初，并风靡整个二十世纪，此后，一千余种文学史的撰写无不遵循这一光荣传统，其写作规则未曾受到挑战。然而，进入二十一世纪，由于全球一体化及文化多元大背景的冲击，如何撰写文学史成为学界十分引人注目的论题，人们在不断地尝试运用新视野、新方法重新审视并撰写文学史。例如，西方接受美学的引进对中国传统文学史的写作产生了巨大影响，至今仍广泛影响中国文学研究的各个层面。但接受美学的方法并不适用于所有的文学现象，其对某些文学现象不能做出参透本质的诠释。近年来，学界又在努力探索新的文学研究方法，如从经济的角度审视文学的发展与变化，便是一个崭新的视角。

每一次改朝换代的时刻都会产生大批不仕新朝的遗民，这些遗民往往却是当时贯穿两朝的文化精英，他们的文学活动对于前朝与后代的文学嬗变起到了重要作用。这一文学发展的独特现象已引起学界的关注，但相关的系统研究却寥若晨星。目前关于这一问题的学术成果主要集中于两个领域。其一，是文人游幕。戴伟华《唐代幕府与文学》（北京现代出版社，1990 年）、《唐代使府与文学研究》（广西师范大学出版社，1998 年）及相关学术论文，从幕府的发展和文人游幕的视角对唐诗的繁荣和其达到诗歌巅峰的原因做出了新的剖析与解释，这是最早对文人游幕问题进行细致和深入研究的重要成果。而与幕府密切关联的明代文学与文化的研究主要有吕靖波《明代文人游幕与文学研究》（中国社会科学出版社，2015 年）及相关论文，开始对明代文人谋生进行深入探讨，从生存谋生的视角对明代文坛生态进行多方位的研究，多有卓见。尚小明《学人游幕与清代学术》（社会科学文献出版社，1999 年），从幕府的角度研究清代学术繁荣的多种原因。学人游幕的兴盛与清代学术的发达关系密切，某些学人幕府官员组织编纂系列大型经史著作，成为清代大规模清理以往学术文化成果的重要承担者。尚著对清代学术发展的原因把握得准确而有深度，然而并没有触及幕府与清代文学嬗变的本质问题，尤其未涉及明清之际这一特殊的历史与文化背景中所发生的种种引人注目的文学现象。相对于浩如烟海的明清典籍，目前学界对于文人谋生与其文学及学术成就之关系的研究几乎未能展开，这一部分仍然是一个巨大的学术空白，而从这一视角对清代文学生态的探讨则基本也是空白。

针对清代文学萌芽繁荣的复杂过程，以往的研究多聚焦于清代政治的汉化政策和文化认同。而清代不仅学术发达，各种文体也呈现全面复兴之态，尤其是清初，终究是什么原因使得清代文学走向繁荣？对于这一问题，仅从文学史发展的内部原因进行探讨则难以充分认识其庐山真面目。文学的发展很大程度上取决于经济环境，虽然经济与文学并非成正比，但文学现象尤其是具体的文人个案，其文学成就的取得直接与其经济状况密切相关。本书的研究由此开始。

明清之际，无论文化界、艺术界，还是学术界，作为知识精英的遗民仍然以其崇高的文学声望操持文学月旦之评的权力，引导着文学潮流和文化趣味的变化。本书选取明末清初著名文人方文和朱彝尊的经济活动为个案，探讨易代之际，矛盾复杂、文化多元的社会环境下文人的不同选择和其文学成就之间的关系。

本书对十七世纪清代文化生态的探讨，涵盖了较为广泛的社会文化现象和问题。如对社会文化史而言，晚明时期，伴随商品经济的高度发达，教育得到迅速发展，知识人的队伍迅速壮大，上、下层文化之间互动更为频繁，文化事业空前繁荣。作为一种贯穿的消费文化，并未因易代而断绝或发生变化，本书绪论部分所论易代之初江南娱乐活动的昌盛乃是晚明文化的直接延续，这构成清初遗民文学特色的一个相关学术问题。在中国历史上，文人阶层是文学创作和传播的主体。从这个意义上来说，文学就是文化精英的心灵和生活记录，透过他们的诗文，我们看到了文学如何由明入清。而明清易代后，明遗民的生存和创作活动如何回应了当时的政治情势，政治环境的改变又怎样地影响了清初文学观念的形成？对文学史研究而言，本书探讨的不仅仅是清初的文人与文学生态，它同时也对明清之际文人的生活状况做了细致描述。明遗民与出仕官员之间具有复杂的互动关系，包括经济的依存和文学的互助。本书认为，在清初的政治情景中，许多出仕新贵都渴望成为遗民的友人和知己，明遗民也在仕清新贵的保护和帮助下，度过了最为艰难的岁月。而仕清官员的经济赞助则成为明遗民的文学活动得以展开和实现的重要条件。

从某种意义来说，遗民入幕成为十七世纪中后期文学变迁的预言，尽管他们还无法看到这个转变将会走向何方。其重要意义在于，这种现象并没有在表层意义上阐述文学发展的前景，而是为清代文学的全面繁荣和各种文体的复兴提供了一种新的契机。这一契机无疑为后代文学创作者指出了一条继续前行的康庄大道。清代学术的空前发达，清词的全面复兴，始终伴随唐宋之争的清诗的繁荣，文人的经济活动与文化运作即是其中重要因素。

对清初文人的游幕经历进行考察，从社会史的角度透过文人的生存状况检视当时知识分子文学活动和生存境况的真实面目，探讨清初文学文人生存状况和文学现象、文学风气之间的关系，借以了解此期文学生态及其发展变化，找出文学史表面繁盛背后的“经济动因”和生成力量；从“经济与文学之关系”的视角对明清文人的文学活动进行重新审视和思索，对“文人生存”与“文学生成”之关系进行重新剖析，进而对中国“古典文学演生史”进行重新解构，是为本书的学术宗旨和坚定不移的信念。本书用了相当篇幅描述易代之际文人对自己命运的不同思索和不同选择，表面看似乎与后面直接探讨某些具体个案的章节内容关系并不密切，但这种描述却是必要的，因为文人的生存状况决定其文学创作成就的高低，与此相关，它决定了这个时期文学的生成及其发展走向。从经济与文学的这一扇窗望去，试图较为清晰地展现明清之际文学演变的全景，同时也看到了晚明到清初社会与文学之景观的重要一角。清初文人各种经济活动有独特的谋生方式，很大程度上推动了清代文学的多元和繁荣。

本书试图在“经济与文学之关系”的宏观把握下，坚持“跨学科”的研究方式，以消弭由来已久的学科界限。虽然是“重写文学史”的新尝试，但笔者期望此书的撰写在努力吸收其他学科的学术成果的同时，也能为其他学科的读者提供某些参考。在回答上述问题时，本书除了采用历史学方法外，还借助文化史、社会史、经济史等领域的理论分析方法。

第一章

路在何方：易代之际的生存境遇

明遗民邵嶙论易代之后，江南文士的不同选择曰：或殉国难，或遁海滨，间亦有入仕新朝，躐至显职者。其所言即鼎革之后，士大夫对自己生命价值的三种不同的思索和寻求。其一，身殉国难。撼动山河的英雄悲歌如滚滚江流，数不清的志士以自己的生命演绎了桩桩流传后世的动人故事，化为永恒的声音，回荡于历史。其二，誓做遗民。相约隐居不出，躬耕自食。遗臣逸士忠明之志终不少衰。其三，出仕新朝。湖北遗民杜濬《为黄仙裳作》："当时同学十数人，两人引颈先朝露。一人万里足重茧，一人入海随烟雾。三人灭迹逃空门，四人墙东长闭户。一人卖药不二价，一人佯狂以自污。"描述了国变后黄仙裳的诗文同仁十四人迥然不同的人生选择：或殉国，或抗清，或逃禅，或隐居，或行医，或佯狂。也有出于各种原因，在鼎革之初即投顺新朝，成为新朝官员。而黄仙裳则门前便是青山路，上山清晨下山暮，化身樵夫，遁迹山林，独善其身。

易代之际，曾经志同道合的文人士大夫面临着艰难的选择，最终各自走向了不同的人生方向。

第一节 八千子弟封侯去，唯有虞兮不负心

天下动荡之际，许多拥有文化资源的文人学士选择出仕。遗民杜濬在其《绝句》中悲愤地说："八千子弟封侯去，唯有虞兮不负心。"明清易代之际，文人的去留问题，向来就为史家所关注。所以当时无论官修或是私撰之"史"，庶几分为殉难、贰臣和遗逸三类。其中，殉国者定会流芳百世，顺降者足以安享荣华。唯有遗逸者成为一个意味深长的恒久话题——当"隐"和"逸"不能修持之时该何去何从？

一、动荡之际的谋国与谋身

明清易代，面对突如其来的陵谷迁变，那些明室遗臣，不可避免地要进行新的社会角色认定：他们"必须"在生与死之间表明立场。《甲申传信录》卷三《大行骖乘》："父母有疾，虽不可为，人子无不下药之理。"所言即人性内在的孝道，对于生命垂危的父母，即使明知无能为力，但也无不倾尽力量进行挽救。传统的华夏正宗意识使得许多士大夫不忍故国沦亡，家园罹难，他们奋起抵抗，捍卫华夏尊严，直至为国捐躯，义无反顾。崇高的文化使命感使得他们决然以死相抗，毅然选择了宋末文天祥所走过的明知不可为而为之的苦难之路：他们已经预知必然失败的结局，但仍然在有限的生命与不朽的声名之间选择后者——悲壮地抗拒而死。计六奇《明季南略》卷四"孙源文哭死"：清兵南下，势如破竹，复国无望的孙源文因伤痛而殒身。计六奇即认为殉国的孙源文在未来的历史中必将流芳百世，千古之下，在此一时。英雄的浩然之气足以撼动山河，鼓舞后世。佚名《吴城日记》卷上即载："自甲申国变以来，海内士大夫义不负国而死者指不胜屈，而江以南尤盛。"易代之际，清兵所遭遇的最顽强的抵抗是江南，哭明而殒的孙源文成长于江

南无锡，而无锡正是抗清的重要基地。

钱澄之《明末忠烈纪实序》论此际死难云“自丧乱以来，死事者多矣，然而其死甚不等：有慷慨誓死，百折不回而死者；有从容自尽，既货以不死，而必欲死者”。所言即死者主动放弃了不死的种种可能。正是这种忠义意识和道德风节的鼓扬，激励许多士大夫参加并组织了严峻的抗清运动，使一幕幕动人的悲歌响彻后世。清兵将至宜兴，卢象观召集邑中士大夫聚会明伦堂，悬明太祖、成祖二像拜哭。随即宣誓，谋划起义，卢象观遂散家财组建义兵。嘉庆《宜兴县志》卷八《忠义》载当此之时，卢象观“募兵数百人，尽散家财给军食”，最终兵败战死；乡人蒋永儒、陈贞禧、储启祚，俱不屈死，偕行数十人无一还者。贵池吴应箕起兵抗清，与徽州金声义兵相呼应，因寡不敌众，兵败被杀。据曾羽王《乙酉笔记》所载仅松江一府，“乡绅被祸者：豫王入南都，户部主事吴嘉元系举人，缢死公署；吏部文选主事夏允彝系进士，从容赴水死；两广都御史沈犹龙，以李成栋破城，杀死东门外；李待问杀死东门；兵科给事陈子龙以吴提督之反波及子龙，被获赴水，从水捞取杀之”。松江文士夏允彝、夏完淳、陈子龙、顾咸正、蒋雯诸子不惜九死一生以图再造，及事不成，殉国成仁。时人陈确《东溟寺异人记》以悲愤的笔墨记载了顺治三年（1646）坚持抗清的22位“异人”在走投无路之时，不愿苟且偷生、苟延残喘，最后“皆投碧浪湖而死”的惨烈故事。他们拒绝承认明朝秩序的崩溃与瓦解。家国倾圮，既是历史悲剧，亦是民族悲剧。其忠心可鉴日月，英名万古敬仰。身经动荡的遗民顾苓在《南都死难纪略序》中慨叹：“士既策名，报国之途非一，而身殉者其一也。世方多故，杀身之道亦非一，能死国者，其人义也。或进退由我，从容自裁，是为死节；或矢石交攻，义不旋踵，是为死事；或军败城陷，被执不屈，是为死难。三者之外，凡身首分离，血膏原野者，何可胜数！”历史验证了明代遗臣崇高的生命态度。于此，我们强烈地感受到中国士大夫深沉的历史使命感和华夏精神的集体荣誉感。

忠义和节操是深受儒家精神熏陶的士大夫必须坚守的行为准则。不是根据是否符合道“义”决定死与否，而是根据是否“死”来判断是否符合道与“义”。因此，“死”既是道德实践的手段，又是道德实践的目的。《明末忠烈纪实》（卷十一）记载了一位绝望文士的悲怆壮言：“惭无半策匡时艰，惟有一死报君恩。”当清兵下松江，在华亭的一个家族中，一个决心殉国的士人，目睹其十六名家庭成员一个接一个地跳进水井里，最后他自己也跳了下去。此即至诚之忠，不让后辈中的任何一人落入敌手，以表示对亡国坚定不移的责任感。《清史稿》“遗逸传”高度评价这个家族的集体行为“大节凛然，足风后世”。当扬州失守、金陵投降的噩耗传到松江，金山卫指挥使侯承祖及其二子侯门三将军率全家力战固守，兵败殉难，全家被杀。侯承祖的夫人周氏与长女及胞弟仲锡、侄子世鼎都自缢家中，襁褓中的婴儿被杀。此后，清兵屠城，不论男女老幼一律杀死。卫城居民姜君羽因不屈而被杀后，其妻子儿女全族 17 口人全部惨死在清兵刀下。东门乡老朱家臣因不下跪被凌迟处死。清军以大量伤亡的代价才占领了金山卫城，致使清军将领李成栋深为感叹：使天下城守尽如侯公，吾兵安能至此！可知李成栋既敬佩侯氏全家的忠义之举，又为自己几乎不费兵火而下松江暗自庆幸和惊讶。而战后的金山卫，断壁残垣，四处瓦砾，满目凄凉，横尸满衢。新任金山卫参将张道瀛从浙江抽调民夫 500 人，在金山卫城西门外曹市垒柴焚尸。一连数天，浓烟蔽天，腐尸恶臭，闻达数里之外。从此，该地被称为“化人滩”。宜兴名士陈维崧《贺新凉·挽骧沙朱南池先生》则记录了清兵入广西时，吏科给事朱士鲲偕子北流知县滗阖门三十余口俱殉节于北流之黎村。悲愤填膺，令人动容。他们在回天无术之时毅然自殉报国，以“死”表达对故国王朝的耿耿忠心。生命的意义和价值经由勇于承担、深切体验的行动获得肯定和提升，并享有不朽的美誉清名，这正是儒家长期以来所极力倡导的道德楷模和社会良知的象征。许多殉国志士的英勇壮举成为后世文学作品的永恒影像，不断地鼓舞后世的人们为民族的自由独立而抗争。尤其是二十世纪初，这些殉国志士成为推翻封建帝制讴歌民族尊严的精神旗帜。直至今天，仍作为爱国传统，一直给我们以精神滋养。

二、有道则见，无道则隐

儒家言："天下有道则见，无道则隐。"（《论语 泰伯》）又云："邦有道则仕，邦无道则可卷而怀之。"（《论语·卫灵公》）在孔子时代，他即有"道不行，则乘桴桴于海"（《公冶长》）的隐士之思。他的弟子则继承了其师的教诲，子路以"不仕无义"（《论语·子路从而后章》—）自我期许。孟子在此基础上推向了极端，"天下有道，以道殉身；天下无道，卜身殉道。"（《孟子·尽心上》）。在生命与道义冲突之际，儒家要求人们要舍身取义。孔子认为：人生功名第一。当功名之心受挫后，即应选择避世。《论语》"三仁"之典云，商朝末年，三位京师官员由于反对国王暴政，一人被杀，一人入狱，一人辞官归隐。孔子认为，这三人中每一位对事件的反应，在某种意义上均属个人意图，而每一个人的选择并不比另外两个人的选择更缺少合理性。对于隐居，孔子向来就持肯定态度，何况道家庄子，似乎隐居就是其天职。明清易代"天下无道"之日，出于各种原因，存活下来的大批文士面临或出或隐的人生抉择。他们也认识到，殉国作为忠义之举除了将成为后世历史小说、诗歌的带有浪漫色彩的传奇素材，成为文学作品所赞美的道德典范外，并没有多大的实际意义，至少从人性的角度来说，死，既徒劳无益，则不值得倡导。以至于日本汉学家桑原对于如陈子龙诸子殉国的义举表示否定。桑原在其《历史上所见的南北中国》一文中表示："南宋为蒙古人所灭时，忠臣义士奋起数目之多，前代未见。明代为满洲人所灭时，忠臣义士亦辈出，数目更多。这些忠义之士大多出于南方，自不待言。当然，这些忠义之士的态度，日本人看来不无遗憾。不过，南方的学者儒生中，颇多人在宋、明灭亡后，以消极的绝于禄仕坚守臣节，这一事实不能不令人表示敬意。”

阎尔梅公然示以迷津，其《白耷山人集》（卷十）：“事已至此，更复何言。唯当披发入山，修省悔过而已。异日，以忧勤德业之劳，为发愤补愆之举。”指示人们在“事变”无可挽回时，“披发入山”不妨作为隐遁的有效选择。徐州万寿祺仰天长叹，其《隰西草堂集》（卷三）屡屡问天：“嗟乎！天下之大，四海之广，所争者不知何许人。圣帝明王、忠臣义士，此时皆不知何往！”这说明所谓的“忠臣义士”除了那些殉难者历历可数外，那些令万寿祺发问“不知何往”的遗民事实上已相携入山。避世之举在当时成为士人的主要选择，如此既可逃避迫害，亦可保全名节。更重要的是，如万寿祺抛却浮世遁入空门，儒衣僧帽，卖卜佣书，逍遥吴楚间，与诸畸士遗老吊半壁沧江，续六朝昔梦的遁世方式较之于隐遁山林更为可取，用混迹尘世间的方式保护自己的节操。万寿祺所选择的这种亦僧亦儒的生活方式代表了江南被征服中大批想方设法活下来的文人命运：儒衣——证明了自己知识者的身份；僧帽——证明了自己对前朝的忠贞。入山林做隐士，证明了他们为自己的忠君行为所付出的代价。黄宗羲在《谢时符先生墓志铭》论“遗民”操守云：“亡国之感，何代无之。……士之分亦止于不仕而已。”认为遗民的底线止于不仕新朝，只要把握住这一尺度，那么就不必在意采取什么隐居方式。于是，明清易代后，出现了历史上阵容最为庞大的遗民群体。顺治十年（1653），方密之因清廷以出仕相逼，率而至南京天界寺，旋闭关于高座寺，藏身看竹轩。钱澄之《方处士子留墓表》记载了在许多遗民次第取科名纷纷出仕新朝后，桐城名士方授（字子留）效法南宋谢翱、郑思肖“祝发长斋，作《剖心歌》，皈依天界浪和尚”。视清人为异类，南宋之初，辛弃疾屡屡在其诗词中表示：非我族类，其心必异。许多遗民宁死不食新朝粟，桐城诗人方文《水崖哭明圃子留》（其四）：“家人愚闇还相劝，异类腥臊孰忍闻？十世国恩蒙者众，独将破衲报明君。”方文即将入侵者视为非我族类的异种，“异类腥臊”，无论生活习惯，文化习俗皆难以认同。桐城方氏世世代代蒙受明朝皇恩，在此国难之际，为故国守贞将矢志不移。魏禧，字叔子，号裕斋，被征出仕，以疾辞。清初赣州巡抚怀疑魏禧装病，便派人以板扉舁之入署。魏禧则用破絮棉被蒙头而卧，不得已，巡抚乃放其归里。傅山，字青主，号朱衣道人，易代初，已年七十有四，清吏强征之，遂称疾固辞不赴。清吏令役舁其床以行，至京师三十里，以死拒不入城。谢泰宗，字时望，号天愚山人，崇祯十年（1637）进士，官广东番禺知县。明亡，避清奉父居于大碶柴楼，隐居不出。顺治三年（1646），总督疏荐浙省人才六名，泰宗名列其中，然托疾固辞，息影家园。范凤翼，字异羽，万历二十六年（1598）进士，官至户部主事，为东林之望。鼎革后，隐居狼山与高僧野老相游处。阎尔梅，字用卿，号古古，又号白耷山人，崇祯三年（1630）举人，复社巨子。易代之际，散财结客，奔走国事。国变后浪迹大江南北。顺治二年（1645），凤阳巡抚赵福星遣人来招，诱以名利，山人抱孤愤之忠，痛哭为书辞谢。基于死而无益的识见，退而隐遁成为多数亡国文士的普遍选择。卓尔堪《明遗民诗》收录遗民诗人五百余家，民初孙静庵《明遗民录》立小传者八百余人。据无锡病骥老人《明遗民录序》统计，“弘光、永历间，明之宗室遗臣，渡鹿耳依延平（按：郑成功）者，凡八百余人；南洋群岛中，明之遗民涉海栖苏门答腊者，凡二千余人”。王思任、林古度、李天植、谈迁、刘城、陈洪绶、万泰、徐孚远、朱之瑜、傅山、姜埰、查继佐、黄宗羲、函可、杜濬、黄周星、钱秉镫、顾炎武、归庄、申涵光、王夫之、徐枋、王弘撰、顾景星、吴嘉纪、魏禧、李颙、李柏、屈大均、陈恭尹等，均明末文社翘楚，终身高隐，遗民之志，矢志不移。他们不顾饥寒颠顿，经受着人生的历练，其志节操守，衮钺难夺。

在天下分崩离析之时，许多文士选择了“庄子之路”作为自己的生命归程。历经磨难的遗民归庄在其《历代遗民录序》中认为，所谓“遗民”：“凡怀道抱德不用于世者，皆谓之逸民；而遗民则惟在废兴之际，以为此前朝之所遗也。”（《归庄集》卷三）既然“遗民”乃“前朝之所遗”，他们在“前朝”所享受的声望名位皆已化为历史烟云。他们主动放弃生命中的某些机缘，在新朝保持精神层面的独立和自由。当思索明清易代之际的文人去就问题时，遗民节操往往引起我们由衷的敬意，日本汉学家桑原陟藏即对作为生命个体不仕新朝的隐士深表敬佩。但对于易代之际的特殊“隐士”，则是一个存有争议的概念，上文桑原骘藏的诠释即为普遍接受的观点，另一种则与上述意见针锋相对，如温睿临《南疆逸史》论殉明志士黄端伯曰：“端伯深于禅，归于忠义以死。当两京陷没，大臣之不能死者，辄因缘杖拂称济宗嗣，以自文其偷生之末路，岂端伯所谓借口释氏者乎？”黄端伯深谙佛家禅学，是著名的佛学大师，深受人们敬仰。但国难当前，他并未将佛作为自己偷生的理由，较之于那些暂时避佛而实际上不懂佛的避难者更为光明磊落。事实上，真正如上述遗民固持始终者并不多，更多的遗民则中途改辄，在生存面临困境时主动投向新王朝的怀抱。

殉国和终于隐者的行为证明了遗民们对故国的道德责任，在后世的文化史中起到了积极作用。他们作为被讴歌的对象不断地被后世广泛传播和颂扬，甚至加以夸张，有的逐渐演绎出戏剧色彩。同时文学的动机和功能也往往掩盖了许多后来发生的事件，甚至有意掩盖后续事件的消极作用。许多隐士最初选择隐居，固然基于不做亡国之奴的故国情结，更重要的则是他们的生活质量并未因易代而受到影响或改变太多。终究因为在前朝，他们多是望族豪门，家中资财大都可以供其在相当长一段时期内的丰衣足食，并不存在生存危机。这些遗民隐士在江南以金陵、扬州、杭州、苏州、松江为中心，他们交游赋诗，唱和填词，研磨文章。他们流连草木，极意江山。宋嵋《顾与治诗序》颂扬顾与治在易代之后的新朝文化中，仍然“鼓吹风雅，唱酬靡辍”（《顾与治诗集》）。龚鼎孳《定山堂诗集》（卷三十三）所收入的《九日邀赵洞门、友沂、陈涉江、张紫淀、何寤明、宋又韩、邢孟贞、杜于皇、邓孝威、纪伯紫、余澹心、白孟新仲调、姚寒玉登容与台，时张燕筑、丁继之、王公远诸君度曲、角技，赵玉林、徐钦我、文漪、介玉、叔氏鸣玉、家弟孝积并下榻市隐园，集饮甚欢》长诗，题目即开列了一个与会者的明单，诗歌则记载了一次遗民与新贵的隆重聚会。重九佳日，突破政治隔阂的一群文化同仁共聚金陵名园“市隐园”，诗酒唱和，通宵达旦，这是易代之初在旧都金陵的一次空前盛会，大批隐士积极参与新朝尚书龚鼎孳的雅集，说明在遗民心中，龚尚书所代表的仍然是他所属的前朝文化，仍然是江南文人中的一员。朱鹤龄《愚庵小集》（卷九）《同里顾氏梅林记》追忆当年在顾园的宴游盛况曰：“与友人为文酒会，晨夕过从。每至春日暄妍，香风馥郁，必提壶选其地，痛饮狂歌，不跋烛不止，翩翩至足乐也。”许多新贵遗老相交无猜，和谐共处，他们仍生活于晚明那种诗意的文化氛围中，巨大的天地震荡似乎并未改变他们原有的生活节奏和娱乐方式，心灵的怅惘也被如此欢乐的场面所冲淡。易代后，金陵、苏州、松江依然是人们心灵向往的圣地和趋之若鹜的销金窟。

三、卖书卖墨过残年：隐居后的生活

易代之初遗民隐士尚有足够的财力在其园林举办歌舞盛会和支持诗词雅集。盛翼进（字邻汝）“全盛楼”的歌舞成为许多文人笔下的重要场景。李延昰《南吴旧话录》：“盛邻汝家道丰腴，家有园池，又撙垒丝竹之属，事事副之，社中倚为顾厨。故四方咸曰‘眼不见顾家全盛园，只得尝盛家一夕餐，十个游客九系船’。”“社中倚为顾厨”乃云“全盛楼”对于文士雅集的经济援助及对八方来客的热情接待，四方文士都把曾经有住宿顾园的经历作为一种人生荣耀和可以提升自己身份的谈资。李雯《偕徐闇公辟义琰集盛邻汝》就记录了“全盛楼”为文士社集提供了全部的酒宴所需。“十个游客九系船”即是时事场景的真实描写。酒乐歌舞中，消耗着时光，消费着青春。佚名《云间杂志》（卷

下）载此际新老名士，“年华荏苒不自惜，兴剧沉吟忘晨夕。我歌尔和无已时，千首诗成浮一白”。醉酒狂歌，忘却今夕何夕，可知全盛楼昔日繁华和当日影响。顺治十四年（1657），金陵遗民余怀居家不乐，驾言出游，其乘舟作“三吴”游。沿途将其见闻交友和心灵感触随时记录下来，归金陵而成《三吴游览志》，其“四月十七”日记中记录了赴云间张友鸿“霱堂”之宴。霱堂殷红凝碧，芳馨耀艳，曲榭回廊，假山绿带，余怀感慨：“真不减篔筜谷。”精致典雅、笙歌燕舞的霱堂中孰能想象墙外刚刚经历过一场烽火与战乱。高墙内宁静繁华，高墙外萧瑟凄凉，富家园林的酒宴成为遗民们安顿心灵的场所。“诸君次第集”，不仅文士们先后到来，而且特邀请云间名妓楚云前来侍酒。“于焉举酒，晶盘海错”，相期一醉。四日后，即“四月二十一”：“宋尚木、王伊人、何镂寿及友鸿、素心置酒觞予，演《两世姻缘》，喧阗彻夜。”张一鹄的霱堂可以连续多日组织盛大家宴，并邀请戏班演唱昆曲以助雅乐。恰如盛翼进之全盛楼，歌舞酒会，忘却天高地迥。松江宋徵舆宋氏园亭（又名宋氏庄），乃其祖宋公望晚年所营新第，亭树毕具，所费至钜万，层楼叠帐，云梯可方舆而上，雕梁画栋，金璧眩目。当是时，宋氏之家于沙滨者，凡八十余宅。每当元宵佳节，自沙滨以至漕河泾长达六里的路上挂满宋氏家族的花灯。八十余宅，张灯结彩，连成一条灯火长龙，连绵不绝。期间，锣鼓喧天，百乐齐奏，声韵悠扬，荡气回肠。火树银花，交错其间。不仅名门望族倾巢出动，松江府城的百姓也为目睹宋家灯火而为之倾城，空国东下。宋氏灯火，成为松江府每年一度的盛会，由此，在宋氏府邸周边，逐渐形成新的集市。宋征舆亦屡次在园中海间堂延揽宾朋，招集遗老举办酒会。吴懋谦《宋直方诏饮海间堂同子建、燕又、药园、文饶、宿来、洮侯、得仲、水甄、鹑中、辕生、古晋、听思、楚鸿》：“主人乐行觞，开筵发高吟。齐伶进妙舞，赵女递佳音。华堂促燕膝，羽爵纵横斟。”铺张刻画，已备岩廊林壑、友朋文酒之盛。陆文孙宅，据李雯《秋日周介生到郡同社集陆文孙宅得三十六人作大会诗》可知，陆文孙邀请三十六位文学精英参与盛大家宴，车马堵塞道路，华灯照彻星空，歌舞响彻云霄。顺治十五年（1658），田茂遇《水西近咏 集周子俶斋同梅村敉庵两先生》：“尊垒几日平原饮，肴核千盘楼获鲭”、《春禊堂再集同子俶次谷限韵》：“高斋初辟画图新，银烛金灯坐锦茵”等即写周子俶庄园的多次文酒盛宴和诗文修禊。冒襄《巢民诗集》（卷五）《中秋游人觞泛水绘庵兢载花灯烟火彻夜不散一诗纪盛》云：“达旦不休歌板彻，百年曾对此芳尊。”写中秋佳节，不惜巨资将水绘园修葺一新，火树灯船，处处装点夜明宝珠，其光亮可抵十五明月，众邀宾朋，歌舞弹板，响彻云霄。此外，李雯横云山庄、周茂源机山别业、沈绎堂野园、周纶春晖堂、王广心南村别墅、吴应箕碧园、徐武静高会堂、章素文慧晓居、张昊东紫盖山房、董苍水光复堂、钱子璧宅、吴懋谦岁寒斋等终日置广席、连楼船，歌吟啸呼，为娱乐，月糜千金而不惜。顾梦游《元夕社集冯秋水方伯玉尺堂限韵》：“良宵满月早升东，庾阁词人逸兴同。笔阵并驱病砚侧，梁尘徐动雪歌中。鲛丝射艳争朝采，火树喷花逆夜风。”良宵月夜，笔阵堂堂。乱后江南，依然佳丽地，家家结绮楼。佳人宴良夕，词客满高楼，弥漫在遗民生活中的依然是物质生活的享乐安逸和城市间的文化韵事。

令人深思的是，这种纵情长歌只食储粟的闲适逍遥并不能持久。坐吃山空，十数年、数十年的遗民生活之后，前所未有的困境横亘目前，恍然发现，他们面临的是艰难而空前的生存压力。尽管许多遗民曾得到出仕新贵的经济援助，但绝没有人因慕其高尚的道义永恒地施以援助。湖北黄冈遗民杜濬，字于皇，号茶村，乱后寄居金陵，时有文友聚会。友人慕其才华，纷然而至。为保持友人的诗兴，更为了保护一介文人的体面，杜濬常常令家人变卖家产首饰，沽酒招待友人。龚鼎孳《游子岁晏冰雪载途盎粟行尽饥驱无所见杜于皇乞食诗恻然心伤为赋反乞食诗》（二）：“干禄不自力，而望他人贻。潜身行乞食，非徒举君杯。其人笑且怒，谁令工声诗。不见京洛间，辐辏皆雄才。金粟如丘陵，白昼喧相贻。"《定山堂诗集》(卷一) 即写杜濬的艰难困顿，不甘放弃自己高贵的人格谋求干禄，而褰裳求助于昔日友人。当仕宦远方的友人看到今日落魄的杜濬后，非喜极而是怒极，脸色顿改：京洛之间，辐辏轩车，纷纷然追逐着奢华与富贵，孰还有心听你吟诵声诗？深受遗民敬重的杜濬在繁华已逝后至有乞食之举，不仅以诗记录了自己行乞的经历——《向顾书宣乞火米》、《乞食诗》(《变雅堂遗集·诗集》卷三)，而且将自己的别墅"茶村草堂"更名"饥凤轩"。这说明：生存永远是人生第一要义。像杜濬般的才士所面对的不仅是一己的缺衣乏食，而且是整个家族香火断绝的威胁。著名隐士陈伯玑于顺治十四年(1657)年底流落白门，旅况非前，度日艰难。路遇同样境遇的桐城遗民方文，二人惺惺相惜，方文《道上遇陈伯玑有感而作》写陈伯玑"卖书卖墨过残年"。由此，顾炎武在为遗民顾与治诗集所为《序》中即发出了"士生今世，不能治生，至有负郭数顷之田不免饥寒以死"的悲叹。(《顾与治诗集》卷首)

箫声渐歇之后，遗民们感到人世的蜉蝣沧桑和生命的无奈，领悟到此前从未经历过的生活磨难。书开数行泪，叶满一庭秋。诗必穷而后工，遗民的忆昔悲今终于取代了纵酒欢歌。这种喜悲之情除了作为一介遗民对自己国家的忠贞之外，更重要更直接的原因即生活境况的巨大反差，生活的窘困更增加了对前朝的怀念。饱经经济困顿之苦的顾梦游也无可奈何，其在《答张向之》诗中曰"老去更无赖，一生惟苦吟"(《顾与治诗集》卷三)，没有什么能够抵挡每况愈下的经济困顿。一生耽于吟诗写赋，不治生产，时至暮年，无依无靠。许多遗民固然可以靠自己受人仰慕的人格游食四方，可以维持一段衣食无忧的轻松岁月，正如吴应箕《阊门舟中华亭二陆骏征麐征集朱宗远灏》所言可以暂时"壮游千里不赍粮"(《楼山堂集》卷二十五)，如孙枝蔚、余怀、孙默诸子，但寄食究非终身之计。

生存成为当务之急。隐士们面临着生死存亡的抉择，遗民之志是否要继续坚守？遗民节操在生命的危机面前受到质疑。曾为遗民引为骄傲的陈阶六隐居长达十年之后，终于不堪其苦，投向新朝。据钱澄之《方处士子留墓表》载，桐城方授，当新朝开科后，“与同学相戒不赴。有臧生者窃往，试获隽，（授）大骂与绝交焉”（《田间文集》卷二十四）。“臧生”终于背叛了与友人“相戒不赴”的铮铮誓言，而私自参加新朝之试，并荣登金榜。臧生的背信弃义至少说明，他再也不希望继续这种吸风饮露的遗民生活了，生命苦短，他更渴望一种实实在在的人生。

为什么遗民之节如此难以操守？遗民之志如此难以持久？在节操与生命的抉择中，谋道？还是谋食？

《论语·卫灵公》言：“谋道不谋食。……忧道不忧贫。”这一经典哲言固然激发了遗民们的守节之志，长久以来，也一直成为激励后人洁身自好、出泥不染的精神动力。即使多数儒家君子能够以此自任，却也应在解决基本温饱之后。令人惋惜的是，最初同心同德的遗民群体在饥饿困顿时便对生命价值的思索出现了分化，多数人由守志转向求生：社会中的身份和地位可以视若浮云，但生命不可放弃。计东《从祖需亭先生七十寿序》云：“（甲申）三十年来，天下之自号为处士为隐君子以百千数，而伈伈伣伣、暧暧姝姝于贵人门以索衣食，虽才者不免。”（《改亭集》卷七）

改朝换代三十年来，成百上千的遗民隐士最终都不得不仰食于贵人，即使才华卓越者也在所难免。万寿祺晚年，境况凄惨，经常断炊，他时时曳着拐杖到相邻的普应寺乞讨，与寺院沙弥争余沛。饥饿驱使着这位曾以孤高傲然于世的遗民抢夺僧人的残羹余沥。万寿祺的例子说明作为道德高尚的遗民当家业荡空之际，饥肠辘辘之时，怎能对近在咫尺的食物无动于衷？个人的天赋才华并不能提供基本的生活保障。

誓为遗民就必须忍受自己生命中前所未有的经济困窘。平湖李天植（1591—1672），字因仲，所居别墅名蜃园，崇祯举人，明亡，绝意仕进，隐居陈山，教书卖文织筐，苦度生计。后家境愈益艰困，变卖匽园家产，寄身于寺院。十余年后，匽园仅存二楹，行将不守，却拒绝友人资助，后终于饿死。晚明抗倭总督胡宗宪曾给予极大资助的幕僚徐渭即多次论及那些缺少生活来源又富有才华的文人学士的生活处境，其《上提学副使张公书》公然表示："一餔不火，胡能生活?"（《徐文长佚草》卷三）只要不甘饿死，那么，必须寻求出路，别无选择。救死不及，生命难保的情况下，谁能有闲暇填词写诗。文学终究凌驾于生活之上。在同一封上书中，徐渭又曰："曹沫、聂政无三尺之剑，则不如农夫之处垄亩。蛟龙处木，不若狐狸；骐骥处水，不若跛鳖。士之无资，何以异此?"士困穷途，"虽明敏若颜端，经济若董贾，文章若班马，授以广成、羡门之诀，投以岐伯、卢扁之术，终当捐骸，岂有过补？生无以建立奇绝，死当含无穷之恨耳"！徐渭正是洞彻经济基础之于人生事业的重要意义，他才放弃孤高和傲慢而应聘胡总督幕府之聘，并成为胡总督所倚重的手笔。嘉善钱栴，字彦林，崇祯六年（1633）举人，清兵南下，参与松江提督吴胜兆反清队伍，兵败，与夏完淳同时遇难，其长子钱熙（漱广）曾参与吴易军事，次子钱默（不识）国变后削发为僧。这也是一个一门抗清的英烈家族。然而，江山易代后，钱栴宗子钱黯（字长孺，号书樵），则于顺治甲午（1654）、乙未（1655）联捷，授池州府推官，以此为契机，嘉善钱氏开始融入新的社会秩序中，并在清代重新成为颇有声望的豪门望族。溧阳宋之绳，字其武，号柴雪，崇祯十六年（1643）进士，甲申之变，祝发匿僧舍，为清兵搜获，投井不死，得南还。清朝定鼎，以荐补侍从，充日讲官。曾为许多遗民后裔提供遮护的如皋冒襄，积极于入仕新朝，但科举蹭蹬，十困棘闱不售。晚年杜门却扫，图史自娱。宁都望族魏氏在国变后以巨资买下翠微山，举家迁入偕隐。魏氏三兄弟（魏祥、魏礼、魏禧）等易堂九子入山隐居，躬耕自食。但身为长子的魏祥看到日益萧条的家族境况，深感责任沉重，在他看来，身为长子，祖宗祠墓，父母饔尸，责无旁贷。在与父兄隐居翠微山数年之后，终于于顺治十年（1653）慨然贬服下山，主动出山谋食幕府并参加科举考试，担负起家族延续发展的职责。许多曾共同海誓山盟的遗民隐士终于不奈山中饥寒，纷纷出山，并"次第取科名"。生存就是他们出山的正当理由。正是牢固的"地产"经济收入才使得顾炎武能够摆脱官的威势、贫的羁绊。如果没有位居京师的外甥徐乾学、徐元文等的经济及其政治庇护，如果没有变卖家产所得的巨额原始资本保障他的商业运营，那么，顾炎武的遗民操守能够持守？能够持守多久？物质上的宽裕和精神上的自由，是顾炎武得以完节的重要经济保障。

行有余裕、不必为柴米发愁的宽松的生活环境是一个人坚持自己的道德理想所不可或缺的物质前提。以遗民而终的归庄目睹众遗民纷纷下山之后深感无望，在《族祖元祉及陈硕人双寿序》中伤心慨叹："十年以来，始之阳慕节义而不与试者，多不能守其初。"（《归庄集》卷三）曾经以节义自守决然不赴新朝科举的众同仁十余年后多放弃初衷，改弦更辙了。进而归庄又在《王峰完节录序》发出责问："三十年来，率先迎降，反颜北面，非高冠峨峨，自号丈夫者与？"（《归庄集》卷三）对于"三十年"来遗民出处行藏深感忧虑和不满。在很大程度上，当年雄心勃勃的遗民理想并没有几多人可以固持始终，忠国的感情并不能完全抵消个人物质的匮乏与精神的失落。遗民节操属于一种集体主义的概念，而生存则是现实和个性的生命形式。"三十年"后许多遗民的转向态度，引人注目之处在于，它证明了遗民们强烈的生存欲望和为之付出的艰苦努力。明末复社名士嘉兴陆话山，曾与吴应箕共同执笔震惊朝野的《南都防乱公揭》，但甲申之后，陆话山迅速投向新朝的怀抱，故朱彝尊《话山集序》中评论"纳巾衫于学使，业闭门扫轨矣。久之，以岁贡生谒选，知汶川县事，非先生意所存也"（《曝书亭集》卷三十八）。陆话山不得已出任知县，"非意所存"，尽管违背了自己最初的心志，但生存的欲望驱使他不得不出。当年以死相抗的英雄气魄荡然无存，驱使陆话山放弃理想走向新朝官场的事实即是“衣食”，否则，没有任何其他理由可以解释陆子的这种行动悖论。据戴名世《温滦家传》载，复社名流温滦三十岁开始隐居，与友人五六人“以行谊自矢”，“久之，其友皆变节而去”（《戴名世集》卷七）。至康熙前期，出而应试滔滔不绝，致使方文悲愤不已，其《水崖哭明圃子留》谓那些殉国的“绝岛游魂独怨嗟”（《嵞山集》卷八）。除了生存下去的动力，还有什么能使讲究气节的中华儒士屈膝折腰？

当“谋食”都成了问题，“谋道”就成了不切实际的空想。生存信念使众遗民认识到：谋道首先谋食。

四、圣朝特旨试贤良，一队夷齐下首阳

大批的遗民曾经抵抗过，复国愈来愈成为一种遥远渺茫而不切实际的空想。志士瞿式耜于丙戌（1646）九月二十日家书中说：“家中光景，想今年反觉太平，此间亦有传来谓南方甚熟，米价甚贱，人民反相安，只未知三百年受太祖高皇帝之隆恩，何以甘心剃发？难道人心尽死？”（《瞿式耜集》卷三）可知追随南明永历，远在昆明的瞿式耜得知江南因粮食丰收而人民放弃抵抗的消息之后的痛心。易代之初，最令人心惊的，或许就是这种“平安”的消息。张煌言看到时机之将逝，在《上鲁国主启》中忧伤而叹：“远近听闻，久不知天南确信，恐报韩之念候衰，思汉之情转冷”，“若不及早经营，则报韩之士气渐衰，思汉之人情将辍”。（《张苍水集》）可以看出，张煌言对于复明事业的焦虑，时日推移，复国的壮志就会在新的太平中逐渐消解。瞿式耜同样甚感担忧，其《谨献刍言疏》曰：“我皇上即位，今三年矣。秣陵松柏，尚在望中；北平寝园，杳沦异域。”（《瞿式耜集》卷一）在此，他们所忧虑的不只是伴随时间的流逝人们对故国情感的逐渐疏离，还在于新朝的日得民心。“恢复期待”在较长一段时间里，确也是忠义遗民的生命支撑。日渐“清平”，故国的余辉逐日淡去，伴随时间的流逝，曾经慷慨豪迈的故国之思也逐渐淡化了，因而黄宗羲《寿徐掖青六十序》中流露出深深的失望，当年突冗不平之气，已为饥火所销铄。而落落寰宇，守其异时之面目者，已寥寥无几。以至于遗民杜濬认为，如今遗民只剩“我”一人了。

儒家典范孟子首先对伯夷叔齐的行为表示否定，《孟子·公孙丑上》：“伯夷隘，柳下惠不恭。隘与不恭，君子不由也。”汉顺帝时，李固（字子坚）即视伯夷叔齐不食周粟为气量狭小，在《遗黄琼书》劝黄琼“顺王命”，并以“辅政济民，今其时也”以激之当进则进。这个典故的潜在社会价值已远远超出于“不食周粟”本身的道德价值。对十三世纪的中国政治做专题研究的美国学者戴仁柱对于文天祥的忠义之举表示否定。他在《十三世纪中国政治与文化危机》中认为文天祥对臣民义务的要求标准几乎超出常人范围，并视那些追随文天祥的殉国者的牺牲行为乃不合情理和不道德。为国尽忠，这是儒家对臣民的要求。但对于以放弃生命为代价而追求绝对的忠义理想，儒家从来就持否定态度。否则，屡屡赞许辟世的孔子就不会有“疾没世而名不称”（《卫灵公》）的道德遗憾。更为典型的例子则是战国时期的管仲。尽管在齐国国君驾崩而众子争位的争斗中，管仲曾射中齐桓公的带钩，但后来齐桓公仍信任管仲，用之为相，遂成齐国霸业。管仲因而成为中国历史上最为知名的政治家之一。管仲，作为一个历史人物的影响已经不能用忠和孝的标准来衡量了。所以，关于文天祥的殉国之举，戴仁柱认为是一种偏激，甚至是非正统的立场，这种立场从未受到儒学道德规范的明确鼓励。较之于殉国和隐士，出仕者尽管背负着道德良心的谴责，但他们中许多都努力从经济方面给遗民以帮助。曾保护过徐州遗民阎尔梅的马进士，据阎尔梅《马进士墓志铭》所载：“王景略事秦而义不忘晋，狄怀英臣周而忠不负唐，吾岂不能？但未敢明以示人耳。”（《徐州二遗民集》卷一十）马进士力所能及地为遗民提供经济帮助。许多遗民在生活艰难之际也都托庇于仕清的旧知。李因笃誓为遗民，矢志不渝，但其生存却得益于有力者的帮助。他一托于山西布政使陈上年（字祺公），二十九岁即受聘为陈上年课馆教子。陈上年转任雁平兵备道，李因笃随之赴雁门，首尾八九年，陈上年为李因笃及其家人提供衣食并保障安全。期间，二人切磋交流，成为挚友。李因笃《观察陈公初度序》曾谓："予从陈祺公先生游凡九年，而八见其初度矣。"（《续刻受祺堂文集》卷四）二庇于富平县令郭传芳，并长达七年之久。在郭县令的资助下，李因笃一家不仅仍旧保持了地主的富足生活，而且新购置了许多田产与房舍。李因笃《醉时歌》（赠郭九芝）："朝来新购鹅溪绢，好手装成净若练。过我索书囊底诗，低徊涕泣被颜面。"（《受祺堂诗集》卷一三）即表达对郭传芳无私相助的真诚感激。遗民傅山亦曾深得郭县令的保护，其《题四以碣后》曾云："九芝郭丈令频阳，……为予历诉生平艰难苦毒，至于二人终天饮泣，舌卷不可忍听。"（《霜红龛集》卷一八）可知郭、傅友情之深。顾炎武重游陕西，将至富平，知县郭传芳亲自千里相迎，并为顾炎武安置住所。傅山、李因笃等都是幸运的遗民隐士，然而，并不是所有的遗民都能够有此际遇。失去前朝荣耀的庞大的遗民队伍中更多的是无从寻求经济遮护，他们在五年、六年，甚至十年之后，西山蕨薇已近采光，他们所面临的最大问题是如何生存下去。他们必须面对的是"出"与"处"的严峻考验。

清室定鼎至康熙初，经过近三十年的山野隐居，原本平静的遗民心态在强大的生存压力下蠢蠢欲动。康熙十年（1671）清廷开《明史》局，召前朝山林隐逸入馆修史。消息传开，饱读诗书的江南名士纷纷北上，深为词学研究者所钟情的朱彝尊即是典范，其《水调歌头·送钮玉樵宰项城》："自向金门索米，君亦牵丝作吏。"（《曝书亭集》卷二十五）写自己主动走向"金门"寻找入仕的机遇。但与朱彝尊多有交往的顾炎武则拒不赴召。当明史馆总裁徐乾学邀之入局时，顾炎武则果断拒绝，其《记与孝感熊先生语》明确表示："不为介推之逃，则为屈原之并死。"（《蒋山佣残稿》卷二）顾炎武乃学富五车的富商，因家难而变卖家产北上山东章丘购置田产，成为收取田租的地主。后又西向，在陕西富平购置田产并定居，同时经营药材，成为知名的“晋商”，同时其在京师任要职的三个外甥（徐乾学、徐元文、徐秉义）又在政治上为顾炎武提供有力保护。因此，衣食无忧的顾炎武有足够的力量坚守遗民操守。

但并非所有的遗民隐士都有生活来源，像顾炎武者终究是少数。当生存面临危机之时，孰能放弃生存的机遇？只要抓住救命的稻草，就会有生存的希望。当新朝征召前朝遗贤圣旨一到，顷刻间，浩浩荡荡的遗民大军便“群从争荣膴”了，丰厚的朝廷俸禄很快就使得昔日各路遗民殊途同归了。吴梅村《行路难》（其四）描述当时出山盛况云：“长安冠盖一时改，紫裘意气非吾曹。”（《吴梅村全集》卷二）老遗民终于耐不住山中饥寒而出谒新朝新贵，往赴新朝科选，风尘仆仆踏上逐衣争食之途。南诏也归新负版，西山谁问旧遗民。数十年后，除了饿死病死者外，遗民作为一个精英群体几乎被人们所淡忘了。唯有出山自救——入仕或入幕才能唤回人们真诚的记忆。颜光敏《颜氏家藏尺牍》（卷二）所载王渔洋书札有：“诸故人惟愚山朝夕聚首。史馆尚未开，似尚候监修先生耳。”可知，深山餐英之客在史馆尚未开局之日，便纷纷请求入馆，争当编修、检讨，以谋国家俸禄。其自重以重吾道、重朝廷者，则寥若晨星。许多遗民中途改辙成为司空见惯的新气象。康熙十六年（1677）、十七年（1678），新朝士子靠入资得官者多。王应奎《柳南续笔》（卷二）载“鼎革初，诸生有抗节不就试者，后文宗按临，出示‘山林隐逸，有志进取，一体收录’。诸生乃相率而至……及进院，以桌凳限于额，仍驱之出，人即以前韵为诗曰：‘失节夷齐下首阳，院门推出更凄凉。从今决意还山去，薇蕨堪嗟已吃光。’”所言之意即汲取新朝功名的艰难和强手林立的残酷竞争。坚持不出的方文对此踊跃赴举的景观深表理解，其《天坛同刘杜三王山长吴岱观嵇淑子吴锦雯王白虹黄向先诸子饮属余为卜闱事皆不利戏赠二绝》不无讥讽曰：“无奈山中饥馁何，便应谒选勿蹉跎。”什么原因使得众遗民在最需要节操、最需要众志成城之时，却纷纷放弃了向以自傲的儒家之节和固守的高尚人格？

康熙十九年（1680），遗民黄宗羲遣其子黄百家入明史馆。友人吕留良闻知，便写诗讽刺黄宗羲，但黄氏父子仍然义无反顾。清兵过江，黄宗羲变卖家产组建义军，召集了600余青壮年组成“世忠营”抗清。担任南明鲁王兵部主事期间，出使日本，请求出兵。兵败后归里，旋遭清朝通缉，仍秘密联络抵抗。后隐居著述，遗民而终。尽管黄宗羲的人格与学问赢得后世敬仰，被称为明末鸿儒，然而黄宗羲对自我的严格要求和他对于家族子辈的期许则迥然不同，对于清朝的态度也随着时间的推移和清朝江山的稳定而发生了巨大变化。事实上，黄宗羲对清廷的态度经历了由拒斥逐渐转为认同的过程。顺治末年，黄宗羲撰《留书》，直斥清人为“虏”，清廷为“伪”；康熙元年（1662）后著《明夷待访录》，便取消了对清人的诟骂与不敬之词；至康熙十年（1671），他已不仅开始用清朝年号，而且改满清之称号为“国朝”，称清帝为“圣天子”。这说明，到康熙初，黄宗羲对清朝便已完全认可。

对于遗民整体而言，康熙十八年（1679）的博学鸿词科，成为遗民改变对“异族”王朝态度的一个重要契机。尽管此时多数遗民已经过世，或其生命之旅即将走到尽头，但伴随清朝江山定鼎，遗民志气逐日消磨，诸多遗老重整旗鼓，不辞老眼从新拭，要看诸儒佐太平。他们希望在有生之年为新王朝推波助力。桐城望族方氏一门忠义，八代相传，方孝孺殉建文之难。鼎革之后，誓为遗民的方文以忠义高德教诲其子弟。但讽刺的是，方氏子弟聆听前辈方文的道德教诲，转身便纷纷出仕新朝。这是一个道德伦理与经济生活发生碰撞的极好案例。方文从兄方尔唯于顺治三年（1646）清廷首次开科之举便汲汲应试，其动机正在于使妻子得温饱。这是个并不过分的期望，仅仅是最低层次的维持温饱。方尔唯出仕但官阶卑微，方文《炎风行留别兄子子唯》写方尔唯的官场苦况云："风景萧条忧患逼，一官鸡肋未能抛。"尽管鸡肋之官，但俸禄犹可裹腹。国变后，曾与方文誓为隐士的方奕于在度过了"南北山川随所隐"的十余年隐士生活后，不甘困苦，终于在望六之龄出仕。曾经一起誓不做贰臣的许多遗民鲜能自坚，而多赴金门之召，即使顾炎武所最赏识的弟子潘耒亦不能守其初志。这说明，潘耒深知为毫无可能的道义之节而放弃自己生存的权利便是对生命的亵渎。到康熙前期，像顾炎武、李中孚、傅山、林古度、宋存标、方文等誓做遗民的人已经寥若晨星。戴名世《温濼家传》中载"明之亡也，诸生自引退，誓不出者多矣，久之，变其初志十七八"（《戴名世集》卷七）。道德说教伦理规范终于难以阻挡遗民出山的步履，褚人穫《坚瓠五集》卷三收入了时人的讽刺诗《一队夷齐》：

圣朝特旨试贤良，一队夷齐下首阳。
家里安排新雀帽，腹中打点旧文章。
当年深自惭周粟，今日翻思吃国粮。
非是一朝忽改节，西山薇蕨已竟光。

遗民集体下山的壮阔景观使得同样下山"觅食"——寻求个人发展机遇而毫无所获的计东愤慨不已，他在《与某人书》中说："今天下最贱者莫如士。"（《改亭集》卷十）计东一方面对不守遗民节操的士人表示鄙夷和蔑视，另一方面也腹中打点旧文章，积极谋求出仕的机会，为此，他遍谒公卿王侯，最终如愿以偿。历史无数次地证明：当生存的权利受到威胁时，对多数人来说，传统的忠孝节义观便不堪一击，虚无缥缈的道德光环会黯然失色，以往的赤胆忠诚在饥困面前亦荡然无存。因此，如果缺少经济保障，遗民之志断然难以持守。钱穆《中国近三百年学术史》中论明代遗民操守云："弃身草野，不登宦列，惟先朝遗老及身而止。其历世不屈者则殊少。既已国亡政夺，光复无机，潜移默运，虽以诸老之抵死支撑，而其亲党子姓，终不免折而屈膝奴颜异族之前。”放弃遗民身份，认同新朝政治，如此，才能保障自己今后的衣食无忧和生活的平安。

几乎所有遗民而终者都会对自己的生命价值进行反思，并从自己孤独和贫穷的苦难经历中得出相同的结论：遗民身份不可世袭。基于此，许多遗民自己固持操守而鼓励其后辈及子弟出仕。全祖望《鲒埼亭集·外编》“题徐狷石传后”记载了遗民徐狷石曾坦然对其友人应撝谦表示，他不能为子孙提供永久的生活保障。这道出了众遗民的共同心声和希望：让后辈子弟自己选择人生道路，遗民身份止于己身。顾炎武在其《与潘次耕札》中述及友人陈亮工于易代之初，“同居荒村，坚守毛发，历四五年，莫不怜其志节。及玉峰坐馆连年，遂忘其先人之训，作书来蓟，干禄之愿，几于热中”（《亭林诗文集·与潘次耕札》）。在此书札中，顾炎武对于陈亮工的汲汲干禄极为不满，其真实的意图是希望所十分赏识的弟子潘耒不要为时风的改变所动摇。但是，在受到书札不久，潘耒也积极应诏入京。当顾炎武得知是其任明史总裁官的外甥徐乾学招潘耒入史局时，颇为震怒，并竭力阻止。为此，顾炎武特书一封《与潘次耕札》“今次耕之往，将与豪奴狎客朝朝夕夕，不但不能读书为学，且必至于比匪之伤矣。孟子曰：‘饥者甘食，渴者甘饮，是未得饮食之正也，饥渴害之也。’”（《亭林诗文集》）教育潘耒，希望他以进京入仕影响学业进取为由拒绝徐乾学的征召，书中并引亚圣孟子之言以为依据，希望潘耒不要为眼前的荣华所迷惑，赴京入仕并非人生“正”途。但顾炎武的苦口婆心与循循善诱迅速化为烟云，他自己决然不出的榜样力量被史局“百金之修脯”的诱惑所击碎。结果是，其最得意的弟子潘耒毅然毫不犹豫地奔向北京。宜兴陈贞慧，明末四公子之一，扬名天下，易代后弃家隐居，断绝尘世。汪琬有感于陈贞慧的志节而为之撰《陈定生墓表》，其中感慨云：“予见东南巨公，方壮盛之时，亦尝负有重望，号为东林党魁。及其发齿衰暮，贪位苟禄，从而尽荡弃其言论风采，俯身乞怜权势之门者。”（《尧峰文集》卷二十）遗民应诏者比比皆是，奔走路途者，前后踵接。面对陈贞慧的志节，身为清朝高官的汪琬即深表惭愧，也对像他一样纷纷出仕的众遗民的举止表示不满。汪琬的批评更具有讽刺性。

胡蕴玉《中国文学史序》论清代文学之盛云：“满州入关，假托文学，藉收人心，以固皇位；纂六经，兼收诸儒之说；开四库，网罗历代之书。又复设乡会之科，创鸿词之举。辇毂之下，烟霏雾集，或徒步而取公卿，或累句而膺台鼎。于是有无文学之士，靡然向风。”文人们之所以靡然趋向清廷是因为这个新政权可以使他们丰衣足食，而免于饥寒交迫，新王朝能够为他们提供理想的生活保障。所以，归庄嗟叹末世士风澜倒，弃旧君如敝屐者比比皆是，透露出易代之际的遗民只有死得其时才有能力保有晚节的苍凉心态。最终，遗民化为一种特殊的文化现象：遗民文化难以传承，它突出了遗民尴尬的社会处境。康熙十九年（1680），黄宗羲之孙黄蜀欲参加秀才科考试，为了后辈的前程，这位七十一岁的老遗民主动写信与朝中高官徐乾学，信中吹捧徐乾学，将其誉为宋代大儒范仲淹，请徐乾学给主考官说情，使其孙榜上有名。稍后，康熙二十三年（1684），北方大儒傅山，在其子傅眉死后，悲伤过度，自知不久于人世，临终上书朝中友人高官魏象枢，真诚托孤，将孤孙的教育成长未来托付给魏象枢。书信哀凄动人，眷念弱孙，以托有力者加以庇护。而且托孤之信，同时都附上傅山自己珍藏一生、不愿示人的最得意的书法作品，以表敬意。这说明，遗老、贤士，不管多么清高孤傲，伴随着新朝的逐日稳定和强大繁荣，遗民那种“隐居”的态度和处世方法已经不合时宜。遗民已经化为一种文化遗产，坚强如傅山、黄宗羲者也不希望自己的后辈步其后尘。

前明的文士面临无论是入仕新朝还是做遗民的人生抉择，其未能殉国之举已经证明了他们对于“生命”价值的态度。戴名世观察到：自明之亡，东南旧臣多义不出仕，而其家子弟仍习举业取科第，多不以为非。不以出仕为非，说明社会价值观的改变已经是一种普遍的价值观，在新思潮的滚滚洪流中，隐居避世者逐渐成为不可取的选择。

入仕固然是为了提升生活的质量，为了家族兴旺。而做隐士者如何面对和度过即将到来的生存压力，当祖上遗产日渐消耗，而自己又缺少求生的一技之长时，面对的将是衣食无着甚至饥寒交迫。只有出仕或选择其他的谋生方式，否则只有待毙。用现代生命观重新审视遗民的出山，他们放弃采薇乃是对“生命负责”的责任感。以出版书籍为生的吕留良《耦耕诗》云：

苟全始信谈何易，
饿死今知事最微。
醒便行吟埋亦可，
无惭尺布裹头归。

隐居不易，面对生存的困窘，下山谋生——出仕和入幕成为遗民隐士所热衷接受的选择。然而新仕路并非对所有的隐士都畅通无阻，大批出山的遗民中能够被举入仕的仍是其中的极少部分，多数人仍要另谋生路，“不得已以应世”。顾炎武《广宋遗民录序》云：“余尝游览于山之东西，河之南北二十余年，而其人益以不似。及问之大江以南，昔时所称魁梧丈夫者，亦且改形换骨，学为不似之人。”（《顾亭林诗文集》）多少曾经铁骨铮铮的壮士改行于中道，而失身于暮年，彭士望《书关盼盼诗后》：“三十年之间而世道弥衰。”（《树庐文钞》卷九）易代之初的三十余年间，当日的遗民已经纷纷“归正”，所剩无几。致使顾炎武为众遗民放弃人格操守之举而怒不可遏，但他也终究无力阻止遗民的继续出山。彭士望以谢枋得、关盼盼之死为例，说明忠臣节妇之所为极难，“惟其久耳”。他能够真切地理解遗民节操难以固持的原因在于时间之“久”。久病床前无孝子，何况面临饿死的危机为已经远为历史的故国守贞还有几多价值？政权更替后，江山依旧，再固持前朝之忠，至少对于个体自我的价值，其“意义”已经大打折扣了。张尔岐《与邓温伯书》言侪辈“亦为人事衣食所累，神识趋向，渐异于旧”（《蒿庵集》卷一）。陈瑚《毛天回》则说：“予犹忆予少时，当国家多故，意气轩举，凡弓刀击刺之事，无不一一究习，略皆通晓。顾荏苒二十余年，而发且种种矣，何百炼钢化为绕指柔。”（《从游集》卷下）时间的推移，经济的复苏，新朝国势的蒸蒸日上，使得避世、绝世的庄严逐渐失去昔日光彩。即使顾炎武般的大儒亦感到如履薄冰，他在《与叶讱庵书》中回答对“遗贤”推挽颇力的叶方蔼的疑惑时说“人人可出而炎武必不可出”（《顾亭林诗文集》）。顾炎武最终只有自砥自砺，独自前行。

对于清朝初年的政治和社会秩序的稳定来说，最初入仕清廷的这批江南文士努力做到了：在清廷由定鼎到发展繁荣的过程中，他们逐渐抛弃了在殉国者和徵君隐士身上的那种虚幻的道德英雄主义而获得了实行各种政治改革的机会。伴随新朝经济的发展与逐步稳定，至康熙前期，在易代之际曾誓愿做遗民的大批前明遗臣，终于看到了新朝新气象。纵然遗民多能节操无玷，“遗民社会”也仍在无可避免地化为文化遗产。最终正是“时间”，渲染了“遗民”作为一种社会现象的严酷性。许多江南文士所寄予极大期望的宋德宜，字右之，别字蓼天，其父宋学朱，明末御史，巡按山东时遇清兵南下，战殁。巡抚疏闻，忌者诬以不死，旨令覆勘，久不予恤。其时宋德宜方十七岁，上书崇祯帝，得旨察议，议未决而明亡。南明时，福王赠宋学朱大理寺卿衔。入清，宋德宜中顺治十二年（1655）进士，选庶吉士，授编修，至刑部尚书。康熙二十三年（1684）甲子拜文华殿大学士。无锡布衣严绳孙，祖父为明兵部侍郎，父为明监生。明亡，严绳孙绝意仕进，徜徉山水，卜居土穴，多次以“不享无妄之福”为由，拒绝征荐。博鸿被荐，致书荐主刑部主事俞陈琛：“今行老矣，无论试而兼黜，为不知者所姗笑；即不尔，去就当何从哉？窃谓尧、舜在上，而欲全草泽之身，以没余齿，宁有不得？惟卒加保护为幸！”（秦松龄《苍砚山人文录·严中允传》）称疾不许。至京后，复陈请于吏部，又不许。御试时，不完卷而出。圣祖重其才华不加责，特恩授翰林院检讨，入史局。赴任之日，骑驴入史居，以示不屑，又揭陶潜《归去来辞》于壁以自励。然而两年后，严绳孙便得升日讲起居注官，对此殊荣，严绳孙再也难以保持平日的淡然，抑制不住内心的激动“感激自奋，不忍以向之狷介高尚其怀，负上知遇”。从此，“凡职所当尽者，罔不夙夜兢兢”（李富孙《鹤征录》卷二）。最终，清廷通过各种方式使得严绳孙放弃昔日所坚守的节操而开始对清朝忠心耿耿。乐此躬耕的“归村老农”太仓王时敏（号烟客），尽管他本人誓为明朝尽忠，但他的八个儿子不仅以文知名而且全都汲汲于清廷科举以图仕进。在后辈入仕旅途中，王时敏不仅赞同晚辈的选择而且给予鼎力支持。他曾给当权者写信，希望儿辈能得到引拔。其《王烟客集》尺牍卷下有《致王光晋》：“不肖某，琐尾陈人，衰残朽质，尚未通名典谒，何敢妄有渎陈？惟是嫡男州庠生某，府庠生某，平日下帷攻业，每试则曹偶。而稚儿童生某，皆髫年力学，有志向往。……用不禁舐犊深情，循例干请，倘蒙老祖台俯垂藻鉴，拔置前茅，则寒门贱质，一家悉何生成？他日幸邀寸进，援琴立雪，其敢一日忘明赐哉！”王时敏坚持做遗民的同时汲汲于帮助其子弟谋求仕进之路。王氏祖上荣显，于晚明累世富厚。王锡爵，官至大学士，子王衡榜眼及第，衡子王时敏为一代画苑领袖，崇祯朝官至太常寺少卿。易代之后，王时敏坚持做遗民矢志不移，但支持后辈进身不遗余力。他认为江山易主，为新朝尽忠即等同于为家族尽孝，因而只有出仕，方得“君亲两不愧”。他不仅尽其所能为儿辈廓清仕进之路，且对儿辈前途功名寄以深切希望。次子王揆（字端士）应举临行，父时敏作诗鼓励。王时敏《西庐诗草》卷上《揆儿北上》：“公车州郡檄催忙，游子天涯践晓霜。三事那知开阁待，双亲时切依闾望。”殷殷父子之情缕缕如沐春风。至王揆于顺治十二年

（1655）及第，王时敏欣喜万分，致书考官，请求汲引。其《王烟客集尺牍》卷下《致戴明说》：“老年台以凤质龙变之姿，耸壑昂霄之干，出为国珍世端，而豚儿揆，枋榆矩翮，朴嫩小材，亦幸附师门后尘，两世依光，沆瀣一气。”八子王掞（字藻儒）进京赴试，途中作诗牢记父亲教诲，其《西田集·途中作》：“努力向京华，黾勉从王事。移孝以作忠，君亲两不愧。”王掞中康熙九年（1670）进士，选翰林院庶吉士，累官至工部、刑部、兵部、礼部尚书，晋大学士。其余数子，王摅、王抃、王扶等皆以诗画知名，虽未出仕，但亦终日游走于上层公卿官府宅邸之间。王时敏及其长子之所以能保持遗民身份，是因为他的几个儿子已经入仕新朝，完全可以满足王家遗民隐士的生活所需，可以丰衣足食。明清的恩仇和界线，在后期遗民身上和心里，已慢慢淡出了。

康熙十七年（1678）博学鸿辞之举除了少数万念俱灰如八大山人、方文、顾炎武、傅山、杜越、王弘撰、孙枝蔚等坚持采薇挖蕨外，多数人都如雨后春笋入京应举。《康熙徵士记》载：是年参加“博学鸿儒”之试的海内名士一百八十六人，朱克敬《暝庵二识》卷二引《康熙徵士记》载其时“遭丧及死不与试者十六人”。王应奎《柳南随笔》卷四所载四明姜西溟“北阙以成输粟尉，西山犹贡采薇人”之评即基于士人对新朝的热烈拥戴。据《康熙实录》（卷八十一）载，康熙十八年（1679）五月十七日，博学鸿词中试者，主事彭孙遹授翰林院编修，举人倪灿授翰林院检讨，中书舍人张烈授编修，行人汪霦授编修，中书舍人乔莱授编修，太常博士王顼龄授编修，布衣李因笃授检讨，检讨秦松龄仍授检讨，监生周清原授检讨，生员陈维崧授检讨，监生徐嘉炎授检讨，内阁典籍陆棻授编修，布衣冯勖授检讨，知县钱中谐授编修，教谕汪楫授检讨，中书舍人袁佑授编修，布衣朱彝尊授检讨，参议道汤斌授侍讲，主事汪琬授编修，拔贡生邱象随授检讨。参议道李来泰授侍讲，布衣潘耒授检讨，中书舍人沈珩授编修，参议道施闰章授侍讲，行取主事米汉雯授编修，知县黄与坚授编修，知县李铠授编修，监生徐釚授检讨，进士沈筠授编修，候补主事周庆曾授编修，推官尤侗授检讨，举人范必英授检讨，举人崔加岳授检讨，廪监生张鸿烈授检讨，候选中行评博方象瑛授编修，拔贡生李澄中授检讨，郎中吴元龙授侍讲，举人庞垲授检讨，廪监生毛奇龄授检讨，进士钱金甫授检讨，生员吴任臣授检讨，知县陈鸿绩授检讨，荫生曹宜溥授检讨，拔贡生毛升芳授检讨，中书舍人曹禾授编修，贡生黎骞授检讨，贡生高咏授检讨，监生龙燮授检讨，光禄寺少卿邵吴远授侍读，布衣严绳孙授检讨。杨凌霄为邹枢《十美词纪》所撰《序》中描绘博鸿盛景云："一时名士俱与其列。"百余博鸿中举者中共五十余遗民榜上有名，几占半数。全祖望《鲒埼亭集》卷四六《与赵谷林兄弟书》云：遗民们"燕跃鹄踊而出"。江南竹箭之丛，多若过江之鲫。一批批文学才俊相携下首阳，隐逸之士争趋辇毂，唯恐不与。当日信誓旦旦的遗民隐士个个更换新妆着朝服了。时望所归的"遗贤"尚且如此，普通无位文士则尤不可言。这种情况说明，作为承载传统道德的"士"人，在面临"生存危机"时，传统的道德忠义和夷夏大防将不堪一击。此时正任户部郎中的王士祯目睹此举心中深感苦涩，王弘撰《山史二集》（卷五）载王士祯评论时讽曰："士风之卑，惟今日为甚。"王士祯不仅对时风深感失望，并为友人写诗进行讥讽，颜光敏《颜氏家藏尺牍》（卷二）所载王渔洋书札中收入该诗：

由来苦节本难贞，
莫向东篱问落英。
征士今年满京洛，
不知何处著渊明。

征士满京华，无处著渊明。王渔阳仕途通达，门第显赫，虽然他在京师也广泛交游遗民文士，如即墨徐夜即是王渔阳的表兄弟，但王渔阳的家族教育及他个人的成长经历使得他难以走进遗民的内心，对于人们追逐虚华与富贵，京师的车马喧嚣，王渔阳视为社会上浮躁的世风，他认为遗民的大批出山必会将世风引向浮夸。然而，除了生存和谋求富贵的动机外，还有什么更能证明遗民的纷纷改辙？

并非没有守节拒征者，如深令后人敬仰的关中四君子即决然不赴。据王弘撰《山志二集》（卷五）："卓然挺于颓俗之表：二曲枕观丘壑，云卧不起。先生褐衣入都，屏居破寺，闭门注《易》，公卿罕识其面；焦获迹在周行，情耽林野；频阳（李因笃）独为至尊所知，受官之后，抗疏归养，平津阁中独不挂门生之籍。"但无数遗民中，能够如关中四君子般固持遗民节操于始终者寥若晨星。顾炎武所谆谆教诲的门生潘耒不也背弃师道？王应奎《柳南随笔》（卷二）所引"一队夷齐下首阳，几年观望好凄凉。早知薇蕨终难饱，悔杀无端谏武王"的佚名诗即非仅是讽刺了。此类载述，清初野史笔记屡见不鲜。

鲁迅论仕隐价值言：汉唐以来，入仕并不算鄙，隐居并不算高。饿死首阳在人性方面并不值得提倡甚至不道德。因此，鲁迅并不鄙视出仕新朝。出仕，尽管李生龙《隐士与中国古代文学 自序》认为"有社会责任感、政治道义感和文化使命感驱使等各方面的原因，但从根本上说，是一种生存需要"，否则孟子便不会在《孟子·滕文公下》中说"士之仕也，犹农夫之耕"。遗民放弃遗民身份投向新朝，意味着对传统的儒家权威的挑战，他们再也不甘被动地接受伟大而空虚的精神传统，而认识到生命的价值远远高于道德训诫。

因此，谋求生存是遗民文士中途改辙的基本理由。

第二节 书开数行泪，叶满一庭秋

作为求身的方式之一，文人游幕分别在战国和唐代两次兴盛。战国的诸子散文和唐代诗歌两类文体的繁荣即与文人游幕密切相关。明代自嘉靖中期，由于倭寇等边患日起，入幕再度成为科举蹭蹬文士治国谋身的理想途径。徐渭入胡宗宪幕，靠游资改变穷境并成为历史上知名的文人和画家。著名抗倭将领戚继光对其幕下慷慨资助。一次军营送别酒会，戚继光豪兴满怀，当即赠文士以千金。据陈维崧《陈迦陵文集》卷五《邵山人潜夫传》载：（戚继光曰）“今者一孝廉将之燕，一将军将之秦。诸先生有能为文以送之者，文成当出千金及他物为先生寿”。众人逡巡莫敢应。陈维崧文集同卷《邵山人潜夫传》亦载清初遗民林古度之父林章（字初文）“援笔立成数万言。大将军读之，且读且拜，立献黄金二十镒，白金二百镒，貂襜褕十，名马二，他瑇瑁、火齐、珊瑚、明珠悉称是”。一篇文章所获珠宝雕裘等可谓价值连城。据此标准，得主才士一生写三五篇送别文章即可终生富贵，荣华享用不尽。南昌王猷定（字于一）工诗古文，为人倜傥自豪，《清史列传》卷七十《文苑一》载：“史可法闻其贤，征为记室。”王猷定凭其卓越的才华得以进入史可法的幕府，并被委以重任。

文人奔走于幕府成为晚明文学生成的一个重要因由。余怀，明末曾入范大司马景文之幕，余怀《板桥杂记》（中卷）“丽品”载余怀在范幕“为平安书记”，也是深为依重的名士。杜于皇北上入幕从军抗清，吴应箕为之壮行，吴应箕《楼山堂集》卷二十五《送杜于皇北上》谓杜于皇为“天下才”。如果说抗清之际，文人入幕尚有谋“志”澄天下的动机，那么，易代之后，自陷“政治放逐”的遗民入幕即为书写一种伟大人格和提升生命魅力而采取的一种生存谋略。

一、易代之初：遗民如何谋生

著名隐士陶潜之隐居乡村有足够的时间赋《闲情》，有充裕的金钱沽酒纵饮。陶潜的研究者往往关注陶潜对政治的抵抗方式，却忽略了陶潜采取这一行为方式的根本原因在于他仍是乡村地主的身份，以及社会地位是没有权职的贵族。陶潜乡居，具有足够丰裕的经济基础，事实上他是一个富有的土地经营者。清初的遗民隐士之所以能够隐居也多有各自的生存策略。新城徐夜，字东痴，饥寒交迫，固守志节，其《闻雁》“不为稻粮谋”，守薄田度日，窘甚而赋《饥颂》：“一身无所事，爨烟待以举。曾无隔日粮，见笑仓间鼠。”寂寥贫穷情见乎词。但其“首阳”之志仍丝毫未减，以至于时有乞食之举。但《饥颂》首先证明了他对于食物的渴求，生活舒适的人不会对衣食特别关注。从徐夜全部诗作看，他恒为遗民的主要生计支撑并非他忍于饥饿，而是其表弟王士祯的源源不断的经济援助。缺少这一经济来源，恐怕徐夜则难守固穷。陈所学，字行之，号鸥沙，明亡，遣散奴仆，折所居室为僧寺，据孙静庵《明遗民录》（卷八）载：“陈所学居四十余年而卒。”假如没有十几甚至几十亩土地作为衣食之蓄，或者由显贵之人或者富商资助，那么陈所学将无以于三间茅屋度四十余年岁月之久。归元祉，归庄族祖，《归庄集》卷三《族祖元祉及陈硕人双寿序》载：“（崇祯末）年近四十，始补诸生。盖得之如此之难也！越二年，遭乙酉之变，遂谢去。何其决也？时例未及六年者不得谢。族祖捐终岁授经之资二十余金，赇胥役，乃得请。”族祖以二十金贿赂狱卒，方可取得遗民的纯洁身份。归元祉之所以如此决绝，是因为归家乃声震一方的望族，归家田产广袤、奴仆成群，易代动荡并未损害其原有的经济根基。可见，唯有远离生存危机，遗民才可安然于“遗”和“隐”。但能够像徐夜长久获得资助和归元祉具有雄厚经济基础的遗民毕竟是少数，多数遗民必须自己解决生计问题。

大批明朝文士不仕新朝。作为依食前明俸禄的士大夫，在易代之后如何维持生计？这是一个一直为文学史所忽略又十分重要的学术问题。大致说来，遗民的生存方式主要有以下几种。

其一，授徒讲学。

这是古代多数读书人在科举失意和人生巨变时所最钟情的谋生方

式，即使穷困至极，这些深受儒家文化熏陶、自视为精英的读书人也多不屑于亲自操锄躬耕，尽管他们也无数遍地表白归耕，却没有人真正地甘心做耕夫、渔夫、樵夫。其中最重要的缘由是，即使穷困，也要维护并保持自己的文化身份。誓愿做遗民，需要付出艰苦的代价。昆山归氏家族的巨额财产伴随长辈的逐渐凋零和岁月动荡也已近荡空，到归庄时已经常常为“饥”所困，以至于“饥”成为其诗歌屡屡吟咏的主题。《饥》：“饭糗空希圣，餐云谩学仙。最悲白发母，无病昼长眠。”彩云随处可餐，非必学仙求道。但道家的餐风饮露终究不能解决现实的温饱，“采薇长往身犹在，负米归来室已虚”。（《除夕》）最使归庄心痛的是其母为掩饰饥饿之状而“无病昼长眠”。生活之艰辛未能动摇归庄的遗民之志。尽管无米为炊，但归庄并不悲观，也未希望出仕谋求富贵，而是力耕“砚”田。《夏日娄东旅舍杂述》：“书法文章兼绘事，砚田如许总无秋。”他深信：自己书法文章绘画无所不通，对生活温饱充满信心。归庄《归庄集》卷一《客中述怀》：“乞食诗篇还唱和，换钱书画有牵攀。”于是，归庄辗转于江南各地授徒求生。往来于虞山、昆山、吴门、长兴、扬州、天长、嘉定、淮阴等地，徜徉于洞庭山、苞山、邓尉山之间，所到之处以处馆为业。顺治六年（1649）主“虞山陈氏馆”（《年谱》），居“故尚书公必谦第”（《题壁诗序》）。次年，因陈氏家衰，将尚书第卖与某将军，归庄亦携笈而去，无锡蒋路然聘之同席研。顺治七年（1650），“主族父元卿家”。顺治八年（1651）“至梁溪，舍馆友人家”。顺治十年（1653），应万寿祺之邀“往淮阴，教其子”。顺治十二年（1655），“授经嘉定”。顺治十六年（1659），“在吴门，主袁重其斋”。顺治十七年（1660），“至洞庭，主路苏生家”。康熙元年（1662），“至吴门，主金孝章俊明孺宜堂”。康熙二年（1663），馆江淮天长“张先生”斋（《赠崇真甫序》）。康熙八年（1669），“在嘉定，主严舜工家。冬，至洞庭山，主翁季霖氏”。坚持做精神遗民，以新朝局外者的身份谋取生存如归庄者不在少数。刁包，字蒙吉，直隶祁州人，国变后以讲学终身。杜越，字君异，号紫峰，容城人，国变后，布衣茹食，授徒自给。郭士髦，字斯士，号觉海，太仓人，国变家业荡尽，以授徒自给。吴慎，字徽仲，歙县人，国变归歙，会讲紫阳、还古两书院。李生光，字闇章，山西绛州人，国变后，构草堂，日夕燕处其中，读书自得，授徒以生。朱一是，字近修，崇祯壬午（1642）举人，兵后披缁衣授徒。戴笠，明诸生，国变后，入秀峰山为僧，旋返初服，隐居朱家港，教授生徒。翻阅诸本《明遗民录》，授徒自给的名字会扑面而来，人数之多，由此可观。

授徒作为读书人一份谋生的职业，确能维持自己底层文化人的身份，但往往收入微薄，不可作托命之思。朱彝尊《曝书亭集》卷三十九《钱教谕忘忧草序》："有升斗之禄，足以糊口，衣有逢掖，出有车，入有官舍，束修之敬，有弟子，无法令，束湿之苦，而诗书讲习之乐。故今之仕者惟司教一官，可以适其志焉。然月俸既薄，或以之僦舍，坐客无毡，弟子载贽者少，则并日而食，盖或不给，不给则忧，忧则其来无方，不可断绝。虽欲忘之勿能也。是有道焉，吾惟获吾中心之所求，则情为吾移，不为境夺。衡门之君子，亦至贫矣，其诗曰：泌之洋洋可以乐饥，夫饥至于可乐，则天下安有不足之境欤！"所言即游幕对于坚持志节者的重要意义。对多数人来说，授徒仅仅作为一种谋生媒介，如果还能谋求到其他生存方式，则往往放弃授徒。除非再也找不到谋生之路了。这并非易代之际文人的选择，而是古代知识人的普遍状况。而在"遗民时代"，还可以感受到众遗民坚强的生命信念。此际的授徒与传统的授徒隐然有别——不仅是生存，而且是具有某种文化影响力和社会功能的象征。

其二，隐于医卜。

儒医相通，授徒谋生外，行医也是遗民往往钟情的谋生方式。文人不能放弃的是那份知识情结。李延昰曾至桂林参与唐王军事，其后事败遁迹，改做道士，避居浙江平湖佑圣观，以行医自给。傅山，世传儒医，善疗男女杂症，兼理外感内伤。工诗文书画，尤精医学，其于太原古晋阳城开诊所——“卫生堂药铺”。

方文，字尔止，号盦山，桐城人，明末诸生，国变后，以卖卜、行医兼授徒游食为生。

蒋平阶，字大鸿，几社名士，顺治二年（1645）赴闽，唐王授兵部司务，晋御史。闽破，服黄冠亡命，假青鸟术游齐鲁，转徙吴越，乐会稽山水，遂止焉。

赵继鼎，字取新，号止安，崇祯十三年（1640）进士，官至兵部主事。国变，隐遁江北，卖卜于市。

张翼星，字三明，国变后隐居。孙静庵《明遗民录》卷八云：“（张翼星）隐于卜肆，日获百钱以自给。”

吴宗潜，在诗社受到冲击后“遂隐于医”，在苕溪间浪迹江湖，治病不问贵贱，在民间享有医名医德。

陆圻，字丽京，号讲山，明亡后，绝意功名，行医卖药于江浙间。

邬继思，字沂公，工诗，国变后，隐于医。曾畹《曾庭闻诗》卷三《怀邬沂公》：“黄石祠边客，丹徒老布衣。转粮淮甸去，菜药腊前归。”自注：“邬，精岐黄之术。”

范路，字遵甫，自兰溪迁长水，经乱卖药于市。

宋龙，字子犹，国变后避地太仓，隐于医，僧服终其身。

范路，字遵甫，乱后，卖药于市。

由于收入的不可固定，行医卖卜较之于授徒显然收入高得多。因此，行医成为遗民谋生的一条捷径。清初著名中医张璐《张氏医通》云：“壬寅以来，儒林上达，每多降至于医，医林好尚之士，日渐声气交通，便得名噪一时，于是医风大振，比户皆医，此道之再变也。”儒林降而为医，“比户皆医”，说明选择这一谋生方式的遗民数量之多。他们不仅医德高尚，且善于著述总结。明末清初，由于这一特殊的遗民群体，一批医学著作因此问世。傅山有《傅青主女科》《男科》《产后编》，喻昌有《尚论篇》《医门法律》《寓意草》，陆圻著有《本草丹台录》《医林口谱》《医案》《医林新编》，李延昰有《补撰药品化义》《医学口诀》《脉诀汇辨》《痘珍全书》等，在客观上极大地促进了中华医学的发展。

其三，卖文售画。

作为明朝的知识精英，持守故国节操的遗民中有许多人在书画方面有精深而独特的造诣，并早已声名远扬，借此亦可度日谋生。更为重要的是，明清鼎革并非一场社会革命，它并没有对旧有的社会文化结构予以本质的改革。改朝换代对遗民的政治经济地位虽有直接损害，但遗民的文化声望并未受到影响，他们依然拥有不可低估的文化资本。因此，拥有这种文化资本的遗民可以通过自己的知识和才艺谋求生存。上文所述隐于医者即然，也有相当一部分才艺兼具之士隐于书画。徐枋，字昭法，崇祯十五年（1642）举人。明亡，父汧殉节，徐枋遵父命避居吴江、无锡。康熙二年（1663）隐居于天平山麓上沙村，筑涧上草堂以卖画自给。独居四十年，守约固穷，终身不入城市。黄周星，号九烟，字景虞，崇祯进士，官户部主事。（道光）《上元县志》卷二十《隐逸》"黄周星"："二京沦没，麻鞋入闽，授礼科给事中。仙霞不守，落拓无依，漂泊嘉禾松江间，以卖文为生。"卖文不足便授徒。戴本孝，字务旃，国变后隐居鹰阿山。遍游名山巨川，广交朋友，纵情山水，不接流俗，卖书画供朝夕。朱耷，字雪个，号八大，南昌人，明亡后，削发为僧，后改做道士，卖画以生，寄情于画，以书画表达对旧王朝的眷恋。顾梦游，字与治，崇祯末贡生，入清不仕。方文为顾与治诗集所撰《顾与治诗序》云顾与治晚年"惟坐卧一小斋卖诗文自给。门外索书索诗者踵相接"，以遗民终老。

尽管书画乃文章末道，最初乃文人余兴的寄托，但在许多时候也可借此糊口，这对于有此技长者算是一种幸运。不仅可以凭此证明自己的的遗民心志，书画也成为他们保持身份和广交众友的媒介，从而证明自己仍是一个“文化资本”的拥有者。文化资本不像政治权力及财富可能随时局的变化而减少或丧失，一个人的文化资本不易被剥夺。因此，许多书画家在文艺上的声名，不但没有因改朝换代而受损，且在新的政治文化环境中持续增长。许多仕清的新贵士绅依然保留着前朝的文化雅趣，仍然是遗民书画艺术的主要创造者。

其四，寄身释道

托身僧道——借此逃避清朝强制推行的剃发政策，也成为许多遗民的避世之途。屈大均《翁山诗外 过吴不官草堂赋赠》：“今日东林社，遗民半入禅。”他们往往亦僧亦儒，亦道亦文。方以智，国变后披缁诣天界寺。陈于泰，披缁为僧，当道促其出仕，乃归卧荒庄复壁中。何宏仁，国变后决心殉国，孙静庵《明遗民录》（卷六）：“（何宏仁）作诗投崖而绝。久之复苏，土人守之，得不死。随披剃从方外游，入陶介山。”王猷定，国变后，绝意人世，晚寓浙中西湖僧舍。侯智含，侯峒曾三子，易代后，亡走扬州天宁寺为僧 。出家为僧道者如董说、钱邦芑、熊开元、函可、金堡等，不可计数。康熙朝文士邵廷采《思复堂文集》卷三《明遗民所知传》云：“僧之中多遗民，自明季始也。”这种现象说明了一个事实：不仅选择这一途径的遗民数量多，而且释道于此际已演化出一种新的文化观——遗民志节的象征。

事实上，遗民的几种隐居方式是相互交叉的，授徒同时往往卖画卖文，行医同时占卜卖画。他们多兼通数艺，并没有仅凭一技而终生者。如郑簠（1622—1693），字汝器，号谷口，江苏上元（今南京）人，为名医郑之彦次子，深得家传医学。国变后，隐于医，于京城开药铺，终生不仕。工书，学汉碑达三十余年，朱彝尊称其隶书是古今第一，并有《赠郑簠》：“金陵郑簠隐作医，八分入妙堪吾师。盍来卖药长安市，诸公衮衮多莫知。”又如傅山，国变后以行医鬻书为业。而山西傅山，国变后行医卖字，在太原开了一家药店。亦曾计划开酒店宾馆，由于清政府的禁令而止。其学务穷差别，观其会通。凡天地、人物、象数、历律、医卜之学，类皆神解默识，遇事成书。其汲汲与人开说，囊括百家，掀揭三乘，若风发泉涌，午夜不辍。

其五，经商行贾。

士农工商，商人作为四民之末，并不像授徒行医那样受到遗民的普遍青睐。但明嘉靖以来由于商品经济的冲击，“弃儒经商”“士商合流”已成为令人瞩目的新潮流。从商已经成为科举之外士人的普遍选择，以至于清初江南学宪李嵩阳论当时生员被人轻视的原因之一即是走利如鹜，辍诗书而躬为商贾。易代之初，文人的这一职业选择成为许多遗民借以隐身的理想途径。顾炎武北上经营农庄，与晋商联手贩卖布匹，并开创了中国最早的银行——山西票号，同时以其赢利交游和搜访书籍，从事学术研究，成为学术史上的巨儒。吕留良则经营书坊，选刻时文，赢得暴利，进而扩大营业规模，成为清初宋诗派的实际鼓扬者。淮上“望社”首领阎修龄（1617—1587），字再彭，国变后，到离城四十里外白马湖边筑一蒲庵，朝夕行吟，介然自守，接纳庇护流亡南北者，同时如李楷、杜濬、傅山、王猷定、魏禧、阎尔梅辈，过淮皆下榻焉。所谓“下榻”实谓“隐匿”。阎修龄之所以从容于此，是因为阎家乃占籍淮安的山西盐商，尽管经过易代动荡，阎家仍赀财雄厚，有足够的财力物力支持此举。同时，阎修龄并未停止其商业营利活动。有些参加农耕的遗民，如魏禧与易堂九子、孙奇逢等，主要的精力在于读书和交友。钱谦益为遗民柯元芳撰墓志铭，记其子仕清为枣阳令，柯喜不自胜，认为从此可以舒眉袒腹，长为逸民。柯元芳之所以能安心做遗民，是因为其子入仕已经为其提供了衣食无忧的保障。遗民孙枝蔚到仪真（仪征）访友时见客路征尘皆商贾，感到世风已今非昔比。而明遗民梯队中，拒不出仕者也多有坐贾行商者。

王原，直隶文安人，国变后设酒肆，多做袜履诸行色所需物，遇远客至，则资而厚款之，不受值。

周篔，字青士，又字筜谷，嘉兴人。易代后，弃举子业，就市廛卖米。府城初破，有括故家遗书连船载以鬻于市者，君买得一船，积楼下，每日中交易。箕筥斗斛，权衡堆满，肆拨乱书，糠粃中吟诵不辍。安徽米商载米八百斛，得值千金，托青士保管。徽商独往硖石，中道溺死。青士具棺以敛，手书呼商人子至，倾笥还之。

孙枝蔚，字豹人，号溉堂，陕西三原人，于扬州做盐商，学小贾，则已倾广陵诸中贾，学中贾则又倾广陵诸大贾。孙子学中贾之三年，三置千金。

吴嘉纪，字宾贤，号野人，泰州安丰场人，出生盐民，明末诸生，入清不仕。从事盐业，同时也经营柴薪生意。是中国文学史少有的盐民诗人。

夏道一，字元真，国变后，绝意仕进，率子躬耕，足迹不入城市。生活艰难时，他亲自操斧砍伐树木，制作纺车。与妻子一起织布变卖，或绩线易薪米。由于所织的布匹细密精致，深受市民欢迎，人们争购之。

盛符升，王渔洋最早的一批门生之一，经营刻书业，并承担了王渔阳大部分作品的编刻工作。

牛位坤，字调均，别号太初，泽州高平人，明亡，位坤遂混迹博徒酒人里侠，且读且耕且贾以糊口。

除了上述不仕新朝均可自给的诸遗民外，还有许多遗民，不耕不贾不仕。扬州范荃，字德一，号石湖，国变后，弃诸生，闭门静坐，啜茗听鹃，与二三童子周旋外，或沈酣史籍，上下古今；或商榷风雅，考订讹伪。兴之所致，笔墨淋漓，五字刻成，千言立就，真不知天高地厚，乐境无穷。淡泊自甘，确为悠悠闲适。高淳刑昉，字孟贞，明亡，弃诸生服，伏处湖滨，弹琴赋诗，以终其身。但如果缺少坚实的经济后盾，他们断不能如此逍遥。食粟所存，一旦食尽，将何以为生。正如以《板桥杂记》扬名于史的遗民余怀，易代之初，举目山河之异，伤心第宅之际，仍能寄迹青楼画舫，征歌逐妓，这种酒阑灯灺的生活使得林佳矶不仅问难："澹心故布衣，何所艳若是？"是谁为他提供足够的银两使他终日吃喝玩乐？

拒绝加入新的政治集团，主动放弃了本可轻而易举获得的政治前程，遗民们以不同的方式书写了文化英雄的性格，形成了历史上空前的遗民文化浪潮，至今仍引起人们无限追怀和敬仰。

然而并非所有的遗民都能够找到一份可以托身的职业，大多数遗民坚持了数十年的遗民生活后，已家境荡然。流落金陵的宣城遗民蔡蓁春（字大美）穷困潦倒，老遗民顾梦游敦促其出游谋生，其《顾与治诗集》卷四《寄蔡大美》云："今年君不出，八口岂无忧。"规劝其为八口之腹计唯有出游谋食，否则将坐以待毙。陈维崧、朱彝尊仰给游幕维持生存，游幕经历使他们分别成为清初两大词派——阳羡词派和浙西词派的开创者。

在遗民的几种文化选择中，入幕成为多数遗民文人所钟情的隐居之途，以此谋生的人数远远多于行医授徒和销字售画者。其作为一种理想的隐居途径，既可解决生计问题，又可保持知识分子的"文化"身份。

二、饥则饷其粟，寒则衣以裘：官员的资助

清初的许多汉族封疆大吏和朝野大小官员，大多由明朝而来，尽管已经身仕新朝，但他们多怀有旧朝情结。对一些汉族官员来说，保护前明遗民，多少补偿了他们由于多种原因出仕一个异族政权而造成的心灵愧疚。帮助困境中的遗民，成全其气节，是多少良心未泯、善意尚存的汉族官员的心愿。傅山、方文、方以智、顾炎武、孙奇逢等学识渊博的遗民，即被人们视为精神和文化领袖。他们不仅在经济上受到新朝官员的大力资助，而且在学术活动上也都不同程度地得到他们的赞助。经济的支持和政治的遮护，成为清初遗民文学活动取得巨大成就并最终走向繁荣的必备条件。

曹溶（1613—1685），字洁躬，号秋岳，一号倦圃，秀水人，崇祯

十年（1637）进士，考选御史。李自成政权留用，顺治初起任河南道御史，督学顺天，历任户部侍郎、广东右布政使、山西按察副使，丁忧归隐。荐举“鸿博”试，以疾辞，荐修《明史》，不赴。乾隆朝编史将其列入“贰臣”，沈梅史撰《重麟玉册》之《李暎碧传》亦将曹溶视为“浙江五不肖”之一。其所谓“五不肖”者，分别为：钱谦益（1582—1664）、龚鼎孳（1616—1673）、陈之遴（1615—1662）、吴伟业（1609—1672）及曹溶。而恰恰是曹溶这位被否定的“不肖”“贰臣”，在清初的文坛上给予许多有影响的遗民以巨大的经济援助和学术引导。曹溶仕清后，在其《念奴娇 将赴云中留别胡彦远兼戏其卖药》自喻为阮籍。阮籍穷途，可测知曹溶不得已仕清的痛楚。因此他尽其所能保护前朝遗老和对其提供帮助，在顺治、康熙年间二十余年的仕宦生涯中力所能及地为这些生活无着的遗民提供衣食保障。平湖李天植（1591—1672），字因仲，崇祯六年（1633）举人，性潇洒，明亡，绝意仕进，隐居蜃园，教书卖文织筐，苦度生计，后终于饿死。曹溶闻讯，纠合友人集资相助，为李天植料理身后事。万泰（1598—1657），字履安，号悔菴，顺治九年（1652）因“客囊虚”而以望六之龄投奔严州太守。曹溶《送万履安同年之桐庐因谒严州太守》记录了万泰在严州入幕为客，前后长达四年之久，颇受重视。顺治十三年（1656）曹溶任广州右布政使，万泰随其入粤。《万斯同年谱》所载万泰于广州寄浙东的《训子书》云：“统孙仍在周家读书否？祖父远出，母氏早亡，孤贫已到万分极处。凡事须刻苦勉励，无为人侮也。”（《濠梁万氏宗谱内集》卷十三《祖训录》）可知，万泰远赴南粤入幕实乃摆脱家境贫苦。顺治五年（1648）浙江“五君子”抗清事发，牵连众多文士。万泰姻亲李棡及其子李邺嗣皆被牵入狱，被释后李棡自杀。出于亲情，万泰出为料理丧事，曹溶则慷慨资助，拨俸助理，李邺嗣《杲堂诗文集 受曹秋岳先生六十序》谓曹溶出“二万钱为赙，得以助办”。顺治十四年（1657），曹溶由广东布政使降调山西按察副使，治所在大同，至康熙三年（1664）被免官止，在山西为官七年。此间，顾炎武曾数度来访，谈诗论学，登山临水，情谊非浅。从曹溶对其他遗民隐士的慷慨接济可以推断出，曹溶当给顾炎武以相当的物质帮助。尽管他们的交往是精神契合，但顾炎武初到山西，尚无立足之地，在曹府盘桓一月有余方才辞别而去，转而做五台之游。陕西富平遗民李因笃（1633—1692），字天生，号子德，少孤，外祖田时需抚之成立，受业其门。田时需乃曹溶挚友，吴怀清《天生先生年谱》（卷一）“康熙三年”载，当曹溶观察三晋，李天生便“以故人之子相从”（《鹤征录》），得到曹溶的关怀照拂。后由曹溶推荐，李因笃入陈上年之幕做幕僚。其他俞汝言（1614—1679，字右吉）、屈大均（1630—1696，字介子）等均是曹溶幕中知名遗民。而朱彝尊入曹溶幕府时间最久，他一生重要的学术活动多完成于曹溶幕府。

傅山的文学活动与仕清官员也密切相关。顺治间，当傅山涉嫌反清入狱后，时任山西布政使的魏一鳌（1620？—1692）力证傅山清白而终使傅山以无罪获释。事实上，当朝廷审讯时，指认魏一鳌为证人实乃傅山的灵机“诬告”，但魏一鳌却敢当是“诬”，挺身而出。魏一鳌，字莲陆，别号海翁，自号酒道人，直隶新安人，崇祯壬午（1642）举人，官忻州知州。顺治二年（1645）被迫赴举，授山西平定州知州。王余佑《魏海翁传略》：“乙酉蒙清檄督催赴选铨部，行文备直省抚按，有举人抗违不应试者，指名拿问，抚按并参等语。抚按严檄府州县，差人护送入京。至六月赴部试一等，应授知州，至八月除授山西平定州。”傅山一生的遗民声望与魏一鳌的经济资助密切相关。

顺治九年（1652）山西天灾，应傅山之请，魏一鳌下令免除了本不在免税名单中的傅山在山西忻州的土地税。王余佑《魏海翁传略》载魏一鳌于顺治十年（1653）“捐资三十金”（尹协理编《新编傅山年谱》，《傅山全书》册七），在太原郊外的土塘村为傅山购置别业。陈上年，字祺公，顺治至康熙初任泾固道兵备，山西雁门道兵备使。尽管他本人极少有学术活动，但他对遗民学者的经济赞助却为他赢得极好口碑。他豁达大度，尤好交游，王弘撰《山志·初集》（卷一）谓其“慷慨然诺，有古人之风”，以热情的学术赞助人而知名。当曹溶离职回乡后，曾一直得到曹溶资助的学者朱彝尊又因曹溶的推荐入山西布政使王显祚幕府，并受到礼遇和尊重。顺治年间陕西合阳知县王又旦（1636—1687），字幼华，号黄湄，郃阳人，顺治十五年（1658）进士，官至户科给事中。任湖广潜江知县期间，王又旦捐资为陕西遗民诗人孙枝蔚修筑别墅——焦获寓楼，使孙遗民安心于湖广采集当地民歌。康熙十二年（1673）秋，顾炎武在山西汾州介山修筑的别墅竣工，其在京城任高官的外甥徐乾学、徐秉义、徐元文同撰《为舅氏顾宁人征书启》云：

> 舅氏顾宁人先生，年逾六十，笃志五经，欲作书堂于西河之介山，聚天下之书藏之，以贻后之学者。……伏维先达名公，好事君子，如有前代刻板善本及抄本经史有用之书，或送之堂中，或借来录副，庶传习有资，坟典不坠，可胜冀幸之至。

排除甥舅间的血缘亲情，以顾炎武当日在士林的文化声望，以徐氏三兄弟在康熙朝的显赫政治地位，他们联名以布告天下的方式在全国范围内公开征集古籍的文化行为，证明了一个蒸蒸日上的新政权对遗民文化学术活动的积极支持。王渔洋司理扬州时多有赞助文学之举，曾极力资助邹祗谟编选词集《倚声初集》，又支持遗民孙默搜集并刊刻《国朝名家诗余》——迄今所知清代最早的一部规模宏大的词总集，对于清初词学的复兴起到了重要作用。

仕清官员不仅给遗民们提供经济资助，他们也力所能及地为旧王孙们提供政治遮护。顺治九年（1652），魏一鳌力平发生在傅山家中侄婿暴死的人命案件，使傅山化险为夷。龚鼎孳鼎力相助过无数被捕遗民。顺治十一年（1654），傅山因涉嫌参与组织反清活动被捕入狱，一年后以无罪获释。这即是清初著名的“朱衣道人案”。除了傅山友人的努力斡旋外，身居朝中要职的龚鼎孳、山西巡抚孙茂兰均是傅山安全获释的关键人物。龚鼎孳还因为遗民无罪辩护而被弹劾贬职。同时，当顾炎武被捕入狱后，龚鼎孳、徐乾学、魏裔介等朝中大官极力斡旋，终于使顾以无罪获释。顺治年间，两淮盐课御史姜图南幕府，多有遗民前来投靠。方文《淮上遇姜侍御真源兼送其入都》：“饥则饷其粟，寒则衣以裘。”（《嵞山续集·北游草》）新朝官员的遗民情结使得当时大批誓做遗民的人不远万里投奔而来，有的一住即是十余年。

大量的历史文献都有记载，清初的官员不但积极赞助著名的遗民学者，其中有些人还成为旧遗民的门生弟子。遗民孙奇逢移居河南辉县苏门后，魏裔介和汤斌等清廷官员便拜孙为师，自称弟子。易代后，张云章《陆先生元辅墓志铭》载陆元辅（1617—1691）“脱去博士弟子籍，分将潜深伏奥以布衣老矣，而当世大人先生以其经师，必欲力致之。先生念己于前朝未有禄仕，出亦无害。而以贫故糊口四方，亦非不义之粟。故以礼来聘者，先生不之拒”（《碑传集》卷一三〇）。陆元辅先后客京师近二十年，相国宋德宜、徐元文，侍郎叶方蔼，尚书徐乾学，均以兄礼事之。后入江南巡抚余国柱幕府，吴中有大利害，必一一陈无所靳，颇有助于兴除，倾力助幕主兴利除弊，成就功业。陆元辅游于达官显贵之门，所获束修，使他丰衣足食外，还可大量购书，至藏书数千卷，游食成就了陆元辅理学家的声名。种种事实证明，新官员对旧遗民的资助成为清初政治与文学活动中的一个极为重要的现象。如果没有汉族官员的这种积极态度，如果没有汉族官员对遗民文学文化活动所提供的经济支持和政治遮护，那么，清代文学就不会于清初即得到全面复兴，如果缺少这些援助，清代文学至少不会如我们今天所见的如此光芒璀璨。

三、百口累卿须付托，再生深望主人恩：托身幕府

在遗民的几种谋生策略中，不离父母，守耕而食；或行商服贾，奔波路途，都非文化人所心甘情愿的职业。最易执行也最为文化人所接受的是开馆授徒，但授徒所入往往不足以养家，因此，对于不愿违背心志出仕新朝又满腹才华的遗民来说，入幕便成为最理想的选择——既可维持生计，同时亦可从事文学创作和学术交游。朱彝尊《曝书亭集》卷四十一《孙逸人寿序》直言游食之益："束脩之入可以代耕，广誉之闻胜于儋爵。游也，足以扬亲之名；居也，足以乐亲之志。"入幕束修既可代耕，又可提升自己的文化声名。金兆燕即视入幕为文人之"大隐"。金兆燕《棕亭古文钞》卷七《严漱谷先生七十寿序》："鞍马依人，闲置以老，自非经济足以盖世，而爵禄不入于心者，鲜肯曳裾而投足焉。捷宦之径一变而为大隐之乡，时为之也。"亦知此际入幕求生者之多。

首先，基于生存需要，入幕求食。宋琬《送长益之周中丞幕府》其二："百口累卿须付托，再生深望主人恩。"百口之家需要衣食，尽管友人"弹铗不劳歌幸舍，上书无计达天门"，但为衣食只有出游入幕。李因笃《受祺堂文集》卷三《复顾先生》即公然曰："入幕虽卑，犹自食其力。"更重要的是，入幕可以获得远远超出行医、授徒卖文的收入。

游幕在明代成为幕宾谋取生存的一种方式和手段。幕宾不能以职业谋取官职，但正是这种政治边缘人的身份，才强烈地吸引着明遗民的衷心，成为遗民向往的求生途径。金安清《水窗春呓》（卷下）"书契圣手"载，幕府中"有记室，修有千金者。即才学之士，得以遨游公卿，得高价"。顾炎武《顾亭林诗文集 潘次耕》亦曰："食贫居约而获游于权贵之门，常人之情鲜不愿者。"凭借自己的学识，遗民文士可以从容优游于官府门第而同样保持自己的节操。入幕求食成为多数遗民文人的

共同选择。杜濬遍交贤贵王侯以谋食，晚年曾游食至云间。周茂源《鹤静堂集》卷十一《杜于皇过吾郡遄行赠别》："与君廿载长干别，瞥见冲寒过芸城。乍得兴酣如意舞，谁令驱使不留行。红楼几宿霜天净，白舫空移雪月明。不是离朱应不食，何妨饥凤自飞鸣。"可知，云间几日停留，再去他乡"觅食"。事实上，杜于皇栖栖惶惶，为衣食所驱。计东因奏销案遭罢黜后，开始了其一生入幕求食的奔波之路。他深信，凭自己的才华在幕府找到一份差事应当轻而易举，对自己的前途充满信心。结果，求职信几乎雪片发出，却多石沉大海，而自己登门求职，也多被拒之门外。他错误地高估了显贵的收入和他们的胸怀，计东《改亭集》卷十《又与宋牧仲书》写自己求职的心酸，结果久滞"两河间，仰而依人，无一善状"。不仅大失所望，而且身陷囹圄。计东即使谋到一份幕僚之职，自视"幕中陈琳"，似乎也只是一厢情愿，他的才气根本没有引起幕主的重视，甚至连最基本的"注意"都没有。其《与同年钱湘灵书》忠实地记录了幕主实际上将这位自视甚高的才子等同于"老伧"。这使计东的人格深受打击，他在《与同年钱湘灵书》中悲然慨叹："夫然士既已不能自立，降志依人，何所不可忍者！"他终于不能忍受幕主将才子和奴仆一视同仁，于是愤然辞职，再度踏上奔走衣食之艰难旅程。

云间名士彭宾及其子彭师度均为遗民，但却多有写给当时正在朝廷中任职的汉族官员的求职信，这些信件成为研究明遗民和清廷中汉族官僚之间复杂关系的极为珍贵的历史文献。彭师度对易代动乱给自己带来的"巨变"撰写《饥士赋》，描述作为四民之首的"士"在国变之后，"紫门没于蒿莱，华屋树夫荆棘。千村沉河伯之宫，四野尽杨侯之宅，……皆名为士，饥馑既同。……惟饥士之苦怀，含百辛而莫诉。……或穷簷之得餔，幸甘棠之初憩，非泣思于来暮。见郑侠之绘图，知汲黯之非误。爰作赋以代陈，雪饥士之衷愫"。栖迟京师，渴望有人相助，上书当道，请求汲引。彭氏与严氏有三十年通家之好，当彭师度羁困长安时，感到凭此情谊，严氏当不会拒绝援引，于是有《上严灏亭副宪书》：

入都以来，颇欲以袜线之才，待用于门下。承先生揖之座右，赐以酒食，相见之欢、慰劳之切，意勤勤恳恳，若怜其落魄而思有以振之于泥途，盖未尝不翘首而思企也。嗣自以后，先生之位日益高，而某之穷且困益甚，色沮气蒽，扫门为恧。遂至咫尺之间，不啻万里。然微闻扶掖乡俊，奖借不绝口，虽身在疏觌，又未尝不鼓舞踊跃，叹为盛事也。客况沦落，自伤不遇，无由屡望清尘，一吐肝臆。兹者失意成疴，渴思还里，闻朝廷新令，许三品以上官保举人才，而先生有荐贤为国之柄，敢竭其愚瞽以异俯听。李固曰："养身者以练神为宝，安国者以积贤为道。今中外师师济济，不可谓无人，而以忧勤之圣主，竟不能收得士之报者，用人杂而成格拘也。皇上怒一方之纷扰，悯百姓之流亡，恐克复城邑之后，兵灾疮痍，抚绥倍急，故欲得慈惠之长，忠信之师，以奠定其地，特开保举之端，不循资格之故，甚盛典也。近闻朝士，意向仍属废弃之旧老，诖误之遗绅。虽不失人，惟求旧之意，而草茅蓬掖，一无拔擢，岂圣天子不次用人之至意乎！先生以盖代之鸿名，当邦宪之重地，其所保举者，当必有瑰异之行，奇特之才，久蓄于夹袋中。而某则愿有请者。与其保现任为超迁之阶，宁若赦诖误为自新之路；与其奖世俗、杜雌黄之口，宁若收寒俊、储薪櫄之用。况已仕之人，素享逸乐，宜乎黼黻承平，不能经营祸难，惟草茅之士，掩抑困顿，其受苦既深，而老才益练，苟得名位，则必痛自惕厉，以报所知。若其身负瑕疵，不堪蹉跌，又必力于改图，以盖前愆。此必然之理也。今国家令严法重，言路有不当者，辄议罢斥，其畏缩而不敢言者不知其几。若保举之事得言矣，又不畅所欲言，而伸拔俗之见，又何时而得言乎！或以进贤有翟璜之赏，不实有王丹之罚。

苟非其生平所素习，则不能轻举即信矣。能保于目前，而不能保其既往，则无所短长之人，适足为举主累耳。此其事亦或有之。然未可为通论也。长吏之事，所贵者廉能，今则安疆欲其休养，所重在廉。危疆欲其扞御，所重在能，必须委之以事权，无人得以制其肘，而后可以尽其才。有志之士，出于今日，必且怀忠肝、蓄义胆，奋不顾身，以赴国家之急，又安有败检秽行以负所荐乎！此有以信其必不然矣。然吾闻非常之事，必有非常之人起，而身任其责，不避谤议。首先抗言，然后所举得人而黜陟咸当。而历观史册，亦寥寥其人。盖非无其人，而权之所操有专有不专也。汉之时，田蚡以武帝好文，黜道崇儒，多所铨叙。公孙起客馆，海内名士，沛艾而进。然以董仲舒之醇谨，韩辕、欧阳之明经博古，申公之笃行，并不得推。或推而不及显，而其所与推毂者，乃出于王藏赵绾之流，岂真知人之难哉！人情好软美而畏奇拔，乐诡随而恶直质，所由来矣。先生人伦玑镜，能无破拘挛之见、申崇竑之议乎？江南奏销一案，罢斥万余，以分毫之逋欠，遭森严之重科，禁锢数年，积重难返，虽改从死，亡者已多。而青年洁行，沉困里衎者亦自不乏进士如钱中谐、彭孙遹，孝廉如计东、董俞等皆有通明之才，可备任使，先生能乘此机会陈其冤而举之乎？如某者跅弛钝朽之士也，罕有攀援，时逢谣诼，虽毛义有捧檄之心，而援引无马周之路。行将策蹇，归乡终老衡门矣，辱长者交谊有素，陈其区区，幸不鄙刍荛，一加裁察。

彭师度于此自荐信中，首言朝廷颁布荐贤令，为国家举荐贤能乃人臣的重要职责，不当循例拘牵，更不应徇私舞弊。而破格荐举，选拔最优秀的人才，应当从清初因各种原因被黜的那些文士中选拔，因为这些卓越文士多是从明朝而来，拥有富国强兵的真才实学，况且他们经历沧海，旅途艰辛，一朝出人头地，必然会肝脑涂地。彭师度所娓娓道来的论证颇中肯綮，但文章从头至尾，实际上都是在指其本人，体现了彭师度渴望入仕的迫切心情。文章慷慨雄辩，真挚动人。辘辘饥肠会使崇高的“节操”信念轰然倒塌。入仕新朝唯恐不及。充斥在这封洋洋洒洒的上书中的是一种恳切的求职之心。此举失败后，彭师度继而又有上宋右之的自荐书，继续开拓其路漫漫其修远的人生前景。《彭省庐先生文集》卷三《上宋右之侍郎书》：

> 曩者登先生之堂，意勤勤恳恳，若怜其落魄而思有以振之于泥涂者，私心甚喜。已而至门，则阍者辞，再至，则又辞。非退朝未暇，即贵客在门。主人或深居偃卧，而客则踟蹰，嗫嚅仰首。候阍人意旨傲视而拒不为通也。……近者闻先生有荐贤之柄，私心踊跃，谓先生长才广识，当必有魁梧奇杰出君夹袋中，而微闻所举不过在耳目之前。窃所未解，敢不避。……今有人偃蹇于世者三十年矣，少诵读无名利心，人所趋者恒止之，人所通者恒介之。于文辞无所不著，而未尝求炫于人。四方贤豪识与不识皆知之。软美者恶其直，通明者赏其真。政练辞达，无所措施，奔走长安街，冀一知遇者又三四年矣。殷殷乎有慨于心。若将饥渴，或歌或哭以自遣。其亦沦落不得志之士也。先生其亦念之乎？昔原思行野，子贡叹其贫；王粲旅食，中郎伤其困。濑女以壶浆救士，漂女以一饭留恩。此皆以分寸之细德，收远大之鸿名也。……某垂老之年，无所轻重于世，然不能拮平勃之椽，游卫霍之室，而喋喋与左右者，地近而谊亲。兽有以信其生平而稍稍为之援引也。今自料与世龃龉，将归岩穴以老矣。料大君子之心，未必弃旧交如敝履。

“右之”乃清初常州汉官宋德宜的字。宋德宜顺治十二年（1655）进士，康熙间累迁吏部尚书，文华殿大学士。在任期间举荐了大批江南才俊，如陈维崧、计东等。上书中，彭师度首先陈述了风尘仆仆奔走京师的心酸，凭自己的卓绝才华栖迟于长安数年终竟沦落不遇，乃希望宋尚书“怜其落魄”而“振之泥涂”。但宋府的守门人屡屡将彭子拒之门外，最后通过关节，所上书终于抵达尚书之手。宋德宜阅毕彭师度的自荐信，将其收之幕下，彭师度凭其才华成为宋尚书德宜的代笔人。在彭师度的文集中，大量“代”作即代宋德宜。如《代大阅应制三十韵》，所代“幕主”有权广泛阅览应制诗，这说明彭师度幕主的官位非比寻常。《代经筵恭记二十韵》可知，其“幕主”是皇帝的经筵讲官——帝师。这些都是幕主身份的一种明证，也说明彭师度借此而获得得高贵身份。但彭师度未久便因观点不合辞职而去。彭士超《彭省庐先生文集序》谓彭师度一生“凡三上都门，逗留二十余载，终所不遇”（彭师度《彭省庐先生文集》）。母卒归里，十余年杜门不出，而贫窭益甚。既无负郭之田，可赡饘粥，兼以向平之事未完，遂有复游长安之想。六十九岁，以友人刘静寰任覃怀太守以书相聘，彭师度遂决意命驾，意将由覃怀入都。但行至邯郸，一病不起，终赴玉楼之召。彭师度之子彭士超，弱冠亦事浪游，羁栖幕下，八试棘闱不售，终生做幕客。

谭左羽在昌平任幕僚，因待遇比唱曲戏子还低而感到尊严受损，有不豫之色，朱彝尊《曝书亭集》卷三十一《寄谭十一兄左羽书》记录了谭子的这段经历曰：“叩其故，则以贤主人好音乐，延吴下歌板师。所进食单恒倍主客之奉，思辞之归”，朱彝尊真诚规劝其不必介意。夫“歌板师之教曲，在兄未适馆以前，主人既置之别馆，不与共席。每食但与兄偕，则能类族辨物矣。食单之丰，譬诸以鱼饲狸、以肉喂犬，于兄何损焉”？谭左羽能够享受到与主人同桌共餐的待遇，而伶人戏子则被置之别馆，这足以证明主人对谭子的另眼相待了。为此，李渔《诫隐诗》：“曼倩休嗟粟一囊，居官姓字易流芳。”以自己的经历所获劝告遗民出而入幕。高士奇，字澹人，号江村，钱塘人。初入京，一介书生，自捐行李踯躅长安街，穷愁之际为大学士明珠府看门人课子。偶因代撰文牍，得到明珠赏识，纳诸府中，后又举荐入翰林院、南书房。以觅馆糊口之穷儒，忽为数百万之富翁。高氏得势之时，不仅在本乡平湖“置田产千顷”，又在杭州西溪、崇明等地“广置园宅”。李良年，字武曾，号秋锦，嘉兴人，诸生。家贫游食四方，踪迹几遍天下。少有隽才，与兄李绳远、弟李符时称“三李”。常与朱彝尊、王翃、周篔、缪泳、沈进等人聚，幕府争聘之。康熙时，荐应博学鸿词，不遇。复入凤阳知府、福建巡抚之幕，后徐乾学开志局于洞庭山，应聘与修《一统志》。孙象五，孙无言弟，随兄客居扬州，后入汝南幕府。吴嘉纪《送孙无言令弟象五游汝南》“时无言仲君同行”诗云：“未见诗书贱，为商岂自轻。欲称真学者，不敢谋后生。白月孤帆影，黄河一雁声。知君对犹子，时有忆兄情。”龚百朋，入清源县令张汝湖幕府。朱彝尊《曝书亭集》卷六《龚百朋自梗阳以诗见寄漫答》其二：“道重论交地，书题把臂前。相怜烦缟纻，永好有诗篇。多难休儒服，他乡涩酒钱。但期阳羡隐，见日话归田。”任职幕府，仍然思归。可知入幕乃求生所需。

遗民自求入幕，并不意味着他们放弃了自己所坚持的道德操守。顾炎武在跋《石道人别传》一文中说：“行藏两途，人生一大节目。”所谓行、藏，即当官与不当官，也即最后底线。只要不做清朝的官，就不必在意用什么方式隐居，而隐居的前提则是不存在衣食危机。正是基于这一新的识见，那些生存艰难的遗民在其后期往往自荐入幕。实际上，自易代后至康熙初，所谓遗民，只此而已。

四、作赋还登幕府山：游幕与文学活动

明末清初，幕府的文学交游和文学活动直接制约和推动了清代文学的发展与变化。尤其清初，许多著名文士都出身于幕府，他们借用幕府的特殊社会关系和幕府修金养育自己的文学生命。许多影响巨大的学术流派得以在幕府中形成，许多浩繁的学术工程借助于幕府得以实现。清初，经过易代动荡，许多文人不仕新朝，缺少官俸，但幕府使他们同样在文学史上流芳百世。姚椿《晚学斋文集》卷四《史赤霞遗集序》云：

“古之人才聚于幕府者为多，而于诗人为尤盛。盖其见闻繁富，阅历广博，凡欣愉忧愤之情，身世家国之故，其于人己晋接，皆征性情，抒才藻。自风雅以来，行旅篇什，唐宋以降，幕府征辟之士班班著见，载籍者大抵其客游之作居多也。”游幕作为维护遗民人格而又能使其生存下去的一条理想途径，催生了大量的幕府文学。明清文学史在很大程度上是入幕文人的文化生活史。许多文人一生创作硕果累累但精华之作即成于游幕之中，从客观方面看，游幕文人，构成了明清文学创作队伍的主流。朱彝尊、陈维崧仰仗游幕维持生存，游幕经历使他们分别成为清初两大词派——浙西词派、阳羡词派的实际开创者。吕留良则经营书坊，成为书商，选刻时文，赢得暴利，进而扩大营业规模，成为清初宋诗派的首度鼓扬者。杜于皇、孙枝蔚、孙默、计东、赵友沂诸子则专注于“游幕”或授徒，同样成就文学声名。

叶绍本《兼山堂诗》卷首《兼山堂诗序》：“自古诗人多出幕僚。”许多作品往往产生于幕府之中。魏际端（1620—1677），字善伯，号伯子，入浙江巡抚范承谟幕府，以游幕终其身。他公然表示，幕府生活养育了自己的文学生命。魏际端《魏伯子文集》卷二《家书》中说：“吾既有贤主人，而日供我以粱肉，衣我以缯帛，我乃自究夫兴革损益经世之务，知刑名钱谷之政，寄平日好善恶恶、利物济民之心，闻朝廷四方之政。及其巡历，则又资舟车，具乾糇，而我乃悉览名山大川、城郭都市、世俗民情，不费一物，所得已多。则岂惟不厌，且甚喜；岂惟不苦，且甚乐。喜而乐故吾心尽，而与主人相得而益彰。”幕府实现了其政治理想，但魏际端首先感谢幕主的是“供我以粱肉，衣我以缯帛”。

自荐入幕也成为许多年轻才俊的求生策略。张九钺《陶园文集》卷四《健松草堂诗钞序》记录了自己“往来南北幕府三十余年”，一生的主要时光消磨于幕府。嘉兴计东（字甫草，号改亭），明诸生，少复经世才，意气勃发，著《筹南五论》上史可法，经画明晰。旋遭世变，遂隐居里门读书。日久既贫无以养，始出就举，慨然北游京师，遍谒当道，以求汲引，上书先期中举的乡人汪琬请求援引，汪琬回以丈夫不宜轻受人恩而拒之。计东继上《答汪钝翁书》，遍引古今求食而成功的先例为自己乞食之举开脱，“徐仲车，宋所称节孝先生也。盛称华州崔太守之恩。及考其受恩之实，但云：崔公能使予身不劳而亲有以养也’。……齐北郭骚结罘网蒲席以养母不给，见晏子，乞所以养者。晏子与之食粟府金。及晏子见疑出奔，北郭子谓其友曰：我闻之，养及吾亲者，身亢其难。卒以死白晏子而归之。范文正公在睢州，孙明复屡上谒，范公厌之，语曰：‘少年何不勤于学而好游若此。’对曰：‘亲老家贫，若月得钱十贯养母，即不出矣。’范公为补教授子弟。春秋使得廪饩，如所需之数，遂不复见。后十余年，闻泰山有孙先生经明行修，有司荐于朝，则前睢州上谒少年也。嗟乎！彼北郭子、徐仲车、孙明复三人者，非天下豪杰哉！犹以亲之故受人之恩，况于东哉！……今有如晏子、崔公、范公其人者乎？东感之当不后于所称三人者矣。”计东以古贤士徐仲车、北郭子、孙明复自喻，认为自己的才能并不后于上述三贤，只是自己没有三贤的际遇，如果有人助他，他将必如飞鹏展翅，施展才干。表达渴望得到贤良资助的焦灼之心。由此计东慨叹隐固不易，偕隐尤难。计东不仅给汪琬上书请求汲引，又给《某人书》再度诚恳表示求助之愿：“向闻阁下散金结客，今见阁下惜财慢士，亦可谓识时务之尤矣。……即为阁下货殖计，何不稍稍出其家中最多之金钱，结纳一二坎壈失志、魁杰非常之士，以备阁下异日缓急之用，若居积然，于阁下大有利。不然，当凄风焚絺綌，一旦炎威炙人，始挥汗而采葛，窃笑阁下之疏于计矣。”计东认为他具备这种谋天治国的才能，明确表示，如果阁下招“我”入幕，“我”定不负所托，助阁下成就大业。由于其仕进执着，孜孜以求，终于在顺治十四年（1657）举京兆御试第二，名动长安。据黄宗羲《思旧录》：“东浙既亡，异时举人争先入仕，皆复会试于新朝，人谓之‘还魂举人’。”主动谋求入仕，而不愿为官者也多为生存之计而主动寻求机遇。

“政治边缘”的身份正是遗民所求，他们要生存不要权力。遗民入幕不仅可以获得束修养家，还可以广泛阅读以完成自己的文学使命。谈迁（1593—1657）出应弘文院编修朱之锡记室之聘的直接动机是搜访史料，订补《国榷》，但其南北奔走搜访史料途程食宿并不能自给，需要他人资助。否则，这项浩瀚的文化工程将只能是空中楼阁。因此，谈迁入幕首先是生存动机，同时赋予自己的文化使命以历史新义。较之于入仕新朝，游士们更多了一层高贵的人格和自尊。（嘉庆）《宜兴县志》卷八《文苑》：万树，字花农，又字红友。学识明达，凭藉才学北上京师谋求通达机遇。但由于万树不善交往，滞留都下日久，不仅科举无望，即使代抄手的工作也难以求得。不得已，辞京向西，才名籍甚，投奔友人幕府，先后在山西、陕西，代高官执笔，深受器重。遂获得丰厚的修资。回到嘉兴宜兴后，万树购买了当地败落贵族吴氏的庄园——鹦鹉园旧址，加以重新修葺整理。游幕使得万树拥有了自己渴望已久的园林。不久，在亲友的推荐下，万树被两广总督吴兴祚重金聘请，遂南下岭南。其间，一切奏议皆出其手，暇则制曲为新声，创造戏曲剧本。其间，万树的才华得到了充分的展示，不仅填乐府二十余种，并总结谱曲理论，撰《词律》一书，成为填词者的必读典籍。幕府生活使得万树的人生获得了永久的价值。徐乾学有藏书楼“传是楼”，之所以命名“传是”，据黄宗羲《传是楼藏书记》云：“丧乱之后，藏书之家，多不能守，异日之尘封未触，数百年之沉于瑶台牛箧者，一时俱出，于是南北大家之藏书，尽归先生。先生之门生故吏遍于天下，随其所至，莫不网罗坠简，搜抉缇帙，而先生为之海若，建楼藏之，名曰‘传是’。”其中“是”指书籍，徐乾学留传给后辈子孙的是贮满七间房子的经史子集，而非土田货财、金玉珍玩，亦非园池台榭、舞歌舆马。可知徐尚书的良苦用心。徐乾学之能搜集天下珍籍，正在于他广集天下文学才俊。韩菼《有怀堂文稿》卷十八《资政大夫经筵讲官刑部尚书徐公乾学行状》中谓徐乾学“负海内望，而勤于造进，笃于人物，一时庶几之流，奔走辐辏如不及。山林遗逸之老，亦不惜几两，屐远千里乐从公（徐乾学）。公迎至馆餐而厚资之，俾至如归，访问故实，商榷僻书，以广见闻。后生之才隽者，延誉荐引无虚日，即片言细行之善，亦叹赏不去口。荜门寒畯，或穷困来投，愀然同其忧，辄竭所有资助，不足更继之，即质贷亦不倦。以故京师邸第，客至恒满不能容，多僦别院以居之，登公之门者甚众"，因而徐氏幕府收罗了大量的遗民隐士，在各地任职的弟子友人代为搜集。利用任职明史馆的便利，徐乾学为传是楼购置了丰富的藏书。其后，朝廷广聘文雅才学之士入京，一时如刘继庄、陆元辅、姜宸英、黄虞稷、冯宗仪、万斯同、胡渭等皆推琴而起，共集阙下。明史馆的开设为徐乾学组建个人幕府提供了极大便利。

朝廷注意到幕府的强大功用。《世宗宪皇帝实录》"雍正元年三月乙酉"："各省督抚衙门事繁，非一手一足所能办，势必延请幕宾相助，其来久矣……夫今之幕客，即古之参谋记室。凡节度观察等使赴任之时，皆征辟幕僚，功绩果著，即拜表荐引。彼爱惜功名，自不敢任意苟且。嗣后督抚所延幕客，须择历练老成、深信不疑之人，将姓名具题，如效力有年，果称厥职，行文咨部议叙，授之职位，以示砥砺。"可知，雍正元年（1723）即有令各省督抚举荐幕宾之召谕。尽管此举最终并未付诸实施，但在当时却给文人布下了巨大的诱惑之网，文人可以利用幕府的丰富藏书进行学术研究。凌廷堪《校礼堂文集》卷二十三《大梁与牛次原书》云："仆少生海澨，长游水乡，未睹中原之胸阔与夫高山大川之形势，譬鸡栖于埘，燕巢于屋。比因饥寒所驱，获此壮观。携史而访荀晞之屯，载酒而问侯嬴之里，其方寸之盘纡，陈编所触发，盖不仅如前所云云也。而或者搜断碑半通，刺佚书数简，为之考异同，校偏旁，而语以古今成败……此风会之所趋。"凌廷堪生长于江南，山温水软雨潺潺。因赴大梁幕府，沿途观赏了迥异于江南的中原景色，不仅观赏了名山大川，而且考察走访历史遗迹，于是，凌廷堪认为，是幕府开拓了他的视野，增长了见识。

遗民为谋得生存纷纷入幕，但他们所受的儒家传统教育也使得他们希望借助幕府这个平台达到“齐家、治国”的目的。因此，一旦入幕，他们都能倾其才力，辅佐幕主。太仓陆世仪（1611—1672），字道威，号刚斋，又号桴亭。明亡，隐居讲学，志在经世。他认为历观古今以来，大抵经时变革，一时贤者不死于忠节，则归于隐遁，其或去而入于空释者，更多有之。然而圣道自此日晦，而世界自此日坏，体现了对于世风问题的焦虑。他认为，文士们不必因朝代更替而死节、隐遁或入禅，如此则贤才不得用世，导致世风日下。为此他于顺治间入江西安义县令毛如石之幕，“至县为询利弊”。凌锡祺为陆世仪所撰《尊道先生年谱》“顺治十八年”记录了陆世仪在幕府之中提出了“严防守、设支更、招流亡、惩服毒、革船户、汰马价、清钱谷、造仓廒、稽逃户、查越站、禁闹房、靖赌博、锄奸蠹”等重要建议，使一方秩序得以安宁。康熙初，入江苏巡抚玛古之幕，关注社会现实，游幕议政，举凡民生利弊莫不指陈，实以“圣道”思想为基础。王嗣怀《桂山堂文选》卷六《游周公庙记》则记录了王嗣怀入陕西岐阳县县令郑柏园幕，“事无大小，有便于民者必缕析陈之”，柏园“悉心采纳”，后以文采得入京城冯相国傅幕府，冯傅《桂山堂文选序》：“岁戊午（1678），上征海内鸿博诸儒，仲昭（王嗣怀）待诏阙下，为《长白山》《瀛台》诸赋，余读而叹美之，以语中书舍人徐勿箴、许冀仓，介而相见，客余东轩，日与论诗。”在京师等待博鸿开科时，冯相国招王嗣怀住其府邸，并提供优厚的食宿，二人谈诗论赋，切磋文学。并通过王嗣怀招徐勿箴、许冀仓入相国府。魏际端出应潮州总兵刘伯禄之聘，旨在“救灾恤患”，阻止清军滥杀无辜，使潮郡生灵免遭涂炭，后入浙江巡抚范承谟幕，被礼为上宾，魏禧《先伯兄魏祥墓志铭》谓魏际端在范幕“蠲荒赈饥诸大事，所全活数百万，伯（魏际端）左右宣力为多”。吕熊，字文兆，号逸田，于成龙任直隶巡抚，聘熊入幕，“一切条议皆出其手”。康熙四十一年（1702），客于江西学使刘廷玑署。四十七年，陈弈禧补江西南安守，遇熊于淮南，延之修郡乘。熊平生学问，著《女仙外史》，衍明唐赛儿妖异事。上海周洽，字载熙，号竹冈，幼敏慧，工画，山水、人物、花鸟、虫鱼，力追古人，写真尤推独步。靳辅（1632—1692）为河道总督，聘致幕中，遍历兖、豫、雍、冀四州之地，阅四月，相度河势迂直缓急，及堤闸要害之处，手自摹写而为《看河纪程》三卷以进呈，欲以官而辞去。

谋取衣食，是文人入幕的主导动机。在此之上，可以间接实现齐家治国的理想，可以满足作为读书人的更高层次的精神需求，尚小明《学人游幕与清代学术》论述游幕的重要意义曰："其一，游幕可以使他们有机会结识同时代的名流，开阔自己的眼界，并有可能建立起自己的关系网，这对扩大游幕学人个人的影响，对他们个人的发展，非常重要。其二，游幕可以在一定程度上维护自己的人格尊严，……宾主基本上是一种平等关系，合则留，不合则去。其三，游幕可以使他们获得一定的条件，以发挥自己的特长，从事学术文化活动。这些条件包括较多的闲余时间，丰富的图书资料，幕府内频繁的学术交流等。游幕经历本身对某些学术活动，如诗歌创作、历史地理研究来说，也是一笔宝贵的财富。其四，游幕可以使他们间接地获得参与当世事务的机会，在一定程度上实现自己的经世之志，如协助处理政事，参赞戎幕等。"到康熙初，许多文人为生存之计毅然放弃隐居加入游幕行列，同时在幕府中成就了他们的学术声名和诗文影响。如李渔、毛奇龄、顾祖禹、万斯同、查慎行、洪升等。顾祖禹（1631—1692），早年参加耿精忠幕府三载，夏定域《顾祖禹年谱》记顾祖禹因"干以谋不用"，遂"赋五律数章见志"而归，康熙二十六年（1687），在两次拒绝徐乾学之邀后出而入幕，参纂《大清一统志》。这说明，他对《大清一统志》并不热心，之所以应聘，是因为需要借助徐氏的束脩和资料完成《读史方舆纪要》。史籍的最终完成也确在《一统志》编纂期间。所以当徐乾学在纂辑名单上列入其名时，顾祖禹誓死以拒。陈康祺《顾祖禹不愿列名一统志》

谓顾祖禹“至欲投死阶石始已”。顾祖禹试图以拒绝列名《一统志》表达对前明的耿耿忠心。而万斯同（1638—1702）以布衣入住徐氏兄弟的碧山堂，即为了借此实现修史的理想，虽“隐操总裁之柄”却“不居纂修之名”。事实上，万斯同个人没有财力完成著史的神圣职责，于是入幕，便获得了充足的条件去从事这一使命。

作为特殊时期一种既可糊口又可使个人建立功名的选择——游幕，明清之际的遗民通过这一途径完成了自己的人格与文学的双重使命同样垂名后世——无论于诗，还是于史。因此可以说，文人游幕直接促成了清代文学走向繁荣。

第二章

方文谋生与诗文创作

方文（1612－1669）字尔止，号嵞山，又名一耒，字明农，别号淮西，安徽桐城人。诸生，与复社、几社诸君子相厚善。明亡时，方文三十三岁，卓尔堪辑《明遗民诗》，卷三谓方文“与钱澄之齐名。荷衣棕笠，隐居金陵”，拒不出仕。变卖桐城家产，移居金陵。一方面与杜濬、顾梦游众遗民诗酒往来，另一方面南北游走，迢迢奔波。方文之《内子初度》“前此初度者二，予一在杭，一在兖”：“细君归我甫三秋，我去杭州复兖州。”娶妻不足三年，家居却无几日，南杭州北兖州，十余年奔走南北。那么，是什么原因促使方文终年颠簸于旅途？

固然，晚明以来文人喜游，游览成为一种时尚。而经历天翻地覆的易代动荡，游资多已荡尽，方文屡屡以诗文诉说奔走旅途的劳苦和对安居于家的渴望。他的诗文告诉人们：出游乃为了解决穷困，养家糊口。其《将之兖州留别内子》：“家食无长策，囊书复远游。”对当时的历史来说，一份真切而不无痛楚的生命成长经验被注入路何漫漫的写实文字中，不断地用诗记录自己的生存感受和所经历的磨难。其《太湖访戴其怀》：“遁世惟亲《本草经》，自怜衰疾仰茯苓。”方文数十年所以恃为生计者，乃行医、占卜、卖文和友人资助。他的理想是希望积累一笔资金赎回失去的故里田产和在金陵购置一幢可以安怡晚年的别墅，所以他在《早春寄郘明府》描写风尘奔波曰：“南征历江楚，东泛穷吴越。北走燕齐间，频登岱与碣。所以十年内，竟未归林樾。”方文的生命写作由此延展开去，在对生命、历史和记忆宽广温厚的观照中实践并实现了作为故国遗民的那份沉重的荣誉感。作为遗民，他将一种历史记忆融入个人成长的故事中，在自传性的诗体叙事里，辐射出易代之际数十年政治、经济、社会、文化的变化过程，那些历史影像将一个时代的血肉体验留存了下来。

方文的《嵞山集》，文字苍凉凝聚了诗人过往奔波岁月里的历练。方文《钱既白为予书嵞山集成赋此谢之》："他日铁函藏郑史，也须名姓著同袍。"他将自己的诗歌视为当代"心史"，因而龚鼎孳《定山堂古文小品》卷下《靳茶坡诗小引》谓方文乃"高素闲远有道之士"。透过方文的谋生旅途，可以获得对清初遗民的初步认识，一种在文学版图上不断延伸、不断回旋的"声音"——这证明了方文是中国文学上一个杰出的"存在主义诗人"。

第一节　风尘催战鼓：晚明的军幕生涯

孙枝蔚在《题方尔止处士采药图》中描述易代后的方文"乱世救贫无计策，诗家采药有吟哦"。晚期时期，政治危机导致了学术上经世致用思潮的兴起。那些对国家命运怀有强烈使命感的人们认识到，八股科举所需知识并不能作经国济世之用，于是，许多文化领袖开始思考危机的根源，开始寻求解决的途径，他们将注意力转向"实学"——挖掘古代儒家经典与史籍的真正意义，以求从中获取经国济世的借鉴。因此，当晚明一些文才之士正在怀疑和挑战古代经典时，一部分有志之士开始致力于重建儒家经典与史籍的权威。重新解读古代经典成为学术新趋势。政治危机导致学术风气的巨大变化，其最明显的标志是文人社团的风起云涌。在当时的政治和文化上均产生重要影响的文人社团是张溥发起的复社，公然打起"兴复古学"的旗帜，陆世仪《复社纪略》卷一载其社规云："自世教衰，士子不通经术，但剽耳绘目，几倖弋获于有司，登明堂不能致君，长郡邑不知泽民，人才日下，吏治日偷，皆由于此。溥不度德，不量力，期与四方多士共复古学，将使异日者务为有用，因名为复社。"在"兴复古学"的前提下，复社的许多成员都尽其所力编纂儒家经典与史籍，其直接的动机是有利于科举。尽管当时许多文人都不同程度地意识到科举考试的弊端——科场八股和经国济世所需知识之间严重脱节，但这并不意味着可以放弃科举。他们致力于文社力图改变科举现状，正显示了晚明学士对于政治的高度责任心和组织能力。方文的一系列诗文都体现了他对国家命运的关心。尤值得一提的是，晚明"实学"的兴起直接导致了清代考据思潮的勃兴，尽管在当时这种可能性并不清晰。

一、乱离满眼伤怀抱：结社与抵抗

当崇祯文社纷纭之际，方文参与主持了桐城中江社。后为科举交游之利移居金陵。方文《金陵感怀序》忆其崇祯"甲戌（1634）、乙亥（1635），避流寇之乱，徙家于此（金陵），凡十一年"。金陵南闱的地理与政治文化优势，强烈地吸引着四方科举文士。实现人生壮志的理想使方文兴奋地离开故乡，来到南都金陵体味生命的成长，购置别墅止园。方以智、周岐、孙临先后移家金陵。作为徽州煊赫华贵之子，他们携重金寄居金陵。值此风云际会，方文与邢昉等在金陵结"求社"。邢昉《立春前一日求社始集》"自注"："庚辰（1640），同尔止作。"中有"怀人不远清溪水，作赋还登幕府山"，他们结社的目的在于寻觅更多的志士同仁。于此，方文于金陵冶山园开馆授《易》，传播传统经典的精粹和恢复其被心学思潮所逐渐销蚀的光环。

方文的成就和声名，在易代前早已确立。作为早已知名的文人，方文二十五岁时既已扬名金陵，并以名人之尊为他人诗文题序。江西名士苏桓客死金陵，顾梦游搜刻其遗稿，请方文题序。同治《南昌府志》

卷六十二《艺文》："遗稿刻于金陵，有吉州曾裕、吴郡顾梦游、桐城方文等序。"由此可知，方文成名当早。易代之后，更以其遗民之尊得到人们的普遍尊敬。文化官员无不以与其相交为荣，借其文学声名为自己增色。包括仕清汉族官员也多有登门拜访之举。方文《石仲昭明府枉驾草堂》，即记载了县令石仲昭的枉驾相顾，草堂下相对对赋诗移日。其实，作为文学活动的赋诗及所赋质量的好坏并不重要，只要能和遗民方文一起在草屋下赋诗，在清初汉官中间便已经是一种高尚之举。

在江南——苏杭、金陵、云间，广交友朋。余怀《板桥杂记》："逢秋风桂子之年，四方应试者毕集，结驷连骑，选色征歌。"饮酒赋诗，研磨时文。因着命运起搏的节奏，这位青春才子对于生命意义的态度上走出了一条清晰而又蕴涵自我注解的道路。

在晚明多元化的文学思潮中，方文授徒的意义和其他许多传经开馆者一样——作为政治文化的中心人物，作为"实学"的倡导者和传播者，在当时产生了广泛影响，被视为"诗坛祭酒"。因而方文在其《白门三子行赠陈翼仲张介人郑元白》诗中流露出深受拥戴的自豪感："一时英俊从者繁"，陈篮姜、郑司勋、盛琳、张克仔等从之问学，友人齐维岳相与往还。

以后的事实证明，方文对其门生的政治趋向和思想都产生了重要影响。入清后，上述诸子也多拒绝仕清，而成为方文遗民朋友圈中的重要成员。如陈篮姜，字翼仲，有高洁侠骨，顾梦游《顾与治诗集》卷五《陈翼仲四十初度》："从尔止游二十年。"可知，陈翼仲痴心不改追随方文授业二十余年，矢志不渝。明亡，隐居以终。方文辗转于江南各地，授徒讲学，积极参与各地的文社聚会。1638 年 8 月，大中丞方孔炤（字仁植，方文三兄）巡抚湖广，抵抗李自成农民军，握全楚兵师，镇荆鄂。受命之日，散家财，募精卒，方以智、方其义、孙临随行。因科考在日，方文并未积极参与镇压农民军，而是留守金陵，参与撰写反阉党的《南都防乱公揭》。同时更专力于科举应试。开馆杭州，遇友人黎遂球。与钱亢子、徐之瑞、关键、陆圻、吴百朋、汪沨、丁澎雅集赋诗。归将杭州之作结集为《武林草》，戴重为撰序。戴重《河邨集》卷二《武林草序》中慨叹方文际遇不偶又极赞其诗艺："江上之诗，桐山为多；桐山之诗，尔止为先。"

崇祯末年，由于复社首领张溥于崇祯十四年（1641）病故，复社露式微之状。与复社有宿怨的阉党阮大铖、马士英掌握朝柄后，大量抓捕复社人士，周钟、周镳兄弟被杀，陈贞慧、黄宗羲、顾杲被捕，沈寿民、吴应箕、沈士柱等亡命。而复社发起者张采则为邑中里猾乘乱摽击，劙刺几无完肤，而病殁荒野。熊鱼山流离南国，削发缚禅灵岩山下。于是复社出于"政治的压迫"而被迫解散。曾辉煌一时的复社事业便告终结。当复社事业已成为过眼烟云之后，几社事业正如火如荼。复社首领张溥病卒的同年，松江几社分裂为"求社"和"景风社"。周茂源、陆冰修、蒋驭闳、蔡山铭、吴日千、计子山成立"雅似堂社"；彭宾、卢元昌、王广心、顾震雉等成立"赠言社"；何我抑成立"昭能社"；盛邻汝成立"野腴楼"社；王玠右成立"小题东华"会。当复社的余火已成灰烬，而几社之烛火正在燎原。因而何宗美《明末清初文人结社研究》即曰张溥逝后，"南直社局的重心由吴中移到松江"。正是基于文人社团中心的转移，方文到云间寻求知己。在云间，参加更多的诗文雅集，陈子龙便招同仁盛情款待，方文《陈卧子招同周勒卣徐闇公李存我单质生饮集水阁》（《朱宗远瑟园话别》）："开秋三五日，日日到君家。"《云间别邢孟贞》："江树东连海岸香，思君千里一相望。如何又逐秋风去，白草黄花总断肠。"《留别宋子建徐闇公》："乱离满眼伤怀抱，朋酒何时得好开。"宋存标，字子建，几社名士，易代后二弟宋征璧、宋征舆皆出仕新朝，子建则加入遗民队列。徐孚远，号闇公，易代后坚持抗清，失败后在潮州知府乡人宋徵璧的帮助下返里，卒于途中。

陈子龙、周勒卣、李存我、单质生诸几社君子，在清兵南下时，均慨然殉国。期间，云间友人朱灏（字宗远）以十日之功为方文绘《千岩万壑图》以赠。在云间的政治文化活动被岌岌可危的政局所阻断。方文放弃以文救国，慷慨从戎。

在明末动乱的政局中，方文的形迹和诗文都显示了他对当时政治、军事的关心，当南都政府摇摇欲坠之时，方文毅然加入了卫国的队伍之中。

二、宪府牙门旗鼓新：军幕谋略

在国难当头之际，方文毅然从容入军幕，崇祯十四年（1641），赴淮西庐州兵备蔡如蘅幕府。这成为他一生中的重大事件。作为一个诗人，他军事方面的才能和在晚明文社中所表现出的组织能力使他迅速成为众人瞩目的中心人物，其友人也预见方文此去将可能产生的历史意义，纷纷祝酒相送。顾梦游《顾与治诗集》卷三《方尔止生日兼送其游合肥》："君才宜早达，三十尚浮沉。旅食逢初度，高歌感壮心。"希望方文而立之年于幕府建立功勋。范景文罢南京兵部尚书，寓金陵，范景文《文忠集》卷十一亦有《送方尔止传经蔡兵宪幕中并司记室》，"从戎自昔推才子，办贼于今属使君"，对方文寄予讨贼的深切厚望。吴应箕《楼山堂集》卷二十四《送方尔止赴安庐蔡宪副之招》："上游方用武，传檄必高文。岂即依刘表，应知借陆云。"喻方文为王粲、陆云，望其在幕府驰骋英才。其他也多有真诚祝愿。刘城《峄桐诗集》卷四《送方尔止之淝水幕中》：

宪府牙门旗鼓新，莫将此处著闲身。
授经应解师贞吉，讲艺时教墨盾亲。
……
祝君早助升平略，河上翱翔岂壮图。

方文入幕授经兼任记室，作为先秦儒家经典之一，墨子不仅是教育家，而且是著名的军事家。对于战争，墨子倡导“非攻”，他主张“救守”，他认为“备”是国家安全的根本。刘城表达了对方文发挥其军事才能的希望：在幕府余暇，且莫等闲，传播墨家兵法，平定暴乱，佐助太平。邢昉《石臼前集》卷四《送尔止赴蔡观察庐江幕》：

湘汉频年经百战，潜庐何日解重围。
周郎自古称英妙，方叔于今尚布衣。

三国周郎因指挥赤壁之战而树立功名，周瑜的英名流播千秋万代。邢昉认为参军入幕正是建立功名的绝好契机，希望方文建立军功，借此脱却布衣之装。他们似乎表达了一个共同心愿：既然科场不遇，那么疆场就是生命价值提升的至高境界。众子的期望已经不仅仅是“诞生”一个有勇有谋的军士，而是一个救国平难靖群乱、扬盛治的异世伟人。

由于蔡如蘅在兵临城下之际临阵逃脱，方文在蔡幕中终究献有多少军事谋略已经无从知晓。但从友人的厚望和他饱读兵书的教育中可以推知，方文本欲大展宏图。有关其兵法的论略在其编辑文集时已被删除，几乎没有文字记载了。但从其诗文中仍可得知方文在蔡幕的生活。其记录最多的即公事之余的交游送别。方文《送马倩若令阳江》：“老我传经依幕府，淮西春水正漫漫（自注：时在淮西署中）。”“淮西署”即蔡如蘅幕府。流露了空老岁月的感叹，其时，方文刚好三十岁，正值青春好年华，似不应有如此人生感叹，但从其慨叹中可以看出他对于建立军功的焦灼。《龙眠风雅续集》（卷三）收入乡人盛璟（字韫玉，号春山）《方尔止招饮蔡臬使亭上》：“何须悲短发，幸不曳长裾。”这说明，方文于蔡幕尽管尚未亲临疆场，但也深受重用，蔡如蘅给其以宽松和自由的活动范围，使方文在幕府中拥有一定的财务特权，这已经体现了蔡如蘅对方文的器重和赏识。

方文入幕本欲施才以报国，陈子龙《陈子龙诗集》卷十四《送方尔止还金陵，将归皖桐》：“管宁避地非无策，王粲从军强自宽。寄语皖桐新幕府，好收奇计助登坛。”希望方文在国家多事之秋一展宏图。时危事尤危，方文幕中所作多充满国事焦虑。方文《书事》：“相国临戎赐尚方，九重亲翰洒天章。岂知御寇仍为寇，又破襄阳与洛阳。白骨成堆周故府，青衣行酒汉诸王。江南羽檄纷驰至，寡妇停机欲断肠。”时局糜乱，将帅无救国之心，欲罢不能，又在《许石疏园喜晤李季升、秦虞桓、王燕友诸子》表示：“我欲西归仍信宿，兵荒满眼客愁深。”以至于二十年后（1662），方文《秦虞桓招诸公集潭影堂限韵》追忆蔡幕生活尚云：“烂醉螺园后，重来二十秋。死生成契阔，仕宦亦湛浮（自注：许石疏旧有螺园，予与虞桓、燕友痛饮于此，今石疏久没，燕友官银台，故云）。”幕中目睹蔡如蘅拥兵自重，贪酷肆谑，方文大失所望。邢昉《石臼前集》卷五《永嘉得尔止淝水书并近诗寄此》“词赋近来哀庾信，隔江涕泪洒风飚”，向邢昉诸友人倾诉了故国悲愤。方文《赠俞玄中》“嵚崎贾谊虚三策，寂寞韩康守一廛”，则描述了英雄失意之状。友人姚文然《姚端恪公诗集》卷一《得尔止书却寄》：“青鸟拼飞绕槛低，美人书札自淮西。寄言别路春云散，又见官斋夏木齐。鼓角三更悲欲语，风沙五月昼长迷。”对方文的无奈和悲苦流露了极大的同情。从中可知，方文曾向姚文然吐露了辞别幕府别谋出路的心迹，忧患已使他夜不能寐。但时客杨文骢幕府的邢昉《石臼前集》卷二《适东瓯寄尔止庐江幕中》仍云：“君报济时策，极目忧狂澜。戎车指庐霍，幕中乃交欢。腰下无寸绶，白首成功难。”鼓励邢昉，希望其幕府立功。

方文《酬何芝岳相公》其二：

虽有六军环幕府，曾无一步出江城。
故乡涂炭思霖雨，寸管春回草木荣。

对于蔡如蘅握兵自守、对兄弟难友的困难袖手旁观的态度，方文痛心疾首，所上规劝之疏亦石沉大海，他感到自己在幕府中已经成为“多余”之人，空有杀敌之志，却无请缨之门。数月后，方文毅然辞幕。别幕友秦咸、王纲返回桐城，惊喜旧友相聚，山僧见他归来欢欣鼓舞，而方文却自惭境遇沉浮，空怀壮志。《初度书怀》（其七）：“髦士遁于荒，望断江东路。回首问南京，伤心涕如雨。”但旧都南京却处处残破荒凉、冷落萧条。

满座皆哭的国殇在每一次易代之际都会重演，但无可否认，在文学表现中，明末义士噬心之痛与前此“同期”判若云泥。方文绝望之后，唯有“归来”：

> 左思作赋谁相识，王粲从军只自嗟。
>
> ——《奉酬谢范质公司马》

> 时危须仗济川才，叹息伊人废草莱。
>
> ——《寄怀从兄孩未先生》

> 却望淮南烟树森，残经空守愧生徒。
>
> ——《酬何芝岳相公》其一

此际方诗如呼天抢地的生命哀弦：巨悲之际，音律断绝。大哀无声，这种悲嗟感动天地，无以言诠。

南明弘光元年（1645），方文目睹金陵沦陷、众人乞降之举，预感到国事已不可为。面对空前的政治灾难，方文决然以遗民终。其《偕蔡芹溪至宛赠令弟玉立》：“方今日月失其位，风尘兵甲满天地。虎豹当关欲吃人，季女何能不憔悴。”他毅然选择屈子嗟哦问天，众人皆醉我独醒的漫漫长路。殉国志士的悲剧使人们感之弥深，隐居以终的志士将面对悲愤和苦难。无论如何，这两种选择都要付出艰苦代价，因此他们博得“高义”令名。

战争毁灭家园，守节以输忠悃。方文前往武林依沈葵庵少府。未作停留，随少府赴润州。史玄招隐太湖，旋入幕。方文《寄怀史弱翁》：“招隐曾坚华下约，谋生犹愧府中趋。”可知，易代后的入幕，已非救国安邦，而是为谋取稻粱。由于战争和乡绅的侵夺，家乡田产已经荒废和易主。在流离生活中，方文寄食友人。曾短暂入杨文骢幕府，其《润州访杨龙友兵宪》：

南都富佳丽，东风扇和柔。
万物各有适，吾生独怀忧。
抚床不能寐，振衣起行游。
行游欲何之，美人在芳洲。
……
太湖有笠泽，蒹葭广以修。
其中隐君子，招我为匹俦。
野性本麋鹿，乐此将归休。
扬铃入京口，徘徊一停舟。
丈夫感知己，干禄道所羞。
勿谓随阳鸟，区区稻粱谋。

忧虑国事不可挽救，忧虑家园已经荒芜，心灵中的美人可以销忧，非为干禄，实为稻粱。

终究未有所作为，岂能仅为“区区稻粱”，实为寻找济世之途。这说明，方文在易代之初的一段时间内仍然从事秘密抗清活动。顺治二年（1645），其《三月十九日作》自注：“时在京口，与邢昉史玄潘陆钱邦寅范景仁登北固山拜哭。”诗云：“一从神京没，河北非我疆。龙种陷荆棘，未审存与亡。群盗匿函谷，顷复奔湖湘。王师岂不多，畴能奋戎行。小臣本微细，愤懑结中肠。陟彼西山巅，涕泗瞻北荒。奄忽岁已周，哀情若新丧。寄言百君子，旧恩安可忘。兹辰易文绣，缟冠白衣裳。北向一稽首，臣庶义所当。曷忍处华屋，对酒鸣笙簧。”芸芸王师却不堪一击，痛悼国破。“北向一稽首，臣庶义所当”向北稽首再度表明其对故国的忠肝义胆，以及眷眷的故国深情。尽管自己在前明科举不第，仅为诸生，但“旧恩安可忘”。

三、君报济时策，极目忧狂澜

万寿祺《隰西草堂诗集》卷二《答方大文》：“谁能谋大隐，出处正纵横。”认为方文是为了一种高尚的人生理想而隐。正在杨龙友幕中任职的邢昉为方文题诗，其《石臼后集》卷三《三月十五日夜龙友置酒金山寺同万年少方尔止作二首》云：“持杯劝万楚，把钓拉方干。莫谩凭栏久，心伤北望残。”残破的大明江山令邢昉焦虑不已，他正以此激励方文共谋大业。扬州失守，方文从杨文骢行军往苏州。金陵钱谦益诸大臣出城迎降。对于此，方文痛心疾首，《除夕咏怀》：“西山藁葬即陵园，此夜（除夕）何人哭寝门。降志但知夸卫律，渡江谁复慕刘琨。乘轩争乞新朝宠，对酒都忘故主恩。独有野夫篱落外，长号不敢暗声吞。”表达了对“乘轩争乞新朝宠”举城投降者的愤慨。寄诗《赠杨总戎》：“幕府双开鲸浪伏，兵机独对鲤庭闲（时尊公龙友亦镇京口新拜中丞之命）。登楼况复闻清啸，夜半厮儿掩泪还。”仍对杨文骢子杨总戎寄以深切厚望。当清兵至苏州，杨文骢兵败走处州，方文有意追随抗清，以母老而被迫止步。《闻杨龙友孙克咸同日死难诗以哭之》“自愧江东行不果，只因堂北养无儿”，愧然卜隐梅墩。方文未能殉国，亦未追随杨龙友抗清。即便二者均足以使方文决然以赴，但他无奈地选择了“生”——并非贪生怕死，而是履行一个孝子的职责。陈子龙在清兵下松江时不也因为奉侍祖母而选择了“逃生”？他的抗清和殉国的义举是在三年之后——祖母已经过世，他已经完成了一个孝子的使命，等待他的是为国尽忠。方文则没有陈子龙的特殊际遇，只要老母在，方文必须活下来，即使苟活，也必须承担和完成“孝”的义务。相对于殉国和抗清者，方文之苟活使他痛悔不已。但是，当所有的复国努力付之东流后，方文即感到作为一介遗民的职责是使后辈理解他之所以活下来的忠心。在《赠别周颖侯》借他人之酒浇泻了自己的胸中块垒：

臣心本不爱微官，每念先皇心痛酸。
况当戎马交驰际，矢事吾亲终考槃。
一朝华夏皆口口，小臣气激欲自尽。
子舍先书绝命词，毁发偷生吾不忍。
伤哉二老垂白年，乃祖八十尤皤然。
抱持号泣互相守，解缚不得从所天。
君亲一理那可弃，且活余生供粗粝。
永栖陇亩为顽民，偶对人言还自愧。
予虽未仕金马门，父祖十世承国恩。
几欲捐躯励微节，亦以亲故遂苟存。
君不见，
陶公集中书甲子，郑公井底传心史。
千秋万代睹幽贞，岂必首阳同饿死。

当明朝江山易主，周颖侯意欲赴死以励“微节”，但垂白二老的号泣使他终难割舍。未能追随先皇而去，每每使“我”备感酸痛，以诗向英雄“致敬”。虽然他并未能在诗中告诉我们，如果他殉国的话，将会留下什么遗憾，但字句之间似乎透露出，除了眷念老母之外，尚有更重要的信念驱使他忍辱偷生。从方文主动为自己的诗歌编年的行为看，他抱定这一信念：著史立说，用笔记录易代动荡的历史，为后世留下他对这段历史的见证和见解，使后人得见其悃悃忠心。而这一历史责任感和对母亲的牵挂孝悌之心，为他生活在异族的统治下提供了道德方面的合法性。由此可知，此诗完全是方文的自我表白，尤可以感知方文“苟存”的内心焦虑。方文《过吴江有怀旧游》追念殉难亡友，他们有为有守，宁死不屈，更拒绝向历史的生生不息折腰低头。功名未免叹蹉跎，方文为自己的“苟全”而羞愧不已。“纵死光芒争日月，苟全妻子困蓬庐”，即使“我”操守可争日月，但仍旧忍辱偷活。诗人所经历的苦痛与孤寂沉重无比，再也没有其他的怨忧可以比“苟活”更为折人心胸。方文试图通过诗歌去理解其所阅历的一生患难与痛苦，以及诠释自己劫余之人的故国贞操。让后人知道并理解，正是鼓动方文笔耕不辍的力量，孙枝蔚《溉堂集》卷七《题方尔止处士采药图》：“新倚长镵同杜甫，熟看香草注离骚。”一则屈原，二则杜甫，即是方文取以自慰的知音和同道。

出处虽殊心不易，千秋万代睹幽贞，渴望为后世所理解，正是身阅兴亡的前朝文士最大的心愿。方文深信：“我”的贞洁与殉国者的精神义举相比，并不逊色。只要忠国爱君，非必饿死首阳。他认为，虽然忠孝难全，但君臣一理，故不能放弃亲情而投死。从此，方文走向了奔走养亲做遗民的艰难征途。从一定程度上说，殉国，一举定英名，而做守节遗民需要经受更多的考验和磨难。谋事不成当以著述终。方文以诗人的巨大活力，用各种诗体包括文体进行试验。于是，他写作的过程，就成为他寻求自己声音的过程。而从他的声音中，读者几乎可见到方文所要表白的真诚。同为遗民的陕西名士孙枝蔚第一个读懂了方文的苦衷，其《溉堂集》卷七《方尔止采药图》慨然叹云：“壮士谁教入涧阿，画图看罢泪滂沱。”

易代之初，方文因家资颇富，尚未自谋衣食。其《吴门行》：“一年一度过吴阊，腰下百金千金装。今年（1646）行李独萧索，布衣白袷秋风凉。临舟新到惠泉酒，青钱一缗沽一斗。顾我囊空无百钱，仰视秋天闷搔首。”缺少百钱沽酒，但却有资买妾，希望归隐有佳人相陪。《除夕咏怀》：“春水人家石臼湖，桃花亦似武陵图。逃名拟向此中住，拔宅将行又不徂。挽鹿实无偕隐妇，饭牛空有辟兵符。名山应笑向平子，婚嫁留连非丈夫。”避难归隐，也不忘寻觅一位陪隐佳丽。同年入史若翁幕府，目的非为国解难而是以幕府所得之资“贾得渔家女，捕蟹捞虾兴不孤”。将个人幸福凌驾于国难之上而不羞，正与侯方域在国难之际沉溺于与李香君的爱情相似，润州沈冠东也在国难之际纳妾寻欢。尽管方文指责金陵明朝官员的出城降敌，他自己曾有的报国之志受挫后，却也淡漠于国事，而只专注于保护自己家人的生命安全。穷困不忘爱情和享乐，这是晚明文士的共同性格，已经形成一种文化，后人称为“晚明习气”。

故乡已经沧桑，如何保护老母的身家性命，成为方文的当务之急。为此，他首先应当避难，《丹阳访关明府》即云：“太湖烟水老蒹葭，我欲逃名此卜家。”寄身于友人府上，从此方文开始了其后半生辗转飘零的遗民生活。先是在金陵方文借得古寺暂居。《石臼湖访邢孟贞》(1645)：“邢韩并巨室，累世湖上居。聚族各千百，比屋成村墟。风俗既淳美，山川亦萧疏。永无兵寇患，尚有唐宋庐。我昔与君约，隐兹结樵渔。矧今逢世乱，出门行趑趄。徙宅傍故人，嘉木荫有余。僦田种禾豆，乞圃莳瓜蔬。可以长子孙，还能教诗书。晨夕乐相过，知君无弃予。”石臼湖山水环绕，是战争所遗的宁静之区，方文决定移居于此。从此方文无端浪迹逐江云，踏上了艰辛备尝谋衣觅食的旅程。孙枝蔚《溉堂集》卷七《题方尔止处士采药图》：“不去垂竿不鼓刀，忍闻妻子有啼号。古方且喜君臣在，隐士谁嫌医卜劳。”从这首诗中我们可知，易代之后，方文隐于医卜，并且凭此终其生。方文《赠钱驭少》其一：

风尘催战鼓，郡邑走降书。

愁杀萧萧发，人前不敢梳。

方文在清军南下的最初几年写的诗中，显示出他对当时政治、军事的关心和对故国深沉的哀思。但方文在多大程度上参与抗清活动，在其诗文中并没有明晰的线索。作为一方望族的孝子，他强烈地意识到他对年迈母亲的责任。在许多诗中，方文都反复书写对母亲的深挚感情，显示了方文忠孝难全的内心矛盾。儒家要求其臣子在忠孝之间当首先选择对国君的忠心，臣民应该为了君王不惜牺牲生命。但在实际的操作中，往往难以执行，即使志士仁人有勇气面对死亡，但他仍然会牵挂自己死后由谁照料自己的父母。吴梅村、傅山之所以“苟全”全在于此。然无论其理由如何光明正大和合乎情理，许多遗民仍然对自己未能殉国而感到羞耻。他们往往以诗歌追怀旧国，希求故国君王的宽宥。为养母而未能尽忠于明朝，故在《雨夜宿宋玉叔署斋分韵明日将之宛陵》中曰：“稻粱谋不免，鸿鹄志多违。”方文尽管有愧于为国捐躯的复社同志，但他相期采药西山阿，誓为遗民之心则坚定不移。继而面对着艰难的生存困境和众人的哀叹与绝望，方文仍未动摇。当许多友人不奈其苦而出山谋禄时，方文仍固持操守，医卜为生，倾心尽力，方文最终的目的——借此探讨生命潜在的崇高价值和文化意义。相比易代之际的遗民群体，方文比较成熟地阐释了中国传统文化背景下的知识精英的生命态度。

第二节　乱世救贫无计策，诗家采药有吟哦

篮中是药僮皆识，
那识先生志节高。
——孙枝蔚《题方尔止处士采药图》

遗民隐士，无论移屋入山，还是云游山林，他们似乎都远离世俗尘嚣、物欲名利，恪守灵魂自由，闲云野鹤般游山玩水，娱情怡志。他们的生活一尘不染，成为中国人最坚实的道德教科书。那么，他们最基本的生存如何解决？他们真的餐风饮露？

甘于固陋的颜回，“一箪食，一瓢饮，在陋巷，人不堪其忧，回也不改其乐”。这是孔子视野中的颜回，也是后人所敬仰的颜回。能够忍受别人忍受不了的穷困清苦，必然耐得住陋巷的寂寞，这意味着心灵深处对人生的清醒彻悟，意味着修持一种高尚的人格。事实上，做遗民并不难，言其难，难于固持。易代之后，方文隐于医卜，谋资为生。占卜算命与商贾医伶都被视作“业非正途”，向为士人所不齿，但却是可以谋生甚至致富的极好途径。且将医卜混屠沽，方文之所以选择医卜，是因为此业既可谋生，又不至于饥寒交迫。《元日书怀》明其志曰：“卜肆尚能言孝悌，医方犹可立君臣。”方诗单刀直入：卜肆医方与殉国出仕，都是可侦知孝悌节义、忠君爱国之志的生命选择，因而这份职业较之于商贾更多了一层忠贞之节。他忧心戚戚，努力想定位自己的道德高度。方文将他对人生的体味和对生命价值的思索寄于医卜之中。无需象征和隐喻，便可明白宣示他对故国的忠心赤忱。他直言无隐以达意，继承《诗经》“言志”的古训，努力追求道德英雄主义的境界——通过立言而不朽。但达此境界的前提是经受肉体的磨炼，太史公司马迁之所以凭借《史记》永垂不朽，即在于他坚韧地“苟活下去”。因此，方文必须首先做一个“存在主义”者。他面对存在问题面不改色，只想澄清一己生命的内涵：面对苦难与死亡，与命运抗争。透过方文的诗思，我们看到的是苦难与高贵情操的如影随形。

一、鼓角三更悲欲语：太湖避难

“采药瀛洲卖市廛，不言二价颂声传。安车难聘逃名客，率性常辞赠一钱。”这首《韩康》是方文颂扬古代著名隐士韩康的诗。韩康，字伯休，东汉末年卖药以隐。《后汉书》本传谓："常采药名山，卖于长安市，口不二价三十余年。"口不二价谓其行医公道。"安车"指朝廷征车，韩康安于采药行医。方文敬佩韩康人格，屡屡在诗中予以称颂。这证明方文亦安于医卜的决心和耐得孤独的操守。不仅如此，方文从历史上找到了许多卖卜遗民忠臣的先例，作为自己的精神支撑和效仿榜样。《咏史》其一："季主楚大夫，义不臣汉皇。侧身长安市，卖卜以自藏。"汉统一天下，司马季主者，不仕新朝，做楚国遗民，曾在长安东市开设卜馆，人称"易学高士"。司马季主使方文找到了安于医的直接动力，他们都生活于易代鼎革、去从在我的乱世。前者生于亡国之际，决然不仕二主。方文则生于既亡国又亡天下的时代，投顺新朝便意味着认"夷狄"为主人。忠贞如方文者何能屈节！其二："炎汉运方隆，君平乃高蹈。荣禄非所求，卜筮从所好。与臣言依忠，与子言依孝。百钱即有余，千驷何足道。"严君平，生活于西汉王朝的鼎盛之际，帝国经济蒸蒸日上，正是太平之日大展宏图之时，但严君平却淡于功名，不求仕进，甘心于隐，卖卦成都。其高尚的医德和医术赢得人们敬仰。而在"华夷倒置"的政治气候中，方文鉴之言外的意图不言而喻。其三："吾爱管公明，弱龄蕴神智。学窥爻象先，占卜乃余事。吉凶前民用，鲜不诧灵异。君言实无心，聊以示趋避。当时何邓流，岂不盛权势。高人目为鬼，今古同一喟。"管辂，字公明，平原人，时称神卜。相传其八卦幽微可通鬼窍，六驳玄奥能究天庭，《三国演义》第六十九回有"可惜当年奇异术，后人无复授遗经"，可知其卜算灵敏，天下有名。然其算术机密已经失传。方文自信他具有管辂之智，足以探测天地真理，借此可知名后世。其四："史称郭景纯，嗜酒复多欲。匪不爱其生，求死恐不速。王敦谋逆初，焚香召君卜。正言摧折之，引颈受刑戮。虽云数当尽，坚韧不可曲。至今游仙诗，令人仰芳躅。"东晋郭璞，字景纯，河东闻喜人，博学有识，喜阴阳卜筮之术，为中国最早的"风水"先生。即使引颈受戮亦不屈于困境摧折，最终仍以令人仰慕的诗学成就垂载史籍。其五：“悲哉谢侍郎，生于宋元交。慷慨欲致命，有母难以抛。明夷垂其翼，乃在六二爻。何以毕余生，卖卜建阳桥。惜不隐名姓，还为人所要。天运可转移，我心终不摇。”谢翱，字皋羽，宋末文学家。宋亡不仕，卖卜以生，漫游江湖而终。谢翱是距离方文时代最近、境况又极为相似的直接榜样。五位前贤遗民卖卜为生，进行自我精神拯救，因而青史留名。可以看出，卖卜可作为自己做忠臣的有效保护，可以从济苍生的渠道实现自己济世救民的理想。做“积极生活的人”，诸位前贤即成为方文的心灵之药。对于古代圣贤的歌颂，在方文那里并不是表面的文化喧闹，它完全渗入其灵魂深处。

孙枝蔚《溉堂前集》卷七《寄怀方尔止》：“布袍终日走风尘。”对于许多遗民隐士来说，生存方式的选择直接表达了他们对于生命价值的思索。他们也通过某些生活的细节表明心志，方文就把不改旧朝装束作为一种遗民的文化符号和灵魂诠释策略。为此，他几乎终年飘零江湖，历尽寒波，方文《自芜阴还太湖舟中作》：

照水忽惊新白发，
见人无改旧青衫。

仍着旧朝旧青衫，保持了一介遗民的忠贞。同时，他的诗歌纪年，例用甲子，不署清朝年号。寄深意于言外，作为一种理想的诠释手段，世人便会顺着他的各种引导领会他要表达的意图。种种迹象证明，无论遭遇天设地陷的困境，他也将遗民以终，矢志不悔，非必隔断红尘。无论市廛之隐，还是山林之隐，形式的选择并不重要，问题的关键在于持之以恒。心志已明，接下来，方文所面对的是生存的艰难。

清军下江南，大事已不可为。方文乃随友人避难梅墩，著《梅墩杂咏》以记其事。其　：“战伐满天地，何方可避兵。一枝唯大泽，万水即长城。”天下大乱，何处可以托身，避兵山环水绕的太湖之滨。其二:“震泽多良友,招寻日不虚。衣冠仍汉代,鸡犬是秦余。对酒增新感,看云忆旧侣。”太湖一带隐居着一批前朝遗民,他们保持着旧朝文化传统,与世隔绝。未久,再迁汾湖。《赠钱驭少》自注:“先是驭少卜居梅墩不果去汾湖矣,至是予亦迁汾湖。”“孤村僻远无兵戈,夏木秋苗满芳甸。”友人钱驭少在汾湖为方文租赁祖仲美房舍,“吾友二钱止厥室,割鸡饷黍何殷勤。舍后若兄有余屋,慨然洒扫留我宿”。汾湖位于吴江与嘉善之间,为易于隐蔽之所。《湖隐外史·侨聚》录方文、潘陆、钱邦寅、杨廷枢等十五人,中有“我湖茫茫阔水耳,弘光之乱,遂为避世佳地,轻帆问津,楫相摩而声相错矣。数椽茅屋,即有浔阳三隐:一片芹乡,岂止竹溪六逸”。大批复社文士避乱太湖,方文《汾湖赠祖仲美》:“私有忧国乱,汲汲谋隐沦。遥指莺脰湖,水乡风俗淳。从无兵灾患,乐彼渔樵人。”“忧患”国难的英雄志士,当理想破灭后非殉国即隐居。是为方文悲痛至极的忧患之作,描写人们流离蹭蹬与死亡挣扎,一种崇高的悲剧感蕴含在历史观念之中。从某种程度上说,隐居较殉国更难持守。殉国英名必将垂古,而隐居将会面临生存危机。吴梅村《贺新郎》中认为做遗民“脱屣妻孥非易事”。出于各种原因,遗民除以忠君爱国为荣誉准则的复社袍泽殉国之外,多选择隐居。方文《癸卯三月十九日润州客舍同潘江如小饮述怀四十韵》:“俄尔江北岸,鼓角声振振。君先挈妻子,湖村依所亲。我亦携小妇,追随为比邻。此地既幽僻,可以长垂纶。”唯有汾湖尚属幽僻之区,可暂为垂纶之所。避难汾湖,天下“二十八都”文才智士潘陆、钱邦寅、叶绍袁等齐聚汾湖,山左宋琬与兄宋璜亦避兵而至,已避难于此的叶绍袁分宅以居。

在中国传统的文化史上,以学问道德修养自居的儒士之“悲哀”在于,即使隐居也胸怀天下,即使寄情山水,也终究不能忘怀尘世。尤其是天下动乱之际,华夏大地已经颠龙倒凤,山川河梁已乱象一片:倏报楚师矗汉口,又传戎马逼江干,当友人吴锦雯欲携沈冠东、宋琬东游杭州之时,方文以“满地兵戈何处隐”规劝其留。“国破山河在”,杜甫的诗歌道出中国古典诗人坚忍的襟怀。可天下大乱，已无清静之区了。故山偕隐好，新朝已定鼎，所有的反抗行动已经销声匿迹。易代后方文的理想即是远离尘嚣，归遁山林，过一种不知魏晋宁知秦汉的云外生活。其《石臼行赠崔正谊明府》“君不见，石臼湖，湖村一幅桃源图。荻花到处有渔父，竹实时能来凤雏”似乎是轻松如意的理想田园生活。但可以推知，这是他为生命做出的终极选择，所有的复国努力都已化为泡影，所有的振作精神也都已偃旗息鼓。甚至对于友人张叔平的从军抗清之举，方文都不以为然了。其《别张叔平》：“千秋桥上遇张华，赠我图书亦五车。……愿尔船楼来震泽，渔人高枕卧烟霞。”张叔平决心赴死，临行前将自己的五车图书悉赠方文，决然而去。其《汾湖访宋玉仲玉叔》云“渡江祖逖无舟楫，避世梁鸿且赁舂”，祖逖空有北伐壮志，徒劳无益，还是梁鸿，避世赁舂，立言留名。方文感到，天下大势已去，不如归枕烟霞，真诚规劝友人隐居震泽。可知，方文对复国之事确已彻底绝望。所以，他在《午睡》中说：“壮志久灰兵灾后，虚名犹觉梦魂中。”生存的意义启示于此，从此踏上崎岖的不归路。

汾湖避难一年，衣食垂尽，不得已放弃文人高贵的尊严向人觅食。索赋于常州令，遭遇拒绝，这对方文是致命的打击。依据常情，为五斗米而折腰于新朝官吏已经证明了防守遗民底线的艰难。在友情的意义上，方文本自以为与“常州令”为刎颈之交。在举步维艰之际，同为遗民的友人武进杨玶①馈米相助。武进令张环生②闻知方文的困境，特书一封邀请入幕，并馈金数十镒。终究方文的文化影响使得他在困境中足以引起人们的关注。后方文以诗追怀以示感激，《张武进环生》：“张侯在先朝，蔚然公辅器。中年丁世变，欲隐志不遂。强起授一官，见人

① 杨玶，字逢工，号砥斋，武进人，崇祯九年举人。国变后，杜门谢客，筑匪石山房，研究易学。

② 张环生，字国枢，北直隶景州人，庚辰（1640）进士。

尝有愧。昆陵下车时，我适游其治。君闻我在兹，汲汲愿把臂。布衣入官舍，放言罔所忌。岂但能优容，私语潸下泪。赠金累十镒，深衷犹未匮。”张环生在崇祯时，是朝廷所倚之为靠的公辅之器。明亡后，清廷“强起授官”，但他往往为自己的行为悔恨不已。持此心情的清初汉族官吏不在少数。前朝凤凰已不希冀在后世再展华翼。于是，张环生和龚鼎孳、魏裔介一样，努力通过自己所拥有的“权势”保护前朝“善类”。方文作为文化领袖的声名和其社会影响，都使他成为被重点救助的目标。改朝换代能使前朝旧贵族失去以往的政治经济特权，但由于社会文化的结构并未改变，文化精英们依然能够得到新贵的敬重。有影响的遗民在危难之际，总能得到较常人更多的保护和帮助。张环生敬佩方文的高义，毫不犹豫地付以援助，视方文为知己。每当谈论前朝旧事，无不悔恨叠加，潸然泪下，可知张环生内心隐藏无以缓释的苦衷。

为稳定社会秩序，清廷从未停止过对于遗民的征召和优待。但对于新朝的征召，方文从未产生动摇，故其《寄怀史弱翁》曰：招隐曾坚华下约。他有感于万历间程篁墩著《宋遗民录》，在天下太平，海内全盛，人争趋朝之时而程子即持守遗民之志。富贵荣华都可以舍弃，何况乱世之秋。甲申之变，方文《宋遗民咏》认为“从古所无。士生其时者悲痛欲绝，甘心隐遁，不复萌仕进之念”，没有什么能够动摇他的遗民之志。其《赠施玉谋博士》（自注：以吴江广文去官）其二：“薄宦一朝去，俸钱能几何。身微家累重，病起旅愁多。远望惊烽火，高飞谢网罗。采薇知有咏，莫负首阳阿。”对友人的慨然辞官表示赞同和鼓励，尽管失去朝廷俸禄，却获得了翱翔天空的灵魂自由。这首诗表明方文旨在消解屈节的荒谬，并寻求人与境遇的有限和解，流露了浪子回头的欣慰。

方文治《易》而“窥测天人理”，大江南北行医卖卜取资养家。顺治三年（1646），卖卜润州，间与友人诗词唱和，文酒交游。其《癸卯三月十九日润州客舍同潘江如小饮述怀四十韵》曰：“我复无所为，卖卜润城闉。一见喜欲狂，茅屋共宵晨。曾将卖卜钱，买酒醉千巡。”他所要表达的并不在于卖卜所获，而在于生存的意义，因此，交游和诗文同样是方文所不能放弃的。在润州的诗酒所费并未依友人资助，而是自己卖卜所得。方文卜行至南京，友人吕兆龙劝应新朝之举，方文断然以拒。《答吕霖生吏部》：“漫说楚三户，聊为鲁两生。薄材甘自弃，空负赠刀情（自注：吕劝予应举故云）。”是处用“楚虽三户，亡秦必楚”（《史记·项羽本纪》）之典表明自己隐居的坚定信念。已经降清并大量举荐江南复社文士出仕的陈名夏得假归里，乞方文定其诗，执礼甚恭。据朱书《方嵞山先生传》所记：方文“反复读之曰：‘甚善，但须改三字，即必传无疑耳。’陈以为隐也，曰：‘宁止是，顾三字者何？’嵞山厉声曰：‘但须改陈名夏三字。’时坐客满，举错谔不能出声。陈亦厉声曰：‘尔谓我不能杀尔耶！’适代巡来谒，陈拂衣去。客咸咎嵞山，嵞山笑曰：‘我自办头来耳。公等何忧。’顷之，陈复入，执嵞山手，涕流被面，曰：‘子责我良是，独不能谅我乎？’竟相好如初”。方文直言不晦责难陈百史折节仕清。作为易代之初江南文人在清政府的领袖人物——陈名夏主动请求方文助其刊诗，于此可知方文在当日文坛的极高声望。陈名夏的动机在于：方文的品题和助刊不仅仅是友人之间的相助，而且，一旦方文助成此举，那么，陈名夏屈节的文化意义即可大打折扣，甚至可以被涂抹。而方文的断然拒绝证明了他的遗民立场和对事件的及时反映及评判，这成为理解一个遗民道德立场及其生命价值观的关键细节。

方文《京口访邬沂公感旧》：“一去湖山甘采药，重来京国暗销魂。独怜肘后方书在，我欲从君隐市门。”“肘后”乃指医书或药方。归来京国，满目苍凉，携一策医书，隐居喧嚣闹市。若非胸中一片赤忱，绝难超越如此频繁的名利诱惑，也绝难忍受如此艰难的生活巨痛。友人官员张环生，多有交往，方文《赠张环生明府》写自己萧条之状：“有客沧江卧，怀归归未能。鸣榔辞震泽，卜舍就毘陵。”于此可知，方文卖卜，亦像旧时卜者一样走街串巷，招揽生意。在杭州，《五日抵武林》："生计萧条全仗卜，故人寥落少分金。"因战争，同仁死难者多，噩耗渊源如流水，部分已经折节仕清，只剩少数遗民亦都度日艰难。在遗民们彼此需要帮助的日子，谁都没有力量为他人伸出援助之手。在武林偶遇同道友人张季昭，相携同宿一家旅店，《与张季昭同寓赠此》：

君医我卜各垂帘，一树双栖意甚恬。
家有玉函知是景，客来银汉愧非岩。
葠苓任与高人乞，蓍策难将大运占。
日暮河桥芳草合，尽容携手到青帘。

养身延年的名药葠苓尽可向我索要，人生的大幸大运则难以占卜。看来，方文并非唯心的神巫，他的占卜与其行医密切相关。由此，方文仅是个看命郎中而已。数月后北上卖卜镇江，游览旧迹，与友人蒋穆之、潘江如等诗酒唱酬。《潘江如归旧居夜集有作》："君去吴江此屋空，客兵三载占其中。牛溲马渤庭长积，凤举鸿轩道已穷。天遣故人还故宅（是年兵调入闽故得还旧居），堂名先子溯遗风（堂中棹楔皆尊甫木公先生所书）。往来仍是当年侣，笑指灯前琥珀红。"潘江如故居为清兵所占，化为兵营，一支部队进驻其中。直到清兵南下征伐郑成功，潘江如才得回归故宅。兵后相聚，依然是当年旧友，今日遗民，"笑指灯前琥珀红"，流露出对现实的无奈与苦涩，今后的生活将走向何方？暂且酒中买醉。方文后又由镇江赴润州卖卜，与润州旧友相聚纵饮。《卖卜润州邬沂公谈长益潘江如钱驭少玉汝秦臣溥李木仙各有诗见赠赋此答之》："江市聊为贸卜行，敢言踪迹类君平。所求升斗供饘粥，不向侏儒说姓名。四海同人惟道合，一生得意是诗成。何当日暮垂帘后，共奏商歌金石声。"方文精读《周易》，以君平言己：卖卜以求升斗，稻粱真万不得已；不向俗人说姓道名。最令方文感到惬意的是日暮垂帘后，与三五友人知己吟诗弹琴。他的遗民友人中，也多隐于医者，如薛古诂、陆圻①。

行医途中，拜访友人，《潘江如钱驭少陈升公张则之共集皆山楼送予归是日大雨予与江如借宿》，作为招集友人为方文送行的潘江如并未挽留方文，因骤雨难行，方文不得已主动要求借宿。这从另一方面诠释了久居广陵的遗民孙默欲归黄山，十余年之计划，所获赠诗一千七百余首而终于未归的原因。真正决心做遗民需要付出艰巨的代价，只要放松自己的节操，出仕新朝，自己和家人的穷困境遇顷刻便会得到改善，这也是为什么众多遗民中途改辙的原因。前明获得孝廉身份的章翌兹、许天玉、姚瞻子、陆汉东四子易代后俱做遗民，但到顺治十四年（1657）相携赴京，参加清廷会试②。方文内兄做遗民十五年后，出应清廷之试。方文《徐杭游草·送汪我生内兄北征》："高义轻荣禄，闲居十五年。俄警公府檄，又上孝廉船。"当官府征召的檄文到来，"内兄"欣喜若狂。马倩若，做了二十余年遗民后终于出山做了清朝县令。在山东，方文卖卜访友，《早春寄怀马倩若定陶》："二十年前老制科，重征为令太蹉跎。时危不敢言夸饰，官小犹能免祸罗。"二十余年的遗民之志到此断送，新官虽小，但全家可借此免于沟壑。其《三月十九日钜野道中》："龚开未免为寒乞，唐珏亡何作馆宾。"写的是宋末淮阴龚开，在南宋亡国后隐居不仕，诗画自养。晚年饥寒所驱，逐渐放弃抗争，顺从元朝。西僧杨琏真伽在元人令下盗墓开棺，祸及六陵及无数高官坟冢，据万斯同《南宋六陵遗事》载，坟墓总数多达101座，尸骨散落，漫山遍野，令人发指齿冷。文士唐珏难掩锥心之痛，与林景熙、

① 朱彝尊《零丁为陆进士寅作》序云："甲申后（陆圻）卖药海宁之长安市。"《曝书亭集》（卷六十一）；全祖望《陆丽京先生事略》："匿海滨，寻至越中，复至福州，剃发为僧。母作书趣之归……雅善医，遂藉以养亲。"《鲒埼亭集》（卷二十六）。

② 方文《北游草·柬章翌兹许天玉姚瞻子陆汉东四孝廉》，据此可知，姚崇祯六年（1633）举人，章崇祯九年（1636）举人，许、陆崇祯十二年（1639）举人。

谢翱等同为采药之行，潜入墓地，掩埋诸陵遗骨，树以冬青，义节著于一时。唐珏后穷困潦倒出而仕元，家道于焉勃兴，买田娶妇，胤繁寿增。如此志节之人，晚年都难守固穷，怎可责备方文周围如此之多不堪遗民之苦而出山者？尽管如此，方文初衷不改。

二、布袍终日走风尘：崎岖的采药行卜路

回乡途中，路经芜湖，寄寓孙枝蔚宅——黄虎山将军祠堂，卦肆营业。方文沿途边行边卜，每至一处都开设卜肆。旋入大别山采药，其《石公子挽词》：“薄游天柱与司空，采药千岩万壑中。”《重题采药图》：“白柄长镵手自持，花篮盛药步行迟。”辗转流离，鞋破足伤，疲惫至极，描述了方文卖卜采药的艰辛，仆仆风尘，日久思乡。其《留别汤仍三》：“自伤贫贱辞家久，细数年华作客多。”而深自《思归》：“离家一百五十日，行路二千三百程。丈夫飘荡非得已，居人怅望难为情。来时寒食绿杨雨，归日重阳黄菊晴。应知入门小妇笑，久游装橐何其轻。”出游半载，却轻装归里，想到毫无所获而深自汗颜。《重阳后五日归里》：“十年为客负黄花，漂泊今秋始到家。游似石田无刈获，贫唯诗卷足骄奢。”唯一可以自足的是自己的诗文。家人生活并未成为他放置不下的悬念所在，他并不以自己和妻小的安危为意，更挂心的是如何记录自己游荡的心灵和足迹。这是向后人借以宣示他生死价值观的凭证，也正是方文所屡屡论证的存在意义和价值。

顺治三年（1646），润州卖卜，生计萧条，方文只得变卖自己的古董。《嵞山集》卷五有《谭友夏集中有六卖诗予素爱之今客润州亦有四卖虽所卖不同其诗情一也》，《卖犀杯》自注：“杯似积叶而有虫迹其上”：

> 十杯先卖九，留一旅相随。
> 本欲长斟酌，何图又别离。

宵灯虫似泣，秋雨叶知悲。
割爱非吾忍，村醪何用瓷。

乡村简朴的生活陶碗足矣，“村醪何用瓷”。一次性变卖九只犀瓷杯，以换得生活费用。继《卖水晶章》《卖碧玉环》《卖蜜珀坠》后，几乎将身边所有可称得上“珍宝”的所谓古玩悉以变卖，而这是方文万般无奈的最后决策，也是许多文化遗民的共同绝境和选择。屈大均北游之途，屡困生计，亦多次以其古玩珍宝换取衣食。《卖董华亭手卷》：“董公真迹世间稀，博取锱铢更典衣。书画未充三日腹，文章长得百年饥。求仁岂是专求粟，采义何尝但采薇。悔使黄金如粪土，暮龄生计益全非。”屈翁生活窘迫，故将汪沅所惠董其昌手卷变卖。又《卖墨与砚不售感赋》：“顶烟欲尽分儿女，教写真书去换鹅”，“金错囊中羞涩甚，少陵长是一钱无”。又《质古玩行》，自序云：“古玩者，一玉杯，一玉小盘，一玉镇纸，皆汉代物也。一珊瑚笔架，以紫檀文具贮之，副以象箸三十矢。是数物者，价可不赀。以空乏故，倩赵生质于押钱之家，委曲求请，仅得银两许，感恨作歌。”诗有：“错刀粪土尔何物，令我摧颓迷所为。锱铢仰面贾人子，彼贱丈夫何蚩蚩。一钱羞涩笑杜老，岂知百万囊珠玑。珠玑无用化鱼目，泥沙抛弃空骇鸡。妻孥朝夕作书蠹，食尽万卷仍长饥。鲋鱼只求升斗活。”诗歌描述了典当的艰辛经过——只是为了生命的“存在”。做遗民和出仕虽非冰炭不合，屈大均、方文们宁可变卖家产以生也不变节出仕，这意味着他们以此检视自己君国之思的坚贞。所以，在他们的诗中读者可以感受到一股强烈的坚持、坦然与视死如归的气概。

方文《白下移居》(1647)：“城南有荒寺，云是古瓦官。杰阁虽凌口，香林未凋残。我性本孤僻，憩此中心欢。山僧敬爱客，假寓良非难。一室容偃卧，三时恣盘桓。读书有真乐，不畏饥与寒。邻人售余屋，移家此偷安。风云苟未会，且作龙蛇蟠。”对于居所，方文并未有奢华的要求。即使高台碧瓦，亭台楼阁，亦终将“今夕为我室，明旦他人居”，顷刻间即会落于他姓，唯有诗书将永远属于自己。“室家何足道，且还玩诗书”，无论暂居何所，诗书永远都是知音。

顺治四年（1647）赴武林，途经毘陵，寄住破寺。友人杨逢玉得知方文窘境，赠米以济，《毘陵会杨逢玉送米》：“霜风吹破寺，流落借僧居。……不及首阳士，糠秕亦愧予。”感其古道高义。顺治八年（1651），卖卜至芜湖，寄居僧寺。《张道人园居歌》记录了方文投宿艰难的历程：

今年暑热何太酷，五月中旬似三伏。
江边垂柳叶欲焦，路上行人汗如浴。
我自姑郡来芜关，主人馆舍惟一间。
绳床独宿已逼侧，况复枕畔添双环。
仓皇蹑履入山去，石上松阴可箕踞。
僧房一一寓皆满，欲觅幽栖向何处。
饭罗山下张道人，曾于僻地开荆榛。
斩竹编芦盖茅屋，四山回合皆松筠。
我问道人借一席，道人欣然迎我入。
东头正空两三楹，君来可以恣休息。
明朝抱枕到中林，北窗高卧松阴森。
但见凉飔透稀绤，岂有暑气来相侵。
道人性复知爱客，每日烹茶供肴核。
此间安乐勿思归，且待秋凉再区画。

在僧寺一住数月。白头下山行医兼采草药，如此光景持续到秋凉，方文得与道人告别。

行至江西，寄宿僧舍。方文作《穷冬六咏》：《无酒》《无米》《无油》《无盐》《无炭》《无薪》。(《嵞山集》卷五)自注:“岁云暮矣,草舍凄然,目览心伤,爰有斯作。安知后世无终窭如方生者属而和之乎。”顺治九年(1652)春,困于芜湖,方文携女上山挖野菜充饥。《采荠》:“早春无所事,携女上山城。到处逢沙荠,收来作俎羹。味甘占岁稔,方古疗人盲。夏月还须采,林居可获生。”隐士刘藏夫馈酒米。《刘藏夫山中送酒米至却寄》:“君本采薇人,兼之忧患身。稻粱难自给,担石乃贻人。”游庐山,作《庐山诗》三十六首。孜孜于资本积累,准备定居故里。顺治十年(1653)冬,雨雪至巨,滞留南康。南康郡守乃方文昔日友人,方文前去拜访,受到热情款待。其《大孤塘阻雪》:“壶浆留我饮,书籍要我评。推食既不倦,分俸亦不轻。暂释羁旅愁,无奈乡思萦。”友人食以美食,分以俸金。

由上可知,自易代以来,方文汲汲旅途,奔走大江南北,几乎马不停蹄,风餐露宿。其《大孤塘阻雪》又云:“行甫及孤山,狂飙复砰訇。回樯趋野岸,积雪三尺盈。卧困籧篨中,唧唧闻叹声。”顶风冒雪,风尘仆仆地奔走于荒山野寺,其最足的动力是积累一笔钱财,赎回失去的田产。《玉龙峡》:“家山抛已久,间岁始归来。古木凋伤尽,荒田渐次开。瀑飞千丈雪,谷响万年雷。何日结茅屋,松筠依旧栽。先君钟爱此,别号所由称。本欲弟兄共,无如寇盗仍。乱山归一主,废业想重兴(自注:峡田旧为四分,今岁予独并之)。”希望重振家业。所以,他卖卜,行医,与旧友新贵相往还。许多出仕新朝的故人成为方文渡过难关的救助者,如南康太守、太湖令、润州令等。顺治十一年(1654),方文回到桐城故里。依卖卜所获及故交所遗金,在众友人的相助下,终于耗费巨资将被迫变卖的田产赎回,先辈可以扬眉吐气,安于九泉了。方文为纪念这一家业重振之机,特为自己起号曰“明农”。方文故里家园乃父所遗,是其母萧安人母家花园,周围有四五里,可谓广远。方文《田居杂咏》云:“先君以馆甥,善价易诸彼。身后遗藐孤,粗足供簠簋。彷徨非得已,今年三倍赎。虽贵亦可喜,瘠土何足珍，先业幸不毁。”在身为遗民的艰难处境中，方文做到了对故国的忠诚，同时也完成了一个孝子的职责。

由此，方文之隐便有了自己的特色，他并不像有些遗民那样足迹不入城市，以示心地坚贞。当时复社始盛，比郡中主坛坫者，多做遗民。沈寿民，字眉生，明亡，隐居山泽，足不履城市者三十年。宜兴陈贞慧，字定生，自幼受其父教导，投身东林，易代后深居不出，足不入城至终。方以智，字密之，国变后隐居庐山不出，后为营救友人而破例出山。钱澄之、徐昉、巢鸣盛，亦绝迹城市。方文认为，上述遗民之举固然令人敬佩，但既然做遗民，那么就要生存下去。此外还要让家人生存下去。屏迹山野，只能坐以待毙。为了某种坚守的理想而放弃生命的选择，方文并不赞同。故在《赠别周颖侯》中说：“千秋万代睹幽贞，岂必首阳同饿死。”

方文不仅卖卜行医，而且北上京师，结交大批新贵：金陵太史李研斋、观察李溉林、周伯衡副宪、吴锦雯司理、徐跃鹿水部、观察施闰章、副宪宋玉叔、司理王渔洋。同时，更多地与杜苍略山人、遗民阎尔梅、康小范、陈伯玑、倪闇公众遗民保持鱼水深情。方文认为只要内心始终不动摇、不出仕，那么就不必在乎具体的隐居方式了。

作为一个遗民诗人，坚持不懈地游走，行医卖卜，谋取生存，以诗忠实地记录他灵魂的颠簸与浮沉，证明了方文对于遗民文学的卓越贡献——他完成了遗民文学“生存法则”的崇高书写，并且因为这种书写而提升了遗民的精神高度。不仅如此，还因为行医的南北游走和广交社会各层名流，方文诗文的魅力获得了微妙的传达，并对遗民话语的建构产生重要影响。在这个意义上，方文的贡献可与殉国志士的文学遗作并驾齐驱。自此，“嵞山诗”成为中国遗民文学自我进化的范本。

第三节 家食无长策，囊书复远游：北上京师

顾炎武有“亡国与亡天下不同”的经典论断。其《日知录》说：“易姓改号谓之亡国，仁义充塞，而至于率兽食人，人将相食，谓之亡天下。”改朝换代，一个王朝的灭亡谓之“亡国”；华夷倒置，社会的正常秩序遭遇颠覆，文化的灭亡谓之“亡天下”。秦朝亡，汉朝立，驱匈奴，是为天下兴；宋朝亡，蒙元立，是为天下亡。据此，明清易代，即为亡天下。但顾炎武的论断并没有得到一致认同，至少易代之际的仕清者即所见非同。他们认为，亡国是一个旧的政权组织的消亡，而天下则永远属于人民，他们之所以出仕新朝，在于救民于水火。许多旧朝官员出仕新朝，固然有家族的利益保护和权利意志等原因，但其中“救民”则是一个不可忽略的道德因素。所以许多出仕新朝的旧遗民尽管剃发换服，但其灵魂深处仍以遗民自视，吴梅村、魏一鳌、曹溶等无不如此。方文之广交新贵，正是出于对“新贵”的真诚理解，所以方文《梦崔正谊李溉林二明府见访》谓：“仕隐虽殊途，握手伤怀抱。”

方文《四令君诗》自序云：

> 予少狷介，耻干谒人，即躬耕亦足自给。故州郡之门绝未履焉。崇祯壬午（1642）江南北大荒，斗米千钱。是岁家人始乏食。有友梁平叔令宣城，不得已一往谒之。君谢客甚严，顾独厚予。三月赠金五百有奇。自是家人无饥馁忧矣。乙酉（1645）之变，予避兵吴江一载，衣食垂尽，不得已索负于常州判某，某不为礼，困益甚。适新令张环生来，有称予姓名者，君欣然要入其署，厚饷之。未几，宵小进蜚语，予辞去，而君意尚欠然也。戊子（1648）冬，病困白下，计无所出，友人邢孟贞言其邑令崔正谊数问予，盖

往谒之，不得已，附孟贞舟至高淳，已除夕矣。崔闻予至，趋驾见枉，握手殷殷，道十五年相慕之意。明年（1649）为予治装甚厚，会淳人制屏障为君寿，君属予文而不借显者名。直书淮西山人方文。呜呼！此道岂于今人中求哉！先是予游楚，过太湖，湖令李溉林一见如旧欢，自是书问不绝。庚寅（1650）冬，予重至湖，湖当兵火凋残之后，颇不能为膏秣地。然为予招集生徒廿余人，北面受业，修脡不薄。由是得徙家卜居于湖。终岁无干人羞者，君之力也。后宵小亦蜚语，君不为动。嗟乎！环生而外，复有环生矣。顾念予性本狷介，抑又诞放，与世多龃龉不合，而四君皆能谅我于礼法之外，一异也。梁犹故交，张、崔、李，未谋面，乃能知我于易代之后，又救我于极困之时，二异也。梁迁谏省，张转铨曹，崔、李名位将来未可量，其遇我厚，皆在作令时，三异也。辛卯（1651）初，秋，风雨经旬，独卧茅斋，抚今追昔，不胜知己之感。因作四令君诗，以识予怀。

这段文字记录了曾经帮助方文渡过生存危机的四位贤德县令。其中除梁令为故交外，另三位均未曾谋面，仅从他人之口得知方文才名，惜才而慷慨相助。这说明，作为文坛知名的领袖人物，方文一直在被广泛关注。“山田又旱难安土，诗卷虽多不救穷。”（《寄怀李溉林明府》）方文坚守遗民底线的同时，并不封闭自己的交友，这又使得他在易代前后保持了在文坛上的才气与活力。

一、仕隐虽殊途，握手伤怀抱：京师的旧友新知

明清易代之后，十余年遗民生活坚守固穷，西山蕨薇已近采光。不耐其苦的遗民纷纷出山，依附新朝。官至吏部郎的友人吕霖生规劝方文顺应时代新潮流，方文断然拒绝。他将面临屈原式的孤独和被“精神遗弃”、孤军奋战的沉重压力。他著《露筋祠》表明自己的遗民节

操——“处子身”：“我亦处子身，四十犹未适。虽不就人宿，未免就人食。以此十余年，偷生延一息。”“处子身”谓自己拒仕新朝的贞节人格，“不就人宿”说明自己对于求生环境不作苟求，而“未免就人食”说明自己求生的愿望强烈。交游限定于愈来愈少的遗民，将会面临饿死的威胁。《赠白孟新仲调移居》：“故友皆贫窭，谁能送酒钱?”卖卜行医不足以自养和养家，乞食何伤采蕨贤，交游新贵，则会有经济依托以免丧身沟壑。“仕隐虽殊途”①，虽然选择了不同的政治方向，但政治的分野和忠诚并不妨碍遗民和新贵之间的交往和文学上的友谊，生存永远是第一位的。交友仕清新贵，可作为一种经济上的有力补偿，何况新贵多是精神遗民，与方文灵魂契合。方文拒绝出仕，但绝不拒绝与新贵相交。而且自从清朝江山定鼎以来，方文主要的收入和生活来源是行医卖卜和束脩润笔，其中与达官显贵迎来送往的酬和之作，几占其《嵞山集》的三分之一。可知方文于此所获润笔和束脩当不在少数，否则，他不会北游归来即在金陵将豪华气派的宋氏庄园一次性购买。

官至南康司理的胡石林广交遗民诗友，方文目之为“吏隐”，其《胡石林司理夜集郡斋谈诗甚快有赠》：“吏隐得为山下郡，官闲不异寺中居。高吟雅好陶征士，绝学重兴朱秘书。”南康太守徐伯羽乃方文昔日友人，方文行医至南康，徐太守招同胡石林司理、遗民李薛星、黄山人诗酒雅集。旧老新贵，欢聚于刺史别墅。北游京师，所交者多为新贵。赴龚鼎孳之宴，《正月十九日龚孝升都宪社集观灯》，同集者分别为：赵洞门鸿胪，严子餐给谏，吴岱观孝廉，谈长益、陈胤倩二处士，吴园次、赵友沂二中秘，吴苍浮山人。与会者既有达官显贵，也有方士遗民，而且以新贵为多。《诸生入秋闱八人念之有寄》：

---

① 《梦崔正谊李溉林二明府谈笑竟夜醒而有作》：“仕隐虽殊途，握手伤怀抱。”《嵞山集》卷二。《驯鹤亭诗》：“仕隐虽殊途，饮啄同一情。”《嵞山集》卷二。《王望如招饮谈诗即席赋此》：“仕隐虽分本同气，绵袍犹念故人寒。”《嵞山集》卷九。

毡裘毡幕等蜉蝣，俗眼相看讵肯休。
王猛也曾投策去，许衡且为治生谋。
虽无冠佩光辰极，亦有舆台炫里陬。
却笑先生似衰柳，断烟疏雨不胜愁。

扪虱寒士王猛，字景略，博学多识，有智谋。家贫如洗，为糊口，曾贩卖畚箕。当东晋荆州镇将桓温北伐，驻军灞上，关中父老争以牛酒迎劳，男女夹路聚观。王猛知此消息，身穿麻布短衣，径投桓温军营求见。桓温请王猛谈时局之见。王猛在大庭广众之下，一面扪虱，一面纵谈天下大事，滔滔不绝，旁若无人。桓温见此情景，心中暗自称奇。临行前，他赐给王猛华车良马，又授予高级官职都护，请王猛一起南下，被拒绝。后来王猛成为前秦苻坚的重要谋臣。在历史上，以“理学君子”位居相位者，仅元代许衡一人。他是忽必烈所赖以治国的重臣。上述二人亦都曾为衣食而自荐，并由此得以成就功业。因此，方文对“诸生”参加新朝科试不仅未予鄙视而且寄以厚望，衷心希望他们奋发有为，谋身谋世。

在方文看来，做遗民和治生并不矛盾，关键在于内心对于异族政权和文化的接纳，忠贞并非一定与新朝划出鸿沟。他始终保持了与出仕新朝旧友人的密切交谊，认为：时易势移，只要保持精神的遗民就足以为遗民了。

顺治十五年（1658），方文“蹇驴破帽入京华”，卖卜行医，寄居天坛寺。开肆营业，其《奉酬魏都宪石生》：“遥遥涉江湖，行吟至辇下。冠盖盈九衢，谁肯回一顾?”九衢冠盖，都在汲汲于个人的仕途荣利，孰能回顾这位“行吟诗人”。曾为举子占卜科举前景，并以此作诗，《天坛同刘杜三王山长吴岱观嵇淑子吴锦雯王白虹黄向先诸子饮属余为卜闱事皆不利戏赠二绝》。行医间隙，方文拜访已任内阁中书之职的从兄方子诒。《入都》：“官舍萧寒如野寺，古藤盘错对秋花。”见其关舍萧条，令方文心感悲凉。原来子诒所居并非华屋大厦，可知子诒官俸极低，否则，方文不会有“旅食京华方十暑，栖迟郎署亦三霜。无炊每日从邻借，有酒随时唤客尝”的唏嘘。尽管萧条如此，子诒还是容纳了远道而来的族弟，方文于此一住三年之久。《古藤歌》：“吾家郎官僦此居，藤轩半间长读书。客来便与饮藤下，凉风习习吹人裾。独怜旅舍难久住，三年又欲歉官去。”仕隐殊途的兄弟犹亲密无间。当方子诒转官离京后，方文再度寄居僧寺。

入京前，北上途中，方文一路干谒新贵。途经通州拜访时任副都御史的旧友宋琬（1614—1673，字玉叔），并作《永平访宋副宪玉叔》：“与君赋新诗，塞上他日传。岂直为升斗，区区乞人怜。”显然，方文的聪明却使他犯了此地无银之误，努力表白自己与副宪宋琬之交非为升斗，而是为“赋新诗”。而事实上，方文交宋的首要动机正在升斗，新诗则是升斗的副产品而已。此次相访，宋琬赠以夏袍，令方文不胜感激。《宋副宪玉叔见惠茧袍谢之》：“杜公居夔州，客遗细织段。逡巡不敢受，恶其太美奂。白公居江洲，客寄轻绒布。爱其朴而文，受之制重袴。我今居营州，故人为监司。惠我山茧袍，古色如松脂。既非织段华，又比轻绒贵。雅称山人服，服之有道气。忆昔润州城，与君兄弟居。衣我以莱葛，一着六年余。此茧亦莱产，视葛尤浑坚。愿言服无斁，奚止十余年。”宋琬兄弟出于对方文遗民之尊的敬佩，初次相识，即赠以“莱葛”——山东莱州所产的名贵绸缎。方文服此已六年有余。“莱葛”对方文来说尚停留在“悯士”的经济层面，而对宋琬兄弟来说，则绝非单纯“友情”的意义，而是蕴含着宋家兄弟自身不为遗民的精神遗憾和对遗民的由衷钦佩而表示道德补偿的文化意义。当六年后再度相遇，宋琬又赠送方文野蚕丝所织成的袍服。在京师，所得资助最多者乃被称为“乌头宰相”（《正月晦日同谈长益吴六益陈胤倩集报国寺松下为四布衣饮分得余字》）的友人魏裔介。方文《奉酬魏都宪石生》有：

恤此山泽癯，魏公立台端。
高义云天俱，忘其簪绂贵。
乐交布衣徒，贤昆守江淮。
……
顷者谒公门，延纳不须臾。
假馆憩我装，授餐供我餔。
期我以深夜，饮我以醍醐。

魏公感于方文的志节，授餐赠衣假馆，待之深夜共饮话旧。说明魏公视方文为难觅知己，魏公高义可薄云天。大宗伯龚鼎孳（1616—1673）在京师保护了大批遗民隐士，方文北游京师也曾得到龚的帮助。《龚孝升总宪以古色轻绒褥见惠谢之》即记录了所赠“冬袍”之恩：“客路虚休夏，还山且过冬。祇应拥败絮，曷敢藉轻绒。佳贶意何厚，深辞惧不恭。南屏霜雪里，披此看岩松。”写自己落魄京师而得厚赠，并非常谦虚地表示不敢辞让“深辞惧不恭”，想象冬日雪景中，披袍看松的浪漫情景。于此可知，作为诗人方文的文人秉性：很快忘却眼前的困苦，所绘前景令人悠然神往。

方文干谒当道之诗，遍被其集。其他酬谢诸公卿之作也屡见不鲜，如《张武进环生》：“赠金累十镒，深衷犹未匮。”《梦崔正谊李溉林二明府见访谈笑竟夜醒而有作》：“知我窭且贫，厚贶无吝颜。”伴随着方文谋生的足迹，其谋生之策略通过诗歌一一记录下来。《嵞山集》便清晰地记载了方文以遗民身份游走于新朝新贵之门的踪迹：南北奔走，诗酒文会，几无虚日。方文《四令君诗》中四君分别为：梁平叔，字应奇，四川嘉定人，庚辰（1640）进士；张环生，字国枢，北直景州人，庚辰（1640）进士；崔正谊，字抡奇，河南夏邑人，丁亥（1647）进士；李世洽，号溉林，北直束鹿人，丁亥（1647）进士。四人在不同时期，均给方文以极大资助。

方文在京师，与宋琬相见，二人意气相投。宋琬有《方尔止访余北平未几别去》（其二）："佳人绝代应难再，好友无家愧此生。惜别莫将滦水照，二毛萧飒倍堪惊。"方文的流浪和萧瑟，使宋琬因没有能力提供帮助而深感惭愧，"好友无家愧此生"，可知宋、方友谊之深。宋琬被诬免官辞京，方文前来安慰送别，宋琬《夜雨留方尔止宿次日将之宣州》有"长镵聊赠汝，为伴薜萝衣"，大概赠给方文一把名贵的宝刀，足以供方文行途防身之用。此外，宋琬任职宣城时尤给方文以更多的资助。方文以遗民之身游于大吏之门，文酒盛会，殆无虚日：

> 《正月十九日龚孝升都宪社集观灯》自注："同集者赵洞门鸿胪，严子餐给谏，吴岱观孝廉，谈长益、陈胤倩二处士，吴园次、赵友沂二中秘，吴苍浮山人。"

> 《人日吴园次中秘招集兴诚寺古槐下》自注："同集者龚孝升都宪，石仲生学士，吴岱观孝廉，赵友沂中翰。"

> 《六月望日陈阶六黄门社集分韵》自注："同集者关中韩圣秋，闽中许天玉，粤东程周量，湖南赵友沂，浙东倪玉纯、陈胤倩，云间张友鸿、吴六益、朱韶九，淮上靳茶坡，广陵吴园次、刘玉少，金陵白仲调，宛城徐次李。"

> 《丘季贞西轩社集分韵》自注："同集者刘阮仙学士，姜真源御史，姚山期、鲁仲展、张祖望、何綮音、诸骏男，宋份臣、张伯玉、胡天放、张虞山、阎再彭、程维东娄东。"

在很多诗歌的题后，方文都自己题注，记录了参与集会的人员名单。透过一个个的名单，我们了解到，方文于京师所交，除了少数僧人、布衣外，几乎都是仕清的达官显贵。需要特别提出的是，方文所交除上文所提之外，尚多次登入施闰章、周亮工、周礼观、王泽弘、吴百朋、徐乾学、曹溶、梁清标等顺康间显宦之门，文酒流连，纳粟受金，赋咏他们之间的深情厚谊，曾无愧赧。顺治十五年（1658）作《会试榜发久不得报有怀同社诸子》诗云：

诸子皆耆旧，亡何试礼闱。
便应骧首去，未许卷怀归。
辇下新朝服，山中老布衣。
高鹏与低鹞，各自一行飞。

这反映了国变后一部分不仕不隐者的生活策略。方文不以仕隐殊途，而从达官显贵游，既不见忌于其当时，也未避讳于后世。因为方文向以为：交游未必斤斤绳墨于忠义节操，人各有志。

友人的赠送终究有限，在自己经济并不宽裕的前提下，仕清旧交不可能持久地资助方文。对于新贵来说，除了精神可敬和诗酒交流外，遗民方文不可能给他们带来仕路前进的便捷，或许可能成为障碍。日久天长之后，方文不得不离京。临行，友人云间吴懋谦（六益）赠诗以别，《别方尔止》：“同作京华客，君先我独行。浮云吹落木，斜日出高城。萧瑟悲生计，驱驰傍友生。到时黄菊候，共尔醉莼羹。”已仕新朝的吴懋谦此诗奥秘微旨，深具暗示性。将自己放置于方文的位置，他认为方文“萧瑟悲生计，驱驰傍友生”，不如归去，并表示自己不久也将归隐，到时将与方文共醉黄花。可以推测，吴懋谦只是对落魄遗民的一种安慰，他自己并未决然辞官以隐，眼前得之不易的衣食俸禄较黄花醉酒更具吸引力。

二、莫笑西川杜工部，也从人乞草堂资

生死存亡之际，有尊严地活着较之屈辱而死更为重要，令人敬仰的杜甫即终生依靠友人的帮助养育他的诗学生命，杜甫给予方文以巨大鼓舞。方文《建昌访魏竟甫明府》："莫笑西川杜工部，也从人乞草堂资。"北游一载，在京城行医所获和友人馈赠及南回途中多得游资，使方文回到金陵，得以娶故殉难汪公伟①之女为妻。《徐杭游草·和东坡先生除夕三首》自注云："己亥（1659）元日作。"其二："去年游北塞，迢递归来迟。风尘徒自苦，悔咎莫可追。今年返南国，卜居淮水涯。娶妇得椎布，宛如赁舂时。"继游杭州，住宿灵隐寺。寺中愿云禅师乃方文旧友，二人彻夜叙谈而不知倦。西湖之游，受到范佥宪的热情接待。旋归金陵，李观察溉林出巨资助方文购买处于金陵黄金地段环境优雅的著名山庄——宋家园。

这区知名别墅，足以使方文度过了一段幸福时光。《归思》："草堂三树石榴花，五月开时烂似霞。夜夜残红满阶砌，朝朝新绿上窗纱。细君曾釀葡萄酒，小婢能煎茉莉茶。况有胡床铺楚簟，主人何事不归家。"蝴蝶萦舞其梦乡，饰以缤纷的回望。鲜花满径，残红砌阶。小妻亲酿葡萄酒，心神俱醉；婢女所煮茉莉茶，清香四溢。神采飞扬，荡落一地芬芳。没有什么可以抵挡这种真情的诱惑。"家在青溪古寺东，闭门休夏与僧同。参差水竹不愁暑，烂漫园蔬未觉穷。况有闲书消永日，因之高枕御凉风。一杯冷饮犹嫌热，绳系铜瓶坠井中。"园蔬蔚然成长，书籍可以增智，有酒足以供饮。天籁般的宁静，确已是生活极致了。除此之外，作为极讲情调的传统文人，尚有何求？

---

① 汪伟，字长源，一字叔度，休宁人。居江宁。崇祯元年进士，官至东宫讲官。京帅陷，以老母及幼子晋生托长子观，与继室耿氏自缢。

萧鼓画船桃叶渡，池塘芳草杏花村。

——《鲁游草·午日寄怀从兄绣山》

六朝风景在青溪，烟水苍茫路不迷。

——《西江游草·喜张绣虎卜居相近赠此》

秦淮曾卜筑，来往尽诗人。

——《西江游草·和龚孝升都宪送周元亮司农南归韵》

周亮工贬官出京定居金陵与方文别墅相邻。方文《和龚孝升都宪送周元亮司农南归韵》："草阁临桃渡，逃名学灌园。与君居密迩，无事日过存。鸡黍花间酌，风骚烛下论。藏书千万卷，对客任掀翻。"诗中写周亮工退居金陵，广泛交友遗民，说明他虽仕宦新朝但遗民情结却是难以泯灭的。而周亮工府藏书千万卷，"对客任掀翻"，可谓慷慨大度。周亮工即使被贬南归之后，也未能决然以隐。"逃名学灌园"只是他临时的一种生活过渡，他的心志不在城中山林，而在"魏阙"。不久，经过京师友人的周旋和运作，周亮工复官并得以荣升。而方文也辞家继续远游。在方文看来，桃源生活固然乃终生所求，北京之行所获资金已经娶妻置园消费殆尽，安居乐业只是一种理想。只有外出，方可获得较多的资金。身为遗民，缺少经济来源，在金陵繁华的桃叶渡口仅有一处高档别墅尚不足以养老，还需要在江边拥有至少十余亩的肥田。其《顾与治斋头话旧》曰："江边置产浑无计，门外求书尚有钱。"可知，方文卖卜所获可以养活家人及购置部分书籍。虽然也购置了简陋的房舍，如《将之兖州留别内子》："旧京新卜筑，偕隐正悠悠。"方文表示，希望能够与妻子耕织偕隐，相守以老，但是却缺少稳定的伙食，"家食无长策，囊书复远游"，"不是轻离别，依人可自由"，因此不得不背起行囊，踏上征途。《上巳渡江》："倦游才返石城阿，又被饥驱奈若何。”于是，方文再度踏上远游征程，继续行医卖卜采药谋资。

北上山左，依友人赵司理，一去数月。尽管方文一直住宿僧舍，但日已长久，赵司理不可能有足够的资金供养方文，终因经济问题方文与赵司理之间产生了不愉快，致使方文慨然返金陵。在《忆内》中表示："明年誓勿出，啜粥栖茅斋。"痛下决心不再出游，说明他与赵司理之间的矛盾非同小可。但因缺少文字记载而成为方文谋生途中的一段迷案。

顺治十八年（1661），西上江西。《九日饮周伯衡宪副署中同倪闇公作》："南州米价贱，游子棹歌长。薄命如鸿雁，谋生只稻粱。"可知，方文江西之行是闻知江西米价贱，专程赴江西购米。《西江游草序》："九月，尔止从秣陵溯江而上，直抵浔阳。已又涉彭蠡、憩章门，过十八滩，至虔州。岁暮回棹，复停萧水。春初始归。合四郡所作之诗题曰《西江游草》。"是《序》又云："自九江而南昌而赣州，所适皆贤主人。岁暮归自赣，取道临江，而余（施闰章）适官于此，尔止舣舟留十余日。"而西江之行，沿途采药行医占卜，以所资购买稻粮。《早春归思》："秦淮卜宅近林塘，自种畦蔬满院香。无奈绝炊逢俭岁，敢辞乞食向殊方。郁孤台下沾膏润，新喻溪边买稻粱。"随即雇用船只将所购买稻粱送往金陵，家人昂首以待。《寒食泊东流》："乡国经年别，家人待米炊。归途偏阻滞，安得救朝饥。"一去江西一年整，故里家人待米炊。归途受阻，道路难通，可知诗人内心的焦灼。故《送沈治先归宛兼寄令兄眉生》再度发问："何事栖迟久，仍嗟生计微。"

在江西生活困顿，路遇艰难时，曾写信请求友人帮助。《苦雨柬萧伯闇孝廉》："积雨经旬土锉荒，因思头白老萧郎。畸怀不肯干人禄，薄俗谁能饷尔粮。一卷残书消永夜，数竿修竹倚斜阳。虚疑令弟高州守，近日空栖亦渺茫（自注：伯闇弟赓九方守高州）。"头白"老萧郎"被困愁城，风气浇薄尢人施舍，一卷残书，一盏孤灯，数竿修竹，相伴永夜，翻过山的巍峨高岗，踏过水的蒹葭苍苍，在这风雨凄凄的秋夜，谁能饷“我”以食粮？如果有人助我，我将以一生的文字珍藏。且歌且泣的声音，缀满了方文的黄昏。千思万想中，想起友人弟为当地太守，我能否去拜访他？《早春归思》：“归去江南免饥馁，故人高义最难忘。”于山穷水尽处，望见彩云起。在行囊空空之时，太守伸出援助之手。

“饥驱使我向风尘。”方文的遗民生活态度超凡脱俗，尽管遭遇了许多谴责。黄州王泽弘《北游草序》云：“先生以处士而与公卿大夫游，又入其名诗题中，以此为诟议。”对于方文游走于名公巨卿间的行为，许多遗民表示疑惑甚至不满。但这些遗民生活在一个社会转型时期，不同的价值标准均可等量齐观。方文有自己的生命价值观，而责难者却用与方文对立的批评标准进行判断。但这些许责难并未影响到方文的遗民声誉和他的社会地位与身份。同为公卿的精神遗民王泽弘即对方文此举表示了诚挚的理解，《北游草序》云：“余谓处士与公卿大夫果有异乎哉！先生虽与诸公卿大夫游，其所赠答诗无一谀阿之语，自负甚高，寄托甚远……其肯以此取悦乎？况所谓公卿大夫皆先生向时风雨寤寐数十年不渝之交，如以仕隐殊途，遂欲与数十年朋友之交绝其于诗人忠厚和平之意远矣。”曾为遗民后又改辙出仕的计东（甫草），易代之际无以为生，认为生长江南，江浙诸山大都芊绵浅纡，靓秀雅润，习见不足观，乃出游四方。尝自京师，北走宣云，南历洺漳邢魏，东之兖州，广交友人，开阔了眼界，故尤侗《计甫草传》云计东“壮游河朔，间循太行之麓，观林虑、苏门、王屋诸山。复从虎老循北邙之麓，观伊阙缑氏、轘辕熊耳，登嵩山二室之巅，见涧瀍伊洛，四水合流，如带之奇丽，然后叹江左之所习见者，诚未及焉”，其“遍览山川云物草木虫鱼之状，所至结交贤士大夫”。计东漫游名山大川，其所依之资来自所交之贤士大夫。如果没有这一经济支持，计东的浪游将寸步难行。方文的新贵之交，在其诗中，都以其官职相称，并做忠实记录，这非但不能说明方文阿谀新贵，而恰好证明了方文的真诚和纯洁，布衣端坐傲公卿。当时及后来的人们不得不承认方文以气凌人的独立人格已经达到了一个新的生命高度——愿做一只浴火凤凰，为稀有的遗民照一段前路茫茫。

方文通过自己高超的医术和占卜来确立和强化自己的文化身份，并借此昭示他与当代文化名人、新旧权贵的关系，以此建立和巩固自己在文化圈的地位。因此，游走行医对方文来说，既是谋生的手段，同时也是自我宣传的手段，通过这种特殊的社交方式构筑起他与文化圈发生关系的机会。

易代后方文所交新贵及新进士表：

新贵姓名	官职	出处	卷数
李溉林	知县	《寄酬李溉林明府》	《嵞山集》卷一
梁狄	县令	《梁宣城平叔》	《嵞山集》卷一
	兵部	《梁公狄兵部》	《嵞山续集》卷三
张环生	县令令	《张武进环生》	《嵞山集》卷一
崔正谊	高淳令	《崔高淳正谊》	《嵞山集》卷一
	计部 户部	《烟水亭歌为崔正谊计部作》 《崔正谊户部》	《西江游草》 《嵞山续集》卷三
魏竟甫	知县	《将去彭城留别魏少尹竟甫》《南康重晤魏竟甫明府有赠》《建昌访魏竟甫明府》	《嵞山集》卷二、卷五、卷九
孟六玗	县令	《赠孟六玗明府》	《嵞山集》卷三
王雷臣	御史	《王雷臣侍御招同沈仲连李叔则梁公狄夜集黍酒宋瓷喜而作歌》	《嵞山集》卷二
王望如	广文	《润州访王望如广文》	《嵞山集》卷五
徐子九	知县	《雨夜宿徐子九明府署中》	《嵞山集》卷五

续表

新贵姓名	官职	出处	卷数
宋琬	计部 观察	《初度日宋玉叔计部载酒见访因偕萧尺木罗天成登范罗山限春光二字》 《喜晤宋荔裳观察四首》	《盦山集》卷五 《盦山续集》卷四
窦某	计部	《清明日饮窦计部署中观剧有感》	《盦山集》卷五
毛卓人	学博	《赠毛卓人学博》	《盦山集》卷五
龚鼎孳	都宪 尚书	《喜龚孝升都宪至》 《合肥投赠龚芝麓尚书》	《盦山集》卷五 《盦山续集》卷一
苏虞明	金吾	《送苏虞明金吾还朝》	《盦山集》卷六
金天枢	侍御	《送金天枢侍御还朝》	《盦山集》卷六
白安石	司理	《送白安石先生司理滇南》	《盦山集》卷六
马倩若	知县 参军	《送马倩若令阳江》《定陶署中与马倩若夜话》《沧州饮马倩若参军》	《盦山集》卷六 《北游草》
关某	知县	《丹阳访关明府》	《盦山集》卷六
徐伯羽	太守	《初至南昌柬徐伯羽太守》《徐太守招同胡司李薛星子黄山人夜集》	《盦山集》卷八
孙鲁山	司马	《孙鲁山司马招饮谈匡庐之游甚快》	《盦山集》卷八
薛星子	知县	《赠星子薛明府》	《盦山集》卷八
胡石林	司理	《胡石林司理夜集郡斋谈诗甚快有赠》	《盦山集》卷八
彭某	知县	《都昌南楼柬彭明府》	《盦山集》卷八
姚若侯	县令	《姚若侯署中见访并有所馈赋此答之》	《盦山集》卷九
夏汝明	学博	《中秋饮夏汝明广文署斋兼别阮睿卿戴其怀章明卿马嘉甫章仲衍何九亨毕晖吉诸子》《送夏汝明学博迁江宁兼寄顾与治纪伯紫余澹心诸子》	《盦山集》卷八、卷九

续表

新贵姓名	官职	出处	卷数
石仲昭	知县	《石仲昭明府枉驾草堂》	《嵞山集》卷九
郑恪庵	知县	《柬郑恪庵明府》	《嵞山集》卷九
潘含仲	广文	《赠潘含仲广文》	《嵞山集》卷九
方圣羽	广文	《送宗兄圣羽博士训江都》	《嵞山集》卷九
范正	民部	《赠范民部正》	《嵞山集》卷九
方播	民部	《饮从兄播公民部》	《嵞山集》卷九
李绣波	知县	《赠李绣波明府》	《嵞山集》卷九
朱卓月	总戎	《同豹人圣羽饮朱卓月总戎宅》	《嵞山集》卷九
贡鹿田	学博	《赠贡鹿田学博》	《嵞山集》卷九
许松牖	知县	《送许松牖令粤东》	《嵞山集》卷九
王涓来	秘书	《王秘书涓来斋头夜集》	《北游草》
程其相	詹事	《程詹事其相斋头夜集》	《北游草》
魏石生	都察院左都御史	《奉酬魏都宪石生》	《北游草》
吴锦雯	司理	《闻吴锦雯授苏州司理喜而有寄》	《北游草》
顾见山	水部	《夏镇赠顾水部见山》	《北游草》
柳凤詹	中丞	《扬州访柳凤詹中丞感旧》	《北游草》
刘某	知县	《天台图歌为迁安刘明府初度》	《北游草》
方子诒	比部 中翰	《古藤歌为兄子子诒比部作》 《入都访兄子子诒中翰》	《北游草》
丘季贞	文学	《通州道中遇丘季贞文学》	《北游草》
吴见末	郎中	《虎坊桥访吴见末郎中》："吾友本高士，虽官仍素心。"	《北游草》
曹淮湄	大行	《报国寺访曹淮湄大行》	《北游草》

续表

新贵姓名	官职	出处	卷数
吕孝芝	知县	《纹上赠吕孝芝明府》	《鲁游草》
陈斗山	太守	《济宁赠陈斗山州守》	《鲁游草》
吴雨苍	知县	《东阿赠吴雨苍明府》	《鲁游草》
余中台	知县	《永年赠余中台明府》	《鲁游草》
邓叔奇	太守	《寄怀莱州守邓叔奇》	《鲁游草》
施闰章	学宪 少参	《七忠祠读施尚白使君碑记》 《答施尚白少参见访之作》	《鲁游草》
方蛟峰	兵宪	《闻从子蛟峰补济宁兵宪寄此》	《鲁游草》
赵无损	进士	《七夕宿赵无损进士村居兼晤姚山人冬只》	《鲁游草》
张获木	知县	《嘉祥赠张获木明府》	《鲁游草》
许复庵	太守	《广平赠许复庵太守》（许先守曹州）	《鲁游草》
董澹园	知县	《过彭泽有怀董澹园明府》	《西江游草》
章翌兹	司理	《赠章翌兹司理》	《西江游草》
赵千门	司理	《赠赵千门司理》	《西江游草》
周计百	司理	《留别周计百司理》	《西江游草》
黎左严	学宪	《李太虚宗伯招同黎左严学宪饮陈士业征君读书楼用王子安体限楼字各赋诗三章》	《西江游草》
高淑观	知县	《赠高淑观明府》	《西江游草》
周元亮	司农	《和龚孝升都宪送周元亮司农南归韵》	《西江游草》
陈元夫	别驾	《赠陈元夫别驾》	《西江游草》
贾曜南	总戎	《赠贾曜南总戎》	《西江游草》
徐子星	给谏	《寿徐子星给谏母夫人》	《西江游草》
刘山臞	学宪	《赠刘山臞学宪》	《畲山续集》卷一
曲宪章	太守	《赠曲宪章州守》	《畲山续集》卷一

续表

新贵姓名	官职	出处	卷数
程昆仑	别驾	《早春喜程昆仑别驾见访即送其还润州》	《嵞山续集》卷一
鼎实	刺史	《和鼎实刺史渡江见访赋此送之》	《嵞山续集》卷一
房仪凡	兵曹	《书房兵曹仪凡先生传后兼赠令嗣兴公进士》	《嵞山续集》卷一
何元长	太守	《忆昔行赠湖州守何元长》	《嵞山续集》卷一
程姜若	别驾	《赠程姜若别驾》	《嵞山续集》卷一
王渔洋	司理	《摄山纪游六十韵》（同王阮亭祠部作） 《扬州访王贻上司理并为其三十初度》	《嵞山续集》卷一 《嵞山续集》卷二
郇某	知县	《早春寄郇明府》	《嵞山续集》卷一
吴某	少府	《京口投吴少府》	《嵞山续集》卷一
周亮工	宪使	《读画楼诗为周栎园宪使作》	《嵞山续集》卷一
姚六康	知县	《石埭访姚六康明府》 《泉酒行柬姚六康明府》 《重至石埭访姚六康明府》	《嵞山续集》卷一 《嵞山续集》卷二 《嵞山续集》卷二
苏冏卿	祠部	《谒苏冏卿祠兼赠其嗣君凝之》	《嵞山续集》卷一
汤荆岘	太守	《喜汤荆岘使君见访即书其母恭人节烈传后》	《嵞山续集》卷一
张梦敦	庶常	《张梦敦庶常见访有作赋此酬之》	《嵞山续集》卷一
朱石者	少参	《市隐园歌赠朱石者少参》	《嵞山续集》卷二
戴丝如	知县	《赠戴丝如明府》	《嵞山续集》卷二
魏崑林	冢宰	《魏崑林龚芝麓总宪同时患书感赠》	《嵞山续集》卷二
王皑文	学博	《送王皑文学博之官京口》	《嵞山续集》卷二
黎愧曾	知县	《送黎愧曾之任永新兼寄青原长老》	《嵞山续集》卷二
孙鲁山	侍郎	《三月三日邀孙鲁山侍郎饮李笠翁园即事作歌》	《嵞山续集》卷二

续表

新贵姓名	官职	出处	卷数
田雪崖	司理	《题画为田雪崖司理寿》	《盦山续集》卷三
刘尔符	知县	《赠刘尔符明府》	《盦山续集》卷三
叶御涛	广文	《哭叶御涛广文》	《盦山续集》卷三
王泽弘	侍讲、礼部尚书	《王涓来侍讲书至》	《盦山续集》卷三
李武曾	遗民	《送李武曾之上谷》	《盦山续集》卷三
余中台	兵部	《余中台兵部》	《盦山续集》卷三
郭昆冶	太守	《留别郭昆冶太守》	《盦山续集》卷三
戴其怀	学博	《酬戴其怀学博见访之作》	《盦山续集》卷三
汪甓亭	学博	《润州访汪 亭学博》	《盦山续集》卷三
吴伯成	知县	《赠吴伯成明府》 《吴伯成明府招同秦留仙太史周子俶顾修远》	《盦山续集》卷三 《盦山续集》卷四
宋其武	少参	《宋其武少参枉顾舟中兼送酒资谢之》	《盦山续集》卷四
岳镇九	进士	《赠岳镇九进士兼怀赵无损》	《盦山续集》卷四
周元亮	太守	《送周元亮使君之任青州》	《盦山续集》卷四
任玉成	御史	《寄任玉成御史》	《盦山续集》卷四
何第五	太守	《送何第五之任广州兼怀施尚白周计百》	《盦山续集》卷四
方还青	少府	《喜从子还青少府见访感旧》	《盦山续集》卷四
孔士崇	太守	《送孔士崇之任宣平》	《盦山续集》卷四
毋承乾	刺史	《留别毋曹州承乾》	《盦山续集》卷四
赵月潭	太史	《送赵月潭太史归无锡兼怀牧斋先生》	《盦山续集》卷四
吴见末	刺史	《吴饶州见末枉驾草堂出其近诗相质因及孟贞与治有感而作》	《盦山续集》卷四
岳声国	进士	《喜晤岳声国进士》	《盦山续集》卷四

续表

新贵姓名	官职	出处	卷数
叶滋羽	知县	《叶明府紫羽招游罨画溪》	《嵞山续集》卷四
曹子顾	秘书	《曹子顾秘书见访感旧》	《嵞山续集》卷四
彭旦兮	太守	《送彭旦兮之任丹阳》	《嵞山续集》卷四
李长文	刺史	《扬州柬李长文使君》	《嵞山续集》卷四
王诒白	广文	《王诒白广文招同董文友陈赓明游青山庄》	《嵞山续集》卷四
陈碧涵	学博	《陈碧涵学博招饮有赠》	《嵞山续集》卷四
邓元昭	太史	《邓元昭太史招饮中林堂因访前辈市隐园诗》	《嵞山续集》卷四
秦留仙	太史	《吴伯成明府招同秦留仙太史周子俶顾修远》 《三月晦日秦留仙太史招同诸子宴集有赠》	《嵞山续集》卷四
吴畊方	著作	《将之晚口留别吴耕方著作》	《嵞山续集》卷四
杨静山	太史	《午日杨静山太史招看龙舟因出北门看竹》	《嵞山续集》卷五
王子言	秘书	《访王子言秘书留饮竟日有赠》	《嵞山续集》卷五

第四节　普天何处寄吾身：方文行游途中的住宿

《石城晓发》："淮南归未久，又作浙西游。客路虽嫌暑，悲心不待秋。"淮南游归旋即启程赴浙西，尽管酷暑炎炎，但生计所迫，必须日夜兼程，无暇以待秋凉。可知方文客路征程，奔波不息。《初晴》："策蹇愁荒道，闻鸡戒夙兴。薄云山雨果，密叶露华凝。"饥驱风尘，雁阵声声，骑着毛驴夙兴夜寐，行走在求生存的苍茫古道上。阅读《嵞山集》，我们看到的永远是奔走在旅途中的方文。北游燕赵，东游齐鲁，吊古于金台庐龙，望先朝宫阙。登岱宗，谒孔林，游彭城，览西江，下杭州，出赣州，游南昌，客死安徽芜湖。一生在行走，一生在漫游。《初度·戊子》："春初每一出，岁暮始言归。"在方文的诗歌中，屡屡有除夕、岁暮的感慨，说明方文辞家远行，前路漫漫，往往岁末归里度除夕。《元日书怀》(1650)："普天何处寄吾身，且向芜江暂隐沦。"方文一生行走在路途中，三十余年奔波旅途，其行途的住宿如何解决？

一、驰书闻茂宰，有客到城边：投宿官府

南北奔走，卖卜行医卖文，曾主讲岳麓书院半载。《归枞川》："千首诗篇传岳麓，半年妻女饿江村。"可知，方文授馆束脩极微，不足以养家。辞馆而入山采药，借宿僧寺。所趋之处，金陵、镇江、嘉兴、苏州、杭州、松江、宣城等。《寒食道中 乙酉》："柴车春出郭，路遥蒋山西。云树瞻新阙，梅花忆故溪。村畈喧社鼓，蚕女踏香泥。笑指前坡客，劳劳逐马蹄。""世乱强为客，家贫长傍人。"方文匆匆如鸿雁，自谓生性爱游览，而事实上则拚飞为稻粱。奔走之途，沿途所经之地，如有友人之居或官人之署，方文多会主动拜访，不仅得到盛情款待，而且尚能少许寄居寄宿友人之家、官人之署。宋琬的署衙与驿站，多次为方文提供食宿。《雨夜宿宋玉叔署斋分韵明日将之宛陵》："江阔雨冥冥，孤査傍驿亭。"临行，宋琬"厚禄"方文。宿窦计部官署，饮酒观剧，"驰书闻茂宰，有客到城边"（《雨夜宿徐子九明府署中》)。与太湖令李溉林的友情非比寻常，多次住宿李之官署，见《寄怀子建李明府署中》等。此外，友人宅第也往往可为方文提供食宿，见《雨夜偕葛元士宿徐川生山房》。足至江西，曾宿沈瞻球宅，见《金井坎宿沈瞻球宅》。在安徽，住宿范氏楼，《皖上宿小范寓楼》："年年恨离索，今夜得同床。"《孔千一招同巫川南夜饮留宿各有赠》："不须归旅寺，吟榻称吟身。"宿友人梁瑞家，见《十六夜同徐云吉胡彦远宿徐梁瑞家》。又

曾留宿罗天成宅，《七夕后一日宿罗天成寓斋留别》："风雨留人须借榻，湖山何处再论诗。"在太湖，曾借居章端甫，《太湖咏竹题章明卿壁》："我昔游熙城，借居章子屋。屋虽不甚广，门径颇幽曲。"广陵之游，如《正月六日范麋生家试灯予与沈仲连留宿》中看。而从《潘江如钱驭少陈升东张则之共集皆山楼送予归是日大雨予与江如借宿》中看，则是行途中遭遇暴风骤雨，主动要求留宿。固然也有情深之友留方文久住。有时住宿舟中，《舟中书怀》："长江无陆路，孤客任舟行。"此外，当所有的住宿途径均难以找到时，亦偶尔寄居旅馆。游芜湖范罗山，驻宿旅店，如《除夕前二日柬胡彦远程穆倩》(1656)："等闲抛却不归去，旅馆寒灯一枕歌。"至于长期行医之处，方文便多租赁房屋，如在芜湖，就有方文长期行医的诊所，邢昉《得方尔止书以医卜客鸠兹因寄二首》有"闻君赁一廛，卧对赭山烟"。

二、入郭先寻寺：投宿寺庙

百里人烟少，蔬盘就野僧，"半生作客总南方，不是僧房即道房"(《戏题北平寓壁》)，可知，僧寺即是方文的栖居之所。而长期行医之处则租赁房屋，《过杜生之小饮》："瓦官一别十三年，家计萧条不似前。饮量尚能盈斗酒，生涯只有赁屋钱。"易代烽烟后，重游金陵瓦官寺，家计萧条，生活惨淡，尽管酒量尚可豪饮，如今已囊中羞涩，袖中银两只够支付房租。可知，方文行游中，无论生计如何惨淡，他都努力保留租房的银两。

方文的谋宿策略是，凡有友人为官之区，他大多会事先派仆从驰书报信问安。《初至南康柬徐伯羽太守》记录了方文初至南康，使让仆人送柬与南康太守徐伯羽，徐太守召集当地遗民共聚刺史堂为方遗民接风洗尘。从方文全部诗作来看，某高官举办一场酒宴邀请相关人员参与的高规格接待，几乎方文足迹所至之处都能够幸运享受。但真正视为知己，为他提供住宿和旅资者并不多。多数官员尽地主之谊后便感到情意已尽，对于方文的食宿不再关心和过问，而馈其酒米的往往是方文的同道者——隐士与遗民。这个社交的群体决定了方文出游以寄宿僧寺为首选。入郭先寻寺，依沙且系船。

崇祯十三年（1640），赴金陵应试，宿城西瓦官寺。《泊燕子矶送客》："潮声寒入寺，雨气夜侵衣。坐久灯花谢，愁多酒力微。明朝江口别，谁与上岩矶。"

崇祯十四年（1641），居金陵瓦官寺读书交游备应举。《怀蔡四摄山兼问朗三越游消息》："古寺谈经春复秋，闲身无恙日优游。"说明方文终年借宿僧寺。

崇祯十五年（1642），宿宛陵乾明寺。《乾明寺杂咏》："野寺荒凉三五间，避人于此暂休闲。身因小病昼犹卧，门为长贫夜不关。溪上汲水老僧去，松下负薪童子还。众鸟孤云宛如昨，相看不厌敬亭山。"同年冬，至杭州，住钱塘菩提寺度岁。

崇祯十六年（1643），至金陵南瓦官寺读书，备应举，寺庙环境幽僻。

崇祯十七年（1644）春，过无锡，寄住惠山禅寺，有《惠泉歌》；夏，抵杭州，宿湖南寺，《嵞山集》卷四《哭何鞠亦》"昨夏湖南寺，携尊送我归"；秋，抵浙江武康，寄住报恩寺。十月，返金陵，与朱鹤龄读书瓦官寺。寺中有较多诗作，描写交友情状。《夜集沈佩彝水阁因偕过吴锦雯》："客寺愁萧寂，移琴就尔弹。"《蔡鲁子携尊见访》："抱病眠僧阁，交游万事慵。"《偕朱长孺登凤台兼怀吴日生》："三岁依邻寺，闲房秋让君。钟声犹未远，树色许平分。"《吴日生见访瓦官有赠》"埋照瓦官阁，登临只古台。可怜梧竹冷，重睹凤凰来。僧供有粗饭，家贫无旧醅。邻翁赊已许，赊到即衔杯。"

顺治元年（1644），避兵汾湖，艰于衣食，乞食常州，途经嘉善，寄宿水月庵。（《嵞山集》卷六《水月庵同盛伯含宿，兼呈退谷师》）。至常州，寄寓僧寺。《毘陵答杨逢玉送米》："霜风吹破寺，流落借僧居。”至镇江，小驻甘露寺，《甘露寺访范小范》：“雅游穷胜概，小寄亦名山。春树岛千里，夜床僧一关。古楼传米芾，新什和王湾。郭外经过少，吾徒日往还。”《重过润州上方寺》：“出郭寻古刹，林僧乃旧交。竹房容借榻，蔬食不惊庖。田野客稀到，衣冠暑尽抛。东偏余隙地，吾意欲诛茅。”卖卜金陵，寓凤台寺，遇友人范小范。《凤台秋夜》：“一雨退残暑，竹房秋气多。阴虫鸣露草，晕月隐庭柯。范叔寒如此，庄生梦若何。无衣愁卒岁，江上整渔簑。”

顺治二年（1645），卖卜镇江，寻友人邬继思、秦汝霖话旧，寓上方寺。《润州早发》：“才停京口棹，又挂武林帆。白露水千里，青箱书一函。”秋，过金陵，寓凤游寺。见陈篮姜《过凤游寺访尔止师》。中秋，抵杭州，寓菩提寺，寻吴百朋话旧。

顺治三年（1646）、四年（1647），辗转江南卖卜访游，行踪匆匆。《秋夜怀汤仍三》：“寺从钟后寂，月向树梢明。”

顺治五年（1648），至湖北麻城，行医采药访僧，见《麻城赠枯木大师寺十八韵》。居两月归，秋抵金陵，寓广陵。龚鼎孳《和答方尔止》“医卜存吾道，林皋远积霾”，即表示了对方遗民求生方式的赞同和理解。冬困金陵古寺，《除夕》：“城西古寺聊栖止，今夜惟应伴佛灯。”

顺治六年（1649）秋，卖卜芜湖，宋琬榷关芜湖，分俸万钱以济。《永平访宋副宪玉叔》：“君昔官司农，弭节芜江边。是时我卖卜，逃名隐市廛。故人疏相遇，执手情欢然。饮我以酒浆，和我以诗篇。更念旅食艰，分俸至万钱。”冬，至当涂，寓僧寺，听觉浪大师讲《易》十日。返芜湖度岁，宋琬再分俸，《祀灶日宿宋玉叔官舍有感》：“幸有故人分厚禄，羞将长句益悲酸。”

顺治七年（1650），卖卜芜湖，宿萧寺。《元旦抒怀》：“普天何处寄吾身，且向芜江暂隐沦。卜肆尚能言孝弟，医方犹可立君臣。”至广陵，参加遗民聚会，宿僧寺。《汤仍三即事》：“野寺日将没，香台月又新。……客访如来理，僧谈过去因。”《送纪伯紫归旧京》：“寺客皆行矣，惟存尔及予。酒杯看眷恋，江路且踌躇。”至常州，宿《天宁寺》：“山刹疑千百，城中此寺孤。客来聊假寓，兵过即荒芜。”顺治八年（1651），至苏州，寓寺庙，《赠林殿飏》：“我来姑孰城，侧身寄萧寺。密竹当窗牖，霜风动寒吹。”

顺治九年（1652），卖卜至芜湖，沿途寄居僧寺。《七夕同少月既白汉侯饮朗公房即事》：“老僧不饮留人饮，只为诗情与众同。”入江西，冬，在鄱阳湖一代卖卜行医，冒雨寻山找野寺，《宿栖贤寺》：“山僧供客惟粗饭，佛殿安单有敝帷。爇火那知薪炭费，拥衾不惮雪风吹。五更窗外啼声怯，想是林猿夜失儿。”游庐山，先后住开先寺、黄岩寺，有《开先寺赠曹源禅丈》：“芒鞋踏破岳千层，只见云山不见僧。惟到开先青玉峡，始逢尝住佛图澄。”《黄岩赠山子禅丈》：“幽栖合有高僧住，妙义能令游子欢。”

顺治十年（1653）春，到修水，宿荒城野寺。寺破不堪住，停车一夕即启程归，见《盦山集》卷三《建昌魏明府招饮署斋即席作歌》；途中宿宝筏禅堂，《宝筏禅堂赠大愚越尘二上人》：“山城问槁师，孺子悉能知……汩汩风尘客，今宵借一枝。”《富池口》：“棕榈余古木，小坐啜僧茶。”冬，寄居旅舍，有《徐园看腊梅花》；云居山真如寺访晦山大师，逗留多日，有《云居访晦山大师赠十韵》。《题陶上人琴竹轩》：“凄凄山风响竹林，山僧唤作自鸣琴。”回建昌，留锦山寺，“破寺只宜孤客寓，高冈惟见一城烟。……忽见茶炉玉活火，老僧重与汲山泉”。“寒夜苦无酒，贫僧每饷茶。漫言身是客，不信寺非家。”过天宁寺，“古寺有缘重借榻，老僧相对每衔杯。风吹破壁遮仍透，雪打空林扫复林。怪得五更衾独冷，图书俱是白皑皑”。顺治十一年（1654），抵家枞川。

顺治十二年（1655），宿山谷寺，居住三月之久。《山谷寺短歌》：“我来三月重三日，僧房道院俱萧瑟。惟有流泉似昔时，潺潺仍自溪中出。”《锦山僧舍》：“寒夜苦无酒，贫僧每饷茶。漫言身是客，不信寺非家。漏下钟声动，风来幢影斜。明朝何事喜，灯蕊预开花。”至金陵，寓居僧寺，暂住孔千一官舍。又有《孔千一招同巫川南夜饮留宿各有赠》：“高阁来寒夜，深杯送老春。不须归旅寺，吟榻称吟身。”回金陵，寓僧寺。是年暂回枞川，送友人游广陵，“新秋共泛澄湖月，累日还栖野寺烟”。途中，访元白禅师（《江上寄元白禅师》），寓高座寺。抵广陵。

顺治十三年（1656），至扬州，居兴岩寺。《广陵会宋澄岚先生见赠》：“移寓兴岩寺，闻君先在兹。”邓孝威辞官归，相聚扬州，宿琼华观。《扬州遇邓孝威有作》：“适我避仇来水国，旧友凋零空叹息。岂料君从北地归，古寺同栖正欢剧。日夜相过不厌频，狂吟豪饮任天真。”（《夜同叔则季贞饮彦远僧舍限韵》）。启程北上京师。

顺治十四年（1657），寓扬州石塔寺，《扬州石塔寺宿介立禅师房》：“香供餐餐饱，新诗首首批。”途经徐州，寓一蒲庵，《予北征日张虞山赵天醉阎百诗枉送至清江浦因访谈长益不遇宿其僧舍次日长益来各赋诗七首》。过皂河，寓古刹，“与客抱衾投古刹，从僧乞席卧中庭”。十月抵京，寓天坛。次年（1658）又居慈仁寺。

顺治十五年（1658），七月南归，途经徐州，停留数日，宿铁佛寺，拜访众友。《彭城喜李条侯至》：“城南铁佛寺，荒僻似山中。僧舍我先寓，羁栖尔亦同。昼行双马出，夜话一灯终。”冬抵金陵，娶妻汪氏女。

顺治十六年（1659），买金陵城东宋家园，从此拥有自己的别墅。旋游杭州，寄僧寺，有灵隐寺、广化寺。思归无金，《饮陆丽京斋头因与刘望之留宿》“旅寺欲归愁路暝”，备感凄凉。“中宵风雨声凄切，俱是萧萧槭槭人”。出访，宿虞山归宗寺。

芜湖僧寺，镇江上方寺、西湖广化寺、灵隐寺、扬州兴岩寺，都是方文长久寄居之处。即使偶有被新贵所邀，也多住宿僧舍，《芜湖访宋玉叔计部感旧》:“论心只好来僧舍,不似南徐痛饮时。”“且莫入官署,假寓山僧房”,即使城外雪深三尺,下马不能立,手足冻已僵。《鲁游草·初至兖州赠赵五紘司理》记兖州赵司理“先寄双南金,以为道途资”,可知司理的盛情。但方文抵达兖州,仍然住宿僧舍,“僧舍一握手,狂喜不自持”。“我昨来南池,僧扉寄吟身”(《鲁游草·济宁赠陈斗山州守》)。无数个除夕于僧寺消磨,①《徐杭游草·喜陈伯玑移居相近赠此》:“我居江淮廿余年,年年税人居可怜。”

值得重视的是,方文所居僧寺,多为故友遗民汇集之所。也就是说,方文所寄宿的寺庙,多有遗民隐士,如《庐山访无可道人》。对于庐山之景,方文已经“驰情二十年。经过曾有咏,登眺却无缘。闻尔归栖此,令人兴勃然”。在庐山,一住即数月。弟子相留,途经鸠兹,登西山看望方文,兄弟相见,“僧舍且淹三夕话,佛灯尽读十诗”(《水崖哭明圃子留》)。有些僧仗即是方文昔日之友。“学《易》元同舍,研几尔独能”(《喜左又錞见访即送其归里》)。“吾亦知医术,平生慕董君”(《杏林》)。终其一生,方文《周易》《本草》不离身,直到晚年仍据此生存。友人雅聚,当友人开怀畅饮之时,“独我冷饮众惊异,方出《本草》无疑差”(《春日同孙豹人陈廷喜杨襟海吕又薛饮酒家》)。有时,方文的医卜之资足以使他醉酒当歌。方文之诗,都在漫游交友中完成,何事友朋情独恋,更兼文字习难消。方文卖文卖卜之旅,其所投宿除官府、僧房外,也偶尔有民舍,如其《戏题北平寓壁》:“半生作客总南方,不是僧房即道房。今出塞垣无可寓,暂栖民舍亦何妨。”据此可知,方文行至塞上,山川险峻,当僧寺难觅时,也到途经的民舍家借宿。

---

① 顺治十三年(1656)到康熙五年(1666),十年内方文有五个除夕在旅途中度过,丙申(1656)冬,栖息于淮水荒寺,独自凄凉过残岁;丁酉(1657)除夕,京城“燕山跨蹇驴”;辛丑(1661)除夕日始抵临江,“萧滩才舣棹”;癸卯(1663)除夕在山东,“荷泽又停车”。乙巳(1665),《临江天宁寺同半山上人守岁》。

此外，方文在经济宽裕之时偶尔也投宿旅店，《从吴用九乞炭》："前日移尊旅舍中，香炉只有一星红。许分榾拙添茶笼，不翅琅玕满竹笼。"终于无奈严寒，移住旅社。每当方文获得较为丰厚的修资归里度岁时，由于心情愉快，希望在前，途中投宿往往选择旅店。尤其在方文晚年，由于手中资金阔绰，旅行多投宿旅馆。晚年的方文极少有远游寄居僧寺的记录，同时借食僧人的描写也渐渐绝笔，而更多的是酒肆就食。《春日同孙豹人陈廷喜杨襟海吕又薛饮酒家》："润州城南多酒家，四山无数樱桃花。……是日千钱杖头挂，指点银瓶安用赊。"可知方文晚年的生活已经较为富裕，日耗千钱不足惜，慷慨豪饮不用赊，这是方文在以前从未有过的慷慨。此外，《京口与陈翼仲饮酒家作歌》《磨笄山下酒家同孙豹人陈其年谈长益何雍南程千一小饮作歌》《重晤黄仙裳因造酒家小饮怀旧有作》等都是方文酒家待客的记录。

解读方文作品，可以发现，寻找僧寺成为他仆仆旅程的首要使命。即使在京师，旧知新贵满京华，方文也主要选择投宿僧寺，因而几乎北京的僧人都与其结为相知。大雪投荒寺，微暄暴敝裘。由此，僧寺也成为方文诗中出现频率最高的意象。而从经济学的视角看，唯有如此，才可以为方文节省下巨额的住宿费用。

第三章

方文的经济运作与文学成就

作为文学史上走向巅峰的少数诗人之一，方文的名字没有引起文学研究者足够的重视。在明末清初的遗民研究中，方文是被人谈论不多的一位，这也许是因为顾炎武、王夫之、屈大均等的光芒过于耀目，也许因为方文并未成为历史上中流砥柱式的人物，从而造成了他的易被忽视。但无论对于清初遗民还是整个文学史，方文的作品都有着无可争议的重要意义，因为它代表了一个新起点。

方文在其当世就与陶潜、杜甫、白居易齐名。方文因四人均“壬子”出生而特请画家绘《四壬子图》。但陶潜等三人作为伟大的诗人已经进入中国文学史经典作家的行列，几乎家喻户晓，而方文却几乎湮没无闻。尽管他创作的总量在杜甫、白居易之上，共有数千余首诗，在其当时的文坛中，方文已经进入主流位置；但在其后的文学史上，方文的名字完全被忽略，知道其人者寥寥无几。方文的诗名与其本应有的文学地位远不相符。他的文名之所以没有引起重视，一是缺少研究者，因而不被传播；二是方文于明清易代前后从未踏入仕途，从未走进官场，以遗民而终，未步入“学而优则仕”的正宗行列而缺乏揄扬者。而陶潜尽管最后终于隐居，但他毕竟“误入尘网”三十年，杜甫、白居易都曾任朝廷命官，这样的经历使得他们隐而不“穷”；而方文之诗“穷而后工”，方文全部的人生旅程都崎岖于“穷”途之中，他的诗文作为他反观自我、固守自我及与外界社会进行调适的忠实记录，较之于陶、杜、白则更具有现实性和真实性。

第一节　方文的经济来源与运作

方文，一个近乎完满的遗民。燕京之游、山左之游、徐杭之游，广交旧交新贵，无非为年老积累一笔费用买宅安居以度晚年。京师之游回，在金陵购置了一座贵族曾住过的庄园。徐杭之游回，江边置产浑无计，购买田产的希望仍然渺茫。他也曾彷徨，但不曾失却信心。继续做西江之游，直至客死途中。方文一生占卜、行医、开馆授徒，讲《楚辞》《诗经》《周易》，卖文，以所获之资养母娶妻。此外，从其《予去宛后家人乏食萧尺木罗天成胡允右张与瞻各饷米一石归日赋此谢之》和《赠贡鹿田学博》"况出奇谋参幕府，也分薄俸及渔竿"等的描写中可以看出，方文开放的遗民意识，使得他从达官显贵处得到了数目非同小可的资助。

一、偶因怀抱合，遂许俸钱分：官员资助

在方文的经济来源中，对其帮助最大的是来自官员的资助。在他的诗文中可以看出，其所途经之处，都会沿途拜访各地官员，从低级的县属教谕、县令，到高级官员布政使、按察使，方文都自信满怀地登门拜访。方文途经徐州，徐州历史名胜黄楼岁久倾圮，魏太守捐俸修缮，从此，香火旺盛，游人如织。"是时我来自淮甸，与君登楼日欢。徐人知我是君客，磨石镌文待予撰。"（《北游草 黄楼歌为魏少府竟甫先生作》）为了纪念魏太守的恩德，徐州人民邀请临时造访的太守客人方文为黄楼撰碑文，并请刻工将碑文刻于巨石之上，使得后世千秋万代永记太守的政绩和光辉。由此，方文从魏太守处获得不菲的馈赠。

崇祯十五年（1642），江南北大荒，斗米千钱。友人梁应奇令宣

城，方文前去拜谒。梁县令慕其高义赠金五百两，方文一家得以躲过了是年漫延全国的饥荒。后方文有《梁宣城平叔》追忆“梁公西川彦，作令古宣城。……独予鼓枻来，辱君倒屣迎。下问颇不耻，时时枉柴荆。交贵白璧贱，谊重黄金轻。是时南国荒，江北复阻兵。妻子免沟壑，实荷君生成”，表明其对梁平叔的救助义举耿耿于胸，感激不尽。

卖卜常州，与学博毛卓人相识，兴味相投，为此，毛卓人分俸金二百资助方文。《赠毛卓人学博》：“毛札云，弟虽贫，犹能以二百金付家子晋处，为先生成不朽之业。”“偶因怀抱合，遂许俸钱分。勿谓斯言罔，丹崖翠壑闻。”友人张环生分俸馈赠，又赠以毛毡度冬。

顺治五年（1648），避难太湖，刘藏夫送酒米。《刘藏夫送酒米至却寄》：“君本采薇士，兼之忧患身。稻粱难自给，担石乃贻人。”

顺治六年（1649）秋，卖卜芜湖，宋琬榷关芜湖，分俸万钱以济。《永平访宋副宪玉叔》：“君昔官司农，弭节芜江边。是时我卖卜，逃名隐市廛。故人疏相遇，执手情欢然。饮我以酒浆，和我以诗篇。更念旅食艰，分俸至万钱。”（《北游草》）同年冬，至当涂，寓僧寺，听觉浪大师讲《易》十日。返芜湖度岁，宋琬再分俸，《祀灶日宿宋玉叔官舍有感》：“幸有故人分厚禄，羞将长句益悲酸。”徐子九分俸，《寄怀徐子九明府》：“日枉高轩光旅舍，更分廉俸润归程。别来两载弹琴治，闻说千家卖剑耕。”

顺治十一年（1654），姚若侯馈金，《姚若侯暑中见访并有所馈赋此答之》：“石田今岁又饥凶，蜗舍炎嚣午未舂。忽有轩车来委巷，只疑晴雪落长松。兼金正及贫时祝，老友应谙物外踪。争似昔年淮水畔，草堂一日一过从。”陈襄云送米，《陈襄云雨中送米走笔答之》：“才入荒城寻旅舍，又舂白粲饷衡门。”

顺治十二年（1655），修江令魏竟甫赠裘，《将去彭城留别魏少尹竟甫》：“君昔令修江，我曾一相访。是时天苦寒，雪片大如掌。短褐尚不完，敢作狐裘想。荷君脱裘赠，高义传吾党。”

顺治十三年（1656），嵇淑子等送酒，方文《嵇淑子胡天彷同日送酒诗以酬之》。

顺治十四年（1657），离广陵北上京师，过邗沟，宗兄方圣羽分俸。《留别宗兄圣羽学博》："送我北征还损俸，一钱应当百钱看。"

寓京师，方拱乾馈酒，王纲赠四宫杯，见《北游草·王燕又银台以四瓷杯见惠，云出自宫中者，赋此谢之》。《魏少尹竟甫以二裘见赠走笔谢之》："先贻睡貉毛温厚，后赐跑羔质轻软。此去幽燕终日暖，逢人便说使君情。"

宋琬馈茧袍，《宋副宪玉叔见惠茧袍谢之》："我今居营州，故人为监司。惠我山茧袍，古色如松脂。既非织缎华，又比轻绒贵。雅称山人服，服之有道气。忆昔润州城，与君兄弟居。衣我以莱葛，一着六年余。此茧亦莱产，视葛尤浑坚。愿言服无敌，奚止十余年。"（《北游草》）《永平访宋副宪玉叔》对当年宋琬赠金之谊流露感激："君昔官司农，弭节芜江边。是时我卖卜，逃名隐市廛。故人倏相遇，执手情欢然。饮我亦酒浆，和我以诗篇。更念旅食艰，分俸至万钱。"（《北游草》）宋琬同情于方文的落魄与气骨，赠送己俸万钱以助方文，解决了方文经济的困窘。

从兄方坦庵馈金。《从兄坦庵詹事有赠谢之》："残年频送酒，除夕又分金。笃念羁孤者，方知友爱深。"（《北游草》）

龚鼎孳赠以绒褥，《龚孝升总宪以古色轻绒褥见惠谢之》（《北游草》）。

陈阶六馈金，《北游草·陈阶六给谏饷金谢之》。

徐子九分金赠裘，《送徐子九归云间》："昔游江楚经亭州，与君一见深相投。既维我马授我馆，复酺我酒衣我裘。……分金虽少情则厚，临别河桥泪欲挥。"（《嵞山续集》卷二）

周计百留宿月余并馈金，《留别周计百司理二十韵》："我来章贡城，作客二十日。……世情慕荣显，谁肯敬隐逸。今秋南浦游，饥困人

莫恤。邂逅遇君子，倾盖成胶漆。邀我来虔阳，同舟且促膝。……更念客游苦，分金至四镒。”（《西江游草》）

在江西，友人陆汉东孝廉归粤，赠砚于方文。《送陆汉东孝廉归粤并谢其赠砚》：“江楼送客逢春雨，石砚遗予带墨痕。别后摩挲鸜鹆眼，长如良友共朝昏。”（《西江游草》）

宋其武赠金于方文，《宋其武少参枉顾舟中兼送酒资谢之》：“先公先子同门友，诗酒流连气谊深。……分俸虽微情自笃，结交元不在黄金。”（《嵞山续集》卷四）

杭州之行，寺僧刘望之留宿供饭并赠金。《赠刘望之》：“闻君栖破寺，僮仆亦萧然。……我来秋雨夜，得与对闯眠。茗粥差堪饱，何劳费酒钱。”（《徐杭游草》）可知刘望之身为僧人，对方文的资助只能尽心，所赠金不足以使方文安然返回，所以滞困杭州。当杭州友人慕明府来访之时，方文趁机索金，希望慕明府帮忙买一叶小舟返回金陵。《钱塘慕明府雨中见过》：“有客怀归归未能，栖迟荒刹似孤僧。新秋况值潇潇雨，长夜谁依黯黯灯。忽报轩车来北郭，也知恩泽偏西陵。时危不敢劳分俸，乞与京江一苇乘。”（《徐杭游草》）

在许多官员的资助下，方文不仅已经购置了足以安度晚年的豪宅庭园，而且积累了足够的资金。方文晚年，有关别墅待客、饮茶赏曲、诗酒雅集、迎来送往的文化社交活动便成为方文诗词中经常出现的题材，如《喜关中王幼华见访草堂》：“广陵城西木兰院，与君僧舍初相见。是日偏逢岳降辰，旨酒嘉鱼聚群彦。我年最长居上头，衮衮谈诗夜未休。座中欣赏君第一，从此心期胶漆投。”（《嵞山续集》卷二）鸥天别馆的休闲中，关中友人王幼华突然来访，令方文喜出望外。为表达旧友相遇的喜悦，方文特邀请友人欢聚一堂，一时群彦毕具，纵情豪饮，通宵达旦。自从成为鸥天别馆的新主人，方文的生活质量也得到了极大的提升。在不仕新朝的政治环境中，在人马喧嚣的都市里，在商业气息浓郁的江南，方文不仅保持了不贰的身份，而且保证了其可以达到的高质量的生活水准。

二、开馆授徒、讲经课义

官员的资助固然是方文经济收入的重要来源，但官员的资助并非连绵不断的永恒。伴随官员的升迁和移动，某些曾经的资助人也会突然断绝对方文的资助。官员的资助是不可期待的。因此，对方文来说，更恒久更可靠的谋生方式是开馆讲学，教授学生。而当讲学事业难以为继之时，方文也会以垂帘卖卜、治病相面作为经济的过渡和有效补充。

首先，方文最得心应手的谋生方式是开馆讲学。《七夕同少月既白汉侯饮朗公房即事》："老僧不饮留人饮，只为诗情与众同。蔬果况当星月下，园林俱在水烟中。敢言玄度寻支遁，且说《离骚》继《国风》。"自注："予为诸子坐讲楚词。"即写方文在一个环境优雅绿柳如烟的寺院的房舍作为授徒场所，为弟子讲解《离骚》。课毕后，方文邀请友人少月、既白、汉侯等共同饮酒赏月，诗酒雅集。

顺治七年（1650），兵乱之后，四方凋零，太湖县令李溉林为复兴地方文化，特邀方文讲学，并为方文招集生徒二十余人。方文《四令君诗》："庚寅冬，予重至湖。湖当兵火凋残之后，颇不能为膏沫地，然为予招集生徒廿余人，北面授业，修脡不薄。"诗中特别提到李县长给予修资"不薄"的待遇。但方文这份理想的收入很快就失去了，方文的诗中未写原因，因为次年，顺治八年（1651），方文便移居太湖，借居友人章端甫宅，自己开馆讲学，招收门徒。

顺治十七年（1660），友人山东兖州司理赵五弦给方文寄来礼金并附书札，邀请方文北上兖州府坐馆授经。方文《初至兖州赠赵五弦司理》："忽有故人书，云自山东来。上言别离后，鲁国为士师。郡斋颇闲暇，雅欲穷声诗。六义谁与研，惟尔尝相思。……先寄双南金，以为道途资。感此意真挚，虽远何敢辞。明旦即束装，扬鞭向东驰。"（《鲁游草》）赵五弦兖州思理任上，政务余暇，填词赋诗，研究六义。基于兖州府学缺乏精通经学的博学之士，故特邀请方文入幕讲学，切磋经义。不久，方文携丰厚的修资准备归里。启程前，方文专程赴济宁向友人余中台告别，《永年赠余中台明府》：“我适游济上，咫尺钦仁风。安忍贫贱交，弃置如飞蓬。扬鞭一相访，索酒话深衷。”（《鲁游草》）据此可知，方文济宁之行的真正动机是希望余中台在其职责范围内能够为自己提供一个教书的机会。即使这次济宁之行未能如愿，至少方文让余中台得知，他在兖州的聘期已经结束，自己需要一份拥有新修资的工作。由此可知方文南北奔波、应聘讲学时营造自己的文化声望及推销自己学识的方式。

里居不久，应西江友人之聘，方文遂驾言乘舟，启程西上。友人周伯衡、施闰章、宋其武均任职江西，方文皆沿途一一拜访，诗酒相待。《西江游草 南昌访周伯衡观察》：“但恐俸钱少，延赏无其资。”所访“南昌周伯衡”即遵化周体观，顺治六年（1649）进士，任江南按察司副使、江西布政司参政。其与豫藩王言远、参藩施润章、少参宋其武并称豫章“四君子”，成为江西诗坛在清代复兴的领航人。“四君子”同时也是顺治间诗坛的翘楚，身居高位，雅好文学，提携后辈，帮助窘困，不遗余力。方文与“四君子”保持终生友谊，固然是由于文学上的知音同道，更重要的是“四君子”能够为方文的讲学提供更多机会。

当授徒讲学的机会也难以为继时，方文也会忍痛割爱，变卖家产。即将岁除，毫无所获，方文落魄归里，面对憔悴的妻子和幼小的儿女，方文不得不卖书卖墨过残年。更有甚者，在严寒的冬日，元旦即将来临，这是收获水稻的时节，故有《元旦》（1664）：“我有山田在江北，身在江南收不得。只应卖却江北田，自种江南田始食。”方文多年来精心经营的江南江北田产因缺少人手而不能及时收割，无奈之下，只能变卖距离其宅第较远的江北的那部分土地。

三、从容来乞草堂资

在方文的谋生方式中，最丰富、最可观也最令方文感动的是来自官员的资助。富有同情心的官员慷慨出手，顷刻间会使得方文全家的生活状况大为改观，从伙食、衣服到宅第。但是，官员的慷慨往往可望而不可及。一方面，尽管方文努力结识旧官新贵，努力保持和官场的密切联系，小心谨慎，不失去每一个可以走进官员的时机，但是，像方文一样值得同情、需要帮助的前朝遗民成千上万，而官员的俸禄不足以给予任何一个经济困顿的遗民以终生的庇护。即使资助一位德高望重的遗民，那么不可避免地必须解决这个遗民全家的生计问题，一个子孙满堂的家庭，即使衣食糊口，那也将是不小的开支，对于一个品级较低的官员来说，因同情而供养一个富有文化声望的遗民全家将是一个沉重的负担。更重要的是，明清时期的地方官员，尽管行政和司法不分，拥有较大的财政支配权，但是，一个地方官员也难以自由地支配国家的税收。身为遗民的方文幸运地遇到热心的官员李溉林，并从李溉林处获得较多的资助。方文的文化活动很大程度上依赖于李溉林。但像李溉林这样能够给方文极大帮助的官员终究是少数。开馆讲学虽然是方文最体面的谋生方式，可是，讲学也不能保持稳定性。首先，讲学活动最理想的是到官员的府邸为其子弟授徒讲学，而官员府邸的讲学机会更难以得到。多数有私塾的官员，其所聘的教授也相对稳定，如康熙间，蒲松龄在毕氏家族坐馆授徒长达三十余年。在官员府邸讲学期间如果非特殊情况，一般不会被辞退，因而坐馆的机会并不容易得到。其次，可以赁屋授徒。而自己租赁房屋开馆，所招收的都是平民子弟，平民往往温饱难以解决，故多数都对于培养子弟入学读书无能为力，这是更难以有收入的选择。此外，作为过渡和补贴，方文也经常从事卖卜、卖文、行医。但当所有的谋生方式都难以为继时，方文不得不放弃尊严，临时乞讨。

顺治十四年（1657）冬，北上途中，天寒大雪，无奈旅馆凄冷，于是向友人乞炭，《从吴用九乞炭》：“前日移尊旅舍中，香炉只有一星红。”（《鑫山集》卷九）可知，旅馆的住宿并未提供取暖的设施，冰库似的房间难以入眠，不得已，方文前往友人吴用九处乞求木炭（疑或煤炭）。“归棹为君停一日，不知还有酒钱无。”（《北游草·济宁赠王别驾石公》）这是辞兖州别馆归里途中，顺路拜访旧友济宁王别驾，委婉调侃地希望王别驾为他提供归途沽酒的费用，也可推知，方文这次所访的王别驾当为旧挚交，从诗句的口气中看出，方文深信，王别驾一定会解囊相助。

方文驾舟越州采药，行至杭州，拜访杭州旧识佥都御史范正，“停舟叩幕府，乞酒浇尘缨”（《余杭游草·武林呈范佥宪正》），投书直言索酒钱，可知，方文与范正的关系非比寻常。越州采药之行，方文除了入山采药所获之外，亦多有当地官员所馈赠的银两。《彭城访李观察溉林先生赠徐州守王吉士》等，写方文拜访当地官员，这些新贵自然不会让方文空手而去，因为对于入仕新朝的前明文士来说，他们力所能及地为遗民提供各方面的帮助，这是减轻身仕两朝的心理压力的方式，也是对饱受儒家忠诚教诲的心灵补偿。

“我欲卜居枚叔里，从容来乞草堂资。”（《北游草 清江赠任计部崧翰》）在淮安，偶遇钦差计部任崧翰，方文公然表示：我准备隐居，请给我以资助。诗歌未能记载最终任计部是否慷慨相助，也未知资助几何。但可以推知，掌管财政的高官任崧翰决不会袖手旁观。也可推知，方文之所以敢于直言索取，正在于他深刻的文化自信：他绝非一般意义上的行乞者，也绝无卑躬屈膝、低眉敛首的乞讨者的常态，方文的行乞都理直气壮，尽管仕隐不同，但人格平等，更重要的是，方文在易代之前已经是扬名江南的文士，烽火动荡之中，他积极参与抗清，坚持秘密抗清数十年，他早期行医卖卜授徒讲学的深层动因正如多数深孚众望的遗民屈大均、顾炎武一样——联络抗清。

令方文颇感尴尬的是，一个风清日朗的清晨，一位年轻的新贵张古岳来访。张古岳之于方文乃晚辈，此时正在侍御任上，得知方文卖药至此，特前来看望其父生前挚友方文。后辈不忘父执恩，这使得方文倍感欣慰，“青毡不忘先人义，白首犹怀知己恩”（《徐杭游草 张古岳侍御见过》）。依习俗传统，作为长辈的方文应当酒肉款待，可是“顾我荒厨终日冷，可能推食饭王孙?”，四顾环视，已经多日不生灶火，无米可炊。据此可知，张侍御前来只是情面上表达对长辈的尊重，实际上并未给这位穷困潦倒的前辈带来可资其生活的银两，也可推知，即使连生活的日常必需品如米和蔬菜等也未曾有。这使得身为长辈的方文十分不乐，故而反问张侍御，如何！如何！让我如何招待你？方文自责的话语包含了无意识流露的信息。较之于方文，张侍御目睹这位多年来一直深深敬仰的颇富文化声望的长辈居然穷困如此，那么方文生活的实情较之于张侍御的想象则更为凄凉。虽然诗中方文并未向张侍御乞讨，但可以推知，接下来，张侍御绝不会让这位久已仰慕的前辈坐以待毙。

徽州遗民孙默（字无言）就没有方文的幸运。易代之际，孙无言参与抗清，移居扬州。失败后像方文一样隐居不仕，行医、卖书、占卜、讲学，奔走南北，糊口的同时，他希望积累一笔不菲的财富能够回到黄山脚下购买田产颐养天年。于是，他像方文一样，谋生求食的同时也积极交往旧友新知，希望将自己的处境展示出来引起对方的同情，希望对方能够慷慨解囊出手相助。于是，孙无言逢人便说欲归黄山。友人闻知无言欲归，纷纷写诗赠行，表示留恋与安慰。于是，“送孙无言归黄山”成为风靡江南的诗坛主流，并作为一热门话题在清初引发了大江南北文人的大量赠和，成为继王渔洋《秋柳》诗之后且总量超越《秋柳》的又一次遍及全国的题和高峰。但令人感到悲哀的是，十余年后，获得了一千七百余首的赠和诗，孙无言却并未归黄山，仍然在扬州，仍然持续地逢人即说欲归黄山。直到突然有一天，孙无言饥寒而死，此时，为他送行的人们才恍然大悟，原来，孙无言所谓的“归黄山”，事实他并非是真的想归，而是希望通过如此的诉说积累一笔资金，因此，孙无言的“欲归黄山”不过是他的一纸谋生策略，其结果是这一谋生策略以失败而终，几乎所有的旧交新贵赠以诗文而无人慷慨解囊。而方文则最终如愿以偿，获得一座恢宏的庄园——鸥天别馆。

第二节　方文与经济资助人李溉林

长期以来，清初汉族官员在艰难的政治环境下力所能及地保护和赞助明遗民这一历史现象被史学研究者所忽略，更没有引起文学研究者的重视。而方文和李溉林的交往和友谊正突显了清初明遗民和仕清官员之间错综复杂的关系。

明末李自成军队的起义，使安徽桐城成为主要战场。清兵南下之际，桐城又是重要军事基地。经过十余年的战争烟火，本来家境殷实的方家已残破凋零，原有的经济来源也深受影响。在颠沛流离的生活中，方文原有的积蓄也已耗尽，被迫寻找其他方法以维持生计。

行医是方文主要收入来源之一。他精于医术，据载，直到晚年，方文一直在芜湖拥有一家诊所和药铺，同时经营占卜生意。清初，许多遗民都从事商业，山西遗民傅山书法知名，易代后，秘密抗清，联络同志，他计划开设一家酒店，由于经费不足而止。陕西孙枝蔚，盐商，定居扬州，靠经营盐业维持了壮游千里不资粮的峥嵘岁月，也依靠其盐业运营，为像他一样的许多遗民提供经济援助，由此，孙枝蔚获得了崇高的社会声望。但儒家轻商的传统观念使得易代遗民对于商业依然存在着“犹抱琵琶半遮面”的羞涩，经商的巨额利润也不能改变传统文人的固有观念，因而，在他们的诗文中，自己经商的信息便都遮掩了，留下的是园林雅集、诗酒聚会和山川旅游。文人笔下的这些文化活动，很大程度上都是他们经商活动的组成部分。因而，孙枝蔚的诗中不见其经商的痕迹。事实上，杜濬、孙默、顾炎武、屈大均等，这些著名遗民文人都有漫长的经商历程。之所以在其文中回避，一方面是传统对于商业的观念，另一方面是他们努力维护儒者的尊严。因此，方文经营药铺永远不会发展，不会拓展。生意惨淡，药铺的运营不足以支撑其家庭的开支，方文必须寻找新的谋生方式。

方文另一重要的经济来源是友人资助。方文不时地从那些与他政治背景相似的朋友处获得经济上的帮助。王泽弘，字涓来，湖北黄冈人。顺治十二年（1655）进士，官至礼部尚书。辞官后，移家金陵，既老，矻矻风雅，远近奉为文坛总持，著有《昊庐集》。方文北游京师，多次拜访王泽弘，后者深为感动，结为挚友，方文《北游草序》中曰："余幸不为先生所绝，时时过余寓斋，连床接席，动经旬日。"京师高官的王泽弘敬仰方文诗学，多次赴方文下榻的寺庙，促膝长谈，通宵达旦，有时，可以十余日相与切磋畅谈。期间，王泽弘不仅给予方文银两，而且日常用品也多有馈赠。在京师广泛接触到的王渔洋、龚鼎孳、魏裔介等朝廷要员，他们也多给方文以极大的经济援助。其中，众官员中给予方文最多帮助的是李溉林。方文的生命中，李溉林是一个关键人物。对于研究方文的遗民生活，这是值得特别注意的一个清朝官员。

一、太湖知县溉林

李溉林，字君渥，号溉林，北直束鹿（今河北省辛集市）人，出身于官宦世家。父李鸣珂，字超宸，任山东盐运司运史。祖父李凤翱。曾祖李三省为贡生，任永平训导。高祖李性，字存夫，号循斋，明嘉靖元年（1522）壬午科举人，官南京工部员外郎。可知，束鹿李氏是一个颇有政治声望的官宦世家，李溉林太湖知县任内，多有建树，更为李氏家族锦上添花。康熙《安庆府志》卷十二《政绩传》："草檄谕抚，土寇吕孟张尽等解甲归农，士民始有城居之乐。尤重文教，首建学宫，以育多士。纂修邑志，以彰往迹。当道扬其循声，擢郎署。士民不忍忘，立石以志思焉。"可知，太湖知县任内，李溉林赢得太湖人民的爱戴。方文作于顺治七年（1650）的《重至太湖访李明府溉林先生》即言李县令“惠风扇丘园，甘泽润里闾”。

经过明末的社会动荡，人民渴望和平安定。尽管已经改朝换代，但除了一部分文化人坚持夷夏之防外，作为普通百姓仍希望过平安温饱的生活，渴望一个能够尽快恢复社会秩序的政府。清朝初定江南，为了巩固统治，稳定政局，亟需网罗汉族文士共治天下。故在清初几年内连开科举，广征汉族才俊。顺治四年（1647），李溉林中进士，授太湖县知县。

在任职太湖县令期间，李溉林尽其所能维持地方治安和积极恢复生产。李溉林的文韬武略在清初动荡未安的江南治理中很快得到展现。顺治五年（1648）初，降清明将金声桓重新反清归明，一时战事骤起。据《台湾文献丛刊》“皖砦篇”记载，顺治六年（1649）四月，“陈麟谋起兵太湖以应金声桓，知县李溉林设计擒斩之”。十二月二十三日，余公亮以数百人侵掠宿松县市，打败了县将李之培，并围攻不去。李溉林以太湖民兵会同副将李正驰援剿灭，解除了围困。顺治七年（1650），统锜自称宁王后裔，或号朱九风子，二月初四日，被奉立为石城王，蕲水、黄梅四十八寨有二十四寨归属，凡是不归附的，即发兵围攻。太湖知县李溉林婴城固守，坚决抵抗，终于解除危难。方文对于李县令以其卓越的军事谋略平定太湖一带反复而起的动乱表示真诚敬意，用诗记录了李县令的功绩：“城荒闻亦久，不谓遂如斯。古巷全封棘，官斋半覆茨。泽鸿声未定，边马檄交驰。出宰非人杰，谁能耐此时。”（《太湖赠李溉林明府》其一）

李县令平定暴乱后，即致力于恢复生产。比如，他曾亲自带领当地居民一起祷雨，方文《李明府龙崖祷雨余亦同泛》：“闻说龙崖龙有湫，罗先生后少人游…… 勒向山林求雨泽，携来宾从亦风流。”自注“罗近溪曾为湖令祷雨于此”。出于对神灵的真诚信奉，古代官员，从朝廷到地方，都有许多祈祷的仪式。唐代韩愈贬官潮州，为了治理潮汕地区的鳄鱼灾害，他亲自撰写祭鳄文，带领群臣，高声朗诵，乞求鳄鱼不要危害百姓。遭遇洪水、风雹、地震、干旱等自然灾害时，人们会认为遭遇上天的惩罚，往往集体祈祷。在几种祈祷中，古代诗文中出现频率最高的是祈雨，尤其是地方官，五谷不登时，往往带领文武群臣一城百姓，集体祈祷，并请著名文人撰写祷词。被李县令的真诚所感动，方文称其为“神明宰”。龙崖湫上龙显灵，嘉靖间进士罗近溪任太湖知县时到龙崖湫祈雨应验。这给予李县令以极大鼓舞，效法前贤，登山祈雨。方文是李县令深为器重的前辈，同邀赴山。方文《李太湖溉林》：

李侯年弱冠，妙誉升南宫。筮仕得荒邑，乃在深山中。
有城无居民，但见荆棘丛。君来劝抚字，渐集哀哀鸿。
我初涉其境，片言惬深衷。行踪虽寡亲，音书往来通。
逾年重过此，弦诵声不同。君诏诸俊彦，执契求良工。

诗中描写李溉林初治江南所遇荆棘丛生的凋零与荒凉，但由于李县令的“劝抚”和广召有识才俊，江南哀鸿遍野的状况很快得到改善，不久即处处“弦诵之声”，太湖一带成为乱后的江南礼乐之乡。

李溉林在顺治四年（1647）至十年（1653）任太湖知县共六年。其间，方文的文学声名和遗民之志深为李溉林所敬佩。初至江南，李溉林邀桐城名士方豫立授馆家中。由于方文在明末就已经是皖地最有影响的文人之一，钱龙惕《大究集》卷五《忆昔行赠方尔止》：“方生弱冠气豪上，英奇倜傥世无比。”方文又因为在明末的文人社事中的突出表现而被士林视为豪士。李溉林初至太湖，就应已闻知方文，并渴慕相交。后经由方豫立介绍，李溉林诚邀方文入府授徒。尽管遭遇拒绝，但并没有影响李县令对方文人格的尊敬，由此，二人成为挚交。

方文的博学和所操守的遗民人格使得李溉林深为折服，从此，李县令就成为方文最慷慨的义务经济赞助者。方文诗中大量寄予李溉林的诗证明了这一点。李溉林的政治地位和对其文学的爱好，使他能够赞助方文和其他一些流落江南的遗民。从方文诗中，我们知道李溉林对方文的帮助是多方面的，如购买食物，赠送裘袍，为方文的出游提供舟船和仆人，甚至于后来在金陵为方文购置别墅。

由于李溉林的政绩受到朝廷重视，故于顺治五年（1648）被任命为本省同考。这对方文来说可谓千载难逢的良机，李溉林希望方文参与这次省试，但遭到方文拒绝。方文决心遗民终身。其《熙城漫兴》曰："彊仕之年便陆沉，只缘书癖与诗淫。"解释其由于自己对诗书的痴情而在壮年之际沉沦世间。易代后，方文的富贵之心已绝，他只是以诗记录自己的心灵经历，并不希望以诗谋得富贵。其《卜居枞川》："亲为负版离商贾，耻试科目焚诗书。所求甘毳养老母，牧豕蓄鸡还捕鱼。"诗歌表明，他之所以苟且偷活，只是因为赡养老母，不求闻达，自给自足。他甚至以参加新朝科举作为人生耻辱，方文《重至太湖访李明府溉林先生》有：

忆昔乡举日，招我载后车。
自愧羽毛短，不足当吹嘘。
虽未入网罗，怀恩敢忘诸。

诗歌追忆李溉林主考江南时对方文不遗余力的提携，但方文以"自愧羽毛短，不足当吹嘘"而坚拒，表明自己拒绝入仕新朝的决心。尽管政治上与李县令拒绝合作，但个人情谊方面仍然充满感激，"虽未入网罗，怀恩敢忘诸"，虽未进入新朝罗网，但对李县令的关怀仍铭刻于心。

二、仕隐殊途情永恒

方文与李溉林保持了纯洁的仕隐友情。李溉林闻知方文窘境，檄书招聘入幕讲学，方文感激而“辞”。方文《寄酬李溉林明府》：

况遭兵火乱，家室盗所掠。流离山谷间，依人习耕作。
誓以处子终，不复通媒妁。使君东方来，光辉灿城郭。
遣使与之言，愿得充帷幕。为我谢使君，此意谅不薄。
愿我非盛年，容华久凋落。君即不我弃，宁无自愧怍。

诗中自喻为南方佳人，动荡后荣华凋谢，誓为处子不嫁人，喻示了方文将为亡国守节的决心。自从李溉林任太湖县令以来，发展经济，复兴文化，征召耆旧，共襄盛世。闻知方文博学，特派人游说方文，希望方文入幕佐政。方文以荣华凋谢不复盛年为由而拒绝，但李溉林一如既往地关怀方文的生活，“感君情缠绵，芳讯频及予”（《重至太湖访李明府溉林先生》）。

困境中的方文得到了李溉林源源不断的“不弃”和帮助。在其有限的权力范围内，为方文减免赋税，“心诚求保赤，务急请蠲租。凋瘵才回湍，漂流渐返逋”（《太湖寿李溉林明府百韵》）。不仅是方文，李溉林减免的是太湖全县的赋税，由此，被战争所清洗的凋敝得到复苏，漂泊流离的相亲逐渐回归故土。由于李县令的关照，方文顺利地移居枞川。遗民与新贵，结为志趣相投的友人，“野人初入楚，蹇足适过湖。一见性情惬，重游气谊孚”（《太湖寿李溉林明府百韵》）。李县令不仅常常邀请方文谈诗论文，开怀畅饮，而且二人经常夜谈天拂曙，昼语日将晡。在学问和诗学的层面上，二人成为知音。

李县令不仅给予方文以经济资助，而且提供政治遮护。《嵞山集》卷十《太湖寿李溉林明府百韵》（1651）：“底事憎多口，无端辱厚诬。……幸君能察识，谅我不睢盱。此意真敻绝，终身可刻肤……盛德高弥下，贫交久不渝。”对李县令的真诚方文表达了诚挚的谢意，从中亦可看出李县令治国安民的同时广泛资助遗民的诗思。而这正是清初仕清汉族官员的普遍心境，龚鼎孳、魏裔介、曹溶无不如此。

对于李县令的无私相助，方文感激不尽，“何以报相思，驾言归故庐。况逢岳降辰，乃在阳月初。既提罂中酒，复采园中蔬。祝君寿无疆，千载垂令誉。”（《重至太湖访李明府溉林先生》（1650））可以看出，这种不对等的交谊，使得方文没有任何方法付以答谢。但李溉林对方文的资助只是出于对方文人格的敬重，并不曾希冀得到回报。见方文《梦崔正谊李溉林二明府见访谈笑竟夜醒而有作》：

> 前年石臼湖，去年司空山。两公为地主，朝夕相往还。
> 脱略礼法外，纵情诗酒间。知我窭且贫，厚祝无惜颜。

李溉林不仅在经济上给予方文及其友人以慷慨的帮助，更重要的是，他还利用自己的职权之便和政治网络，为方文等江南遗民提供政治遮护。方文出身官宦世家，其岳丈即以抗击阉党而闻名于史的左佥都御史左光斗，其妻兄也都是安徽知名的官吏。方文本人在明末已是江南有名的社会贤达和才俊，因此与当地的政府官员有相当深厚的情谊。明亡前，当地官吏多以结交方家作为荣耀和晋升门梯。入清后，境况巨变。由于过去的政治依托不复存在，许多明朝官员的子弟在地方上受到敌对势力的挑战，方文家族在桐城就受到左氏家族的欺凌。这种家族对抗或缘于旧隙，或为政治经济利益的冲突所引发。在方文的诗文中，我们不难找到有关亡明官宦子弟受到新崛起的地方势力欺凌的慨叹。方文本人便足以证明，左氏家族影响一方的势力使得方文难以立足故里而被迫牵居。在此情况之下，方文不得不向清政府中那些同情明遗民的汉族官员寻求一种微妙的政治保护，他的移居即得益于太湖令李溉林的帮助。

前朝旧贵族和地方新势力的冲突，是一个值得注意的历史现象。清初，故乡桐城地方士绅对新朝采取合作态度比退隐做消极抵抗更为普遍，大多数地方精英把自己的实际政治经济利益置于理想中的民族利益之上，一般民众也渴望能够尽快地恢复地方的政治经济秩序。这就使得那些坚持效忠故国王朝的遗民在地方文化中颇为孤立。易代前，方文移居金陵是为了科举。而易代后，方文仍以金陵为主要活动中心即基于金陵汇聚了众多的遗民，有一个庞大的遗民交际圈。李溉林即是清初许多对遗民持同情之心的官吏之一。

源自生存的巨大压力，使得遗民们与清初政府中的汉族官员之间构成了十分错综复杂的关系。清初的许多遗民都向朝廷中同情他们的官员寻求政治遮护。方文及其友人和清政府中的一些官员不仅交往甚密，并且一直主动地维持着这种关系。

李溉林多年来一直资助方文而不辍，是方文经济上的支持者和思想上的理解者。甲午（1654）年李溉林升任兵部武库司主事，乙未（1655）年题管密本，丙申（1656）年升任武库司员外郎，本年升车驾司郎中；丁酉（1657）年加一级为山东乡试主考，同年升江南淮徐兵备道佥事；庚子（1660）年升任山东督粮道参议，辛丑（1661）年加一级，癸卯（1663）年考满一等称职，奉旨记录在案，皇上赐给表里锦帛各一匹。戊申（1668）年告病还乡。据魏裔介《兼济堂文集》卷十九《观静楼者溉林李亲家年台园中新筑之楼也》所载，李溉林与柏乡魏裔介相国（字石生）结为儿女姻亲。但是，在四方辗转官位逐日升级的过程中，李溉林仍然未能忘怀遗民方文，依然源源不断地给予资助和关怀，并且在邀方文入幕被拒绝的前提下，仍坚持资助方文，并助其置办家业。方文《奉别李观察溉林先生》："二十年来江海游，交情谁似使君稠？曾于熙水分囷粟，又向彭城赠麦舟。黄爵有知犹解惑，玄驹无力那能酬？南归定买青溪宅，怀溉名堂在上头。"二十余年江湖经历，证明了李观察的友情真挚和牢固。缺粮赠粟，临行赠舟，李溉林不断地给方文以经济资助，方文感怀不尽，以至于希望在将来所购置的别墅中，将溉林之名刻于大堂之上。方文《太湖寿李溉林明府百韵》之"明月飞三匝，深山想一区"的理想也由于李县令的资助得以实现。

三、方文的别墅——鸥天别馆

顺治十六年（1659），李溉林捐俸为方文购买了整幢前明望族宋氏的私家园林——鸥天别馆，成为方文安顿晚年的天上人间，这是方文梦寐以求的目标。方文《李溉林副宪书来却寄》记李溉林为其购买别墅的经过：

六年厚贶不知倦，千古高风莫可攀。
昨岁分司淮泗路，云龙山前与我遇。
又为谋购草堂资，因买一廛桃叶渡。
草堂随以怀溉名，没齿难忘使君情。

“因买一廛桃叶渡”，可知，李溉林为方文所谋置别业在金陵秦淮河畔。“桃叶渡”是秦淮河上的著名古渡口，位于秦淮河与古青溪水道汇合之处，前为桃叶渡，后为钞库街，环境清静，喧嚣闹市的世外桃源，交通极为便利，南临贡院，是金陵旧都的繁华地段，河舫竞立，灯船萧鼓，成为金陵游览胜地，墙外澄泓一陂水，楼上窅霭千家烟。在明清时期，桃叶渡汇集了当时江南众多才华之士。方文《徐杭游草·喜陈伯玑移居相近赠此》：“我居江淮廿余年，年年税人居可怜。今年始买白下宅，桃叶渡口青溪偏。其庐虽敝巷虽陋，水光山色当门前。”可知，方文移居金陵已经二十余年。二十年中租房“税人居可怜”，可知，方文为金陵房产所奋斗的坚定决心和巨大动力，为这所别馆，整整奋斗了二十余年。虽然是破落贵族的旧宅第，繁华不再，但环境依然幽静，山色依旧，水光依旧。如非李溉林大力相助，二十年的积累仍不足以使得方文独立购置这所庄园。为此，得之不易的方文分外珍惜，他晚期的诗歌中，鸥天别馆成为他的话语中心。

《六月六日内人初度予不及归寄此》：“青溪桃叶渡，新买一精庐。

合与汝偕隐，雅堪吾著书。池塘收众水，园圃植嘉蔬。”描绘了获得新居的喜悦和对未来的规划。对于新居，方文不经意地屡屡在诗中表达出内心的兴奋，如《元旦试笔》：“北游已作无家别，不意南归又有家。”未曾想到如今自己也能够拥有一幢体面气派的别墅，可以推知方文难以掩饰的喜悦。《丹阳道中》：“卜居今有宅，卖药可为生。便作终焉计，来年罢远行。”一生奔波终于拥有自己的寓所，可以安居。居家可以行医，今后将不必远行。为此，方文特别创作了《移居宋家园》三十韵以志欣喜之意：

宋公吾父执，辟馆号鸥天。少小曾游此，园林正蔚然。
乱更三四主，别至廿余年。门巷虽仍旧，风光迥异前。
偶尔来一问，居者又将迁。善价归予手，幽栖绝世缘。
圃畦聊自种，蔬菜不须钱。墙破凭篱补，窗稀赖竹编。
杏榴开可玩，榆柳伐堪怜。从此加倍植，奚难再郁芊。
仲冬阳始复，几望月初圆。徙自城南庑，家于巷北廛。
孤踪有寄托，尽室得安全。夜读层楼下，朝行曲岸边。
钟声殷古寺，草色媚青川。仰首蒋山近，伤心淮水边。
比邻多隐逸，随分与周旋。墨妙家家有，诗神处处传。
老犹贪酒盏，贫不断炊烟。况卖严京卜，兼通素难篇。
细君催酿黍，小婢解烹泉。客到尝留醉，吟成每共眠。
胸中自浩落，身外曷忧煎。所愿熊罴梦，惟期豚犬牵。
衰颜才足慰，书种但能延。便入金陵籍，长耕建业田。
春波桃叶渡，秋浦藕花船。白首恣行乐，芳尘继昔贤。
怀刑知免矣，抱道合终焉。敢望宋公子，鸣珂侍讲筵。

诗后自注云：“宋公如园先生也，与先司农癸卯同门，公子其武方为经筵学士。”所购山园为江南豪族宋家花园，旧名鸥天别馆。崇祯间，这栋庄园归属中书舍人溧阳宋劼（字献孺，号如园），宋氏园主多次于园中举办文人雅集。方文屡屡参与，对这所园区早已情深意笃，但当天参与鸥天别馆的雅集时未曾奢望成为它的新主人。

不仅方文自己的诗歌转入鸥天的庄园生活，他的友人也对鸥天庄园表示心向往之的心情，潘江《龙眠风雅》（卷六十一）所收马敬思《方明农先生新卜居桃叶渡东云是宋其武学士宅》："此是宋公旧池馆，常将佳话与人听。"钱澄之《田间诗集》卷五《方尔止移居》："吾兄耽野趣，买宅傍城东"，"我寻栖隐处，言是宋家园。"顾梦游《顾与治诗集》卷三有《方尔止移居水西》等，许多遗民隐士对于方文的新居流露出情之所衷。

由上可知，为购置这所豪华园林，李县令当花费不菲的银两。自此，方文拥有奴仆，拥有田产，不仅生活质量大为改观，而且过上了只收地租的悠闲的生活，如其《忆内》即云："课奴种园圃，嘉蔬各成排。……况复植群树，花叶盈空阶。无事绿窗下，相对如朋侪。"前期诗中的凋零与萧瑟此时已荡然无存。更为可贵的是，方文不仅拥有了庄园奴仆，而且"日市钱百余，可充爨下柴"（《忆内》），方文每日尚有"百钱"的收入。诗歌未能明言"百钱"来自何处，他只是表明自己如今已经衣食无忧，生活富足。可以肯定的是，方文日进的"百钱"当是他的社会交往的收入，方文作为文化名人，知名江南，拥有极高的声望。定居金陵鸥天别业后，金陵旧都的旧朝金粉依然如故，许多名流、旧知新识、秦淮歌女纷纷请求方文为其撰写家传、墓志、行实等，并馈赠方文以客观的银两或丝绸、棉布、珠宝首饰等细软作为感谢。这成为晚年方文收入的一个重要来源。此外，方文书法知名，他多年的卖卜卖文的经历即是销售自己的书法作品，这也成为方文晚年收入的来源之一。

方文有诗曰《崔李行》（1654），其自注："予生平不乏交游，相知己者则崔高淳正谊、李太湖溉林。尝两至高淳、三至太湖，二公待予之厚，始终无间。因有感于子美、乐天二诗而咏叹之，似先获我心者，爰作短歌以纪其事。”诗有“古今风雅有神契，况复俱生壬子岁。何缘崔李亦同时，气味相合长相思。”将自己与李溉林、崔正谊的友情喻为唐之李白、杜甫、白居易之交。

被压抑的陶渊明，事实上根本没有后人所描写的那么“和谐自然”，没有那么“任真”，对“自然”的态度多了一些复杂和无奈的幽默，他并不是一个超越了时代、超越了历史文化的人，因为，他首先考虑的也必须是衣食。方文所坚持的道德底线是不出仕清朝，但绝不要求后辈继其后尘。方文自己坚持做遗民，但却积极推荐其子弟入幕。方尔唯筮仕粤东，方文投以少游生计拙的理解。方子建（号竹西）入安徽太湖县令方文友人李溉林之幕，教授其子弟。世乱强为客，家贫长傍人。方子建博学多才，能诗善画，方文《启一子建作连理图赠予赋此答之》：“群从又将三十人，风流文藻何翩翩。子建乃为群从长，灵心惠识通渊玄。赋诗雅似阮嗣宗，缀文不愧班孟坚。有时伸纸拂绢素，下笔辄作名山川。”方文荐之入李溉林幕府。在李幕中，方子建文采翩翩，深得李溉林赏识。后溉林迁官山东、河北，子建均囊笔以随，前后在李幕共十五年。康熙元年（1662）以母老辞归，与幕主结下深情厚谊，《送兄子竹西归里》写及其“幕府相依十五年，论交谁似此缠绵？云天高义应难别，乌乌私情汝自牵。白头健饭休多虑，群从争推负米贤”。在饯别的晚宴上，宾主依依不舍。“霜月暂须归子舍，花时又可促征鞭”，望子建明年春暖花开之时再来幕中相聚。并告诫他，回家侍奉老母，勿须多虑，人们皆知君之贤明。方子建十五年幕府生涯，获资不菲，依此在家乡购建了自己的园林别业。据方文描述，方子建的新居占山田十余亩，临山傍水，花草林树，风景优美。可以聆听山谷中潺潺流水声，也可以欣赏深山中猿的长鸣。枯萎的古木横亘在山涧，寄生的藤萝盘绕如虬，嶙峋怪石，造型各异，松石之间修建了凉亭，于是，方文渴望着有朝一日得游此园。以至于许多年之后，方文全家仍对李溉林的资助耿耿难忘,《寄怀李溉林明府》:“一年书问未曾通,长有慈颜入梦中。老困愈知怀旧德,妻孥亦解颂仁风。”

李溉林是较方文年长的友人,李之所以长期资助方文,是因为对方文才华的赏识和对其遗民气节的敬重。在与新朝汉族官员的交往中,方文必然不断地寻求这些官员的资助,同时仍坚守“夷夏之防”的原则不变。而对异族文化的排斥也使得仕清汉官通过对遗民的帮助寻求心灵重负的缓释,正是在这一点上,李溉林力所能及地给予方文以经济援助,同时作为自己身仕异族政权之后心灵愧疚的一种补偿。李溉林观察多年来一直资助方文,是方文的支持者和理解者。方文《奉别李观察溉林先生》:“曾于熙水分囷粟,又向彭城赠麦舟。”(《徐杭游草》)

方文与李溉林是伯牙子期一般的莫逆之交,二人志同道合,在思想学问上相互敬重,来往切磋。作为清初官员,李溉林有经济实力经常资助生活窘迫的方文,扮演了文学赞助人的角色,同时,李溉林也是文化的爱好者和积极推进者。方文则凭借自己的文化造诣和博学多识,为李溉林子女提供优良的教育,为李溉林的家族提供思想和文化伦理的支持,由此,李溉林也不断地引荐方文进入精英文人的圈子。自从1659年经李溉林慷慨解囊方文拥有了鸥天别馆后,这一历史悠久的豪门园林便成为诸多雅士翰墨品茗、切磋思想的理想之所,也是前朝遗民隐士诗酒雅集、寄托易代愁苦的港湾,一时名满天下。

第三节 方文与“嵞山体”

篮中是药僮皆识,
那识先生志节高。
——孙枝蔚《题方尔止处士采药图》

方文《芜湖访宋玉叔计部感旧》："却笑成都卖卜者，也能词赋动江关。"杜甫成都卖卜成就了千秋诗名，是因为杜诗中沉重的国事忧患和民众焦虑。方文诗正具有杜诗的容量和高度。金天翮《皖志列传稿》（卷二）言方文"当明之季，士君子相尚以名节，相结纳以文辞。江北人物，首推桐城，桐城以方氏为魁。而文与其从子以智，尤声振天下。文性开朗，有天趣，以布衣侨居金陵。能为诗……其诗任性灵，虽民谣里谚、涂巷琐事，皆摭拾供诗材"。从方文诗中，可以看出他奔波旅途的艰辛与疲劳，正如杜甫，其诗即一部悲剧诗史，由此，后人称其为"嵞山体"，并由于其所达到的道德高度和所延触的知识广度而成为后世理想的诗学典范。在历代叙事诗创作中，出现了如杜甫、白居易、吴梅村、钱谦益、黄遵宪等一批有诗史之称的诗人。他们的作品为以抒情为主的中国古典诗歌增添了繁盛之景。"嵞山体"诗史在叙事诗的传承嬗变中，形成了自己的抒情视域与艺术特色。

一、词赋近来哀庾信：亡国悲歌

自《离骚》以来，忠君怀国即变为中国文学的传统。而传统乃文明智慧贮存之所。发轫于唐代、成型于宋代的诗史观，乃是古代叙事诗"现实精神"的集中体现。方文遵循传统，力图重燃诗的生机。《即事》（其二）：

宣城麻沈贵池吴，炳炳灵灵烈丈夫。
草莽自能标汉帜，衣冠不肯拜口口。
临刑灏气吞秋月，绝命英词播海隅。
多少崇兰化萧艾，幽香毕竟在吾徒。

"宣城麻沈贵池吴"。麻三衡，布政使麻溶孙，宣城人，邑诸生，有文誉。南明弘光年（1645），清军入南京，徽州金声起兵抗清，麻三衡投笔从戎，在宣城举兵响应，战败被执赴死。沈寿民（1607—1675），字眉生，号耕岩，宣城人。崇祯九年（1636），巡抚张国维以贤良方正荐，上疏弹劾兵部尚书杨嗣昌夺情视事，被黜。以此闻史。其后不复应举，与宜兴周镳谈书于茅山。崇祯末，与顾杲、吴应箕等共同起草《留都防乱公揭》而被阮党所追捕。吴应箕（1594—1645），字次尾，号楼山，贵池人，复社领袖。明亡后于家乡起兵抗清，与徽州金声义兵相呼应，兵败被俘，就义于乌鸦培。方文敬佩此三人的殉国壮举，认为英雄浩气将与日月并存，其绝命英词将流播于史，继承并传播他们的精神责无旁贷。方文颂扬殉国壮士的同时，表达了自己所肩负的让后世千秋万代永继英魂的责任感：他没有殉国，但却担负了继承英烈之魂和传播其英雄业绩的神圣职责。而这种信念的本源，正在于他的忠君忠国。

清兵下江南，复社文士的抗清壮举将中国文士之“舍生取义”的道德理想推向巅峰。方苞即认为，中国士大夫敦尚气节，自东汉以后，惟前明为盛。云间几社的殉国义举再次证明抗节效忠的儒家准则和人生要义。方文《即事》（其三）：

云间风义夙标称，死难今唯夏李能。
陈子见人尝愧怍，彭咸遗则果师承。
雄文自此垂终古，骏节将来表中兴。
却笑同袍二三子，腼然无耻负良朋。

顺治二年（1645）八月，清兵至松江，下招安之策，许多前明故臣受旨赴召。虽有义兵起事，亦多乌合之众，夏允彝（考功）断其不可恃，继有徐冢宰（石麒）、徐詹事（汧）、侯纳言（峒曾）诸公死讯。陈子龙《陈忠裕公全集》卷九《报夏考功书》记载了夏考功语陈卧子曰：“事不可为，惟有守正不屈以从诸君子而已。”八月三日，卧子在西郊遇敌，几于不免。四日与夏允彝诀别。夏允彝已报殉国之志。临殁，移书与卧子，劝卧子弃家全身，庶几得一当。别后，夏允彝赋绝命词决然赴水，死。因祖母无养，卧子不得已窜处菰芦之下，栖伏枋榆之间，往来缁羽，混迹屠沽，若全无肺腑者。面对夏氏父子的殉国鲜血，“陈子见人尝愧怍”。但当祖母故后，卧子毅然抗清而赴死，“彭咸遗则果师承”。他们所努力以赴者在于试图维系华夏一统之局于不坠。尽管大树将颠，非一绳之所维，但陈子龙、夏允彝等大批几社文士殉国，证明了晚明士大夫以天下为己任的高度责任感。作为道德典范，陈、夏英名将流芳千古，“雄文自此垂终古，骏节将来表中兴”。当卧子、存古殉难，李雯抑郁而死的同时，曾为几社栋梁的宋家兄弟宋徵舆从容应清廷的加试科举（1647），剃发并换上了新朝官服，其兄宋徵璧则毫不犹豫地参加了顺治八年（1651）清军征讨舟山的军事行动，成为清朝具有远见卓识的军官。不管宋家兄弟仕清的心态终究缘何，不管宋家兄弟有多少充足的理由可以为自己解脱，但方文认为他们“腼然无耻负良朋”。

二、篮中是药僮皆识，那识先生志节高

忠君怀国向为中国诗歌的传统主题。陶潜于晋亡之后所写诗文均用甲子纪年，不书刘宋年号。这一创作笔法在明代遗民诗中得到进一步发扬光大。方文、顾炎武、傅山、归庄、王夫之、屈大均、陈恭尹等诗歌亦拒绝清帝年号，仅用甲子倾注笔力抒写旧国之悲，黍黎之恨，此悲此恨诚诚悃悃、铭心刻骨。江山易代，绵绵不尽地叹挽明朝逝去的悲哀。《太湖寿李溉林明府百韵》“皇考膺荣禄，名家本硕儒”，可知方文为其家族在前朝的鼎贵而骄傲。又如《上云居山》：“僧老不知陵谷变，向人犹说旧皇舆。”山僧仍用明代年号，“旧皇舆”说明他仍然生活在对为其家族带来荣耀而耿耿于怀的时代里。徐州遗民阎尔梅《重阳读陶诗有感》：“闲中甲子俱忘矣，醉后诗文卒慨然。”看来山僧非复不知陵

谷之变，而是以此表达故国之忠。《赠俞玄中》：“竹版教儿新注《易》，花枝供佛旧逃禅。如何药里多姜桂，欲疗人间满腹膻。”不能认同异族的腥臊秽气，使自己的后辈也持遗民之忠，为此，教授后辈儒家经典——《易》学，这是可以借此生存于异族文化环境中的良方。

古今亡国恨，日夜大江流。亡国之悲，是充斥嵞山诗中且贯穿始终的主题。《水崖哭明圃子留》（其一）：

故国有怀唯涕泪，新诗无字不悲酸。
漫劳铁匣藏枯井，此日流传血已丹。

方授（1627—1653），字子留，号明圃，明末国难，起兵抗清，败后隐居宁波，死于难，年仅二十七岁。方授生前所撰诗文即是一部眷怀旧国的“心史”。《水崖哭明圃子留》：“河山若不归尧舜，从此飘零到白头。”阅读他的诗，“无字不悲酸”。方授《象山卧病杂咏》记录了方授嘱其家人死后诗稿随葬，“倘留病仆收吾骨，诗草殉余葬水涯”。方授之死难，令方文悲痛不已。“圣代遗民本不多，频年锋镝又销磨”，方氏家族除了出仕新朝者外，坚持做遗民的只有方文、方授和方以智，方文《水崖哭明圃子留》（其一）：“衰宗尚剩农兼圃，至性同归笠与蓑。”而方授又卒，方文感到孤单和伤痛。《水崖哭明圃子留》（其二）：“里门裘马日纷纷，鸾鹤宁同鸡鹜群。如以衣冠坐涂炭，不徒富贵等浮云。家人愚暗还相劝，异类腥臊孰忍闻。十世国恩蒙者众，独将破衲报明君。”方授故后，家人规劝方文从众出仕，方文坚持认为，“异类腥臊孰忍闻”，不与异族共为伍。

在中国古代，以知兵而青史留名的管仲的军事思想中，“夷夏之防”即占据了极为重要的位置。历史上，永嘉之乱、安史之乱、靖康南渡等大规模的移民潮的出现，即在于战乱之后汉人不与夷人为伍的正宗意识。为此，出生于金国的辛弃疾，从未认同自己的金人身份。他主张北伐，驱走金人，收复中原。恢复神州也是辛弃疾一生为之奋斗的理想和创作主题，他自誓与夷狄不共戴天，辛弃疾《美芹十论 自治》："古今有常理，夷狄之腥秽不可以久居安于华夏。地方万里，而劫于夷狄之一性，彼其国大而上下交征，政庞而华夷相冤。……不然，裔夷之长而据有中夏，子孙又有泰山万世之安，古今岂有是事哉!"华夏正宗，在历史上，乃深受儒家影响的中国知识精英所不可动摇的信念。不堪胡骑逼中原。晚清，辛亥革命的宗旨亦"驱逐鞑虏，恢复中华"。南社作家对"黄帝子孙受建虏荼毒久"而深感怆痛，引"中原士庶愤愤于腥膻异族者"为同调，即带有明显的象征意义和政治信息——方文等遗民的悲叹在三百年后终于得到热切回应。

清军的铁骑以不可抵挡之势取代华夏文明。从此方文决然隐居不出，以报祖上荷国之恩。《送史趾祥归宜兴兼寄陈定生周颖侯》：

> 国破家亡日，风飘雨散时。
> 何缘得把臂，虽喜不胜悲。

国破家亡，昔日友人风飘云散，遗民所剩无几，流露了对史趾祥、陈定生、周颖侯诸子的深切挂念。翻阅《嵞山集》，方文的伤心故国之情，随处可见：

> 到门无熟客，列座尽遗民。
>
> ——《王元倬招同周苦虫顾宁人黄帅先宁山同吴素夫李三石雨中小集》
>
> 郡邑何人犹汉语，渔樵几处不悲歌。
>
> ——《乱后过姑苏驿》
>
> 吾爱此江名，烟蓑甚有情。
>
> ——《明江访胡允右有赠》

自尔去东海，神州遂陆沉。

——《庐山访无可道人》

不知民社今谁主，肠断孤城一水边。

——《归泊皖口》

花前漫说前朝事，酒畔惟闻击筑歌。

——《孙鲁山司马招饮谈匡庐之游甚快》

纵使海枯还石烂，不教此恨化寒烟。

——《三月十九日作》

今年何日阴复晴，惨然不乐闻其名。

——《清明》

世态争荣禄，吾徒甘寂寥。入山寻旧友，抆泪说先朝。

——《偕槁木师至沈昆铜庄》其三

缓步出山郭，微风动水滨。老农冠带古，一一是遗民。

——《立春日郊行》

朱颜倏共山河改，白发先随草木凋。

——《晚泊浮桥赠曹梁父》

中宵且莫论心事，回首燕台泪满巾。

——《送史赤豹游姑孰》

将个人之失落与亡国之悲痛并置，这并非方文的发明，但这种双主题的表现手法在方文诗中水乳交融。他总是以个人命运为切入点，从历史与人的汇合处入笔，虽则侧重点各有不同，但总能很好地把个人与历史社会的冲突表现出来，突出历史的深重和沧桑，由此可以看出诗人较强的个体生命意识和史家的深邃眼光。以诗的形式纪实的“史”，也是被悲剧意识引领的历史背景观照下的“诗”。

方文之所以属意于沉郁的诗篇，是希望透过篇章寄托其孤愤的心迹。顺治四年（1647），方文35岁，痛感岁月蹉跎，《初度书怀》（其一)："云霄空负平生志，沟壑还留未死身"，"伤心国破家何在，俯仰之间迹已陈"。方文感到自己唯一可做的是将明代的文化传承下去，使得后世子孙勿染异族"腥膻"之气。希望后世读者读其诗而知其心、明其志。行医占卜卖文，苦难的经历孕育了诗思与文意，他试图透过诗歌去理解所所阅历的一生患苦，并借之见证旧朝遗民的哀凉。"流水滔滔何日返，遗民落落几人存"(《三月十九日作》)，渴望为后世所理解，渴望后世了解故朝文明，正是鼓动方文创作的力量。"空囊莫问金多少，但有《嵞山集》一函"（《自芜阴还太湖舟中作》)，他将自己的《嵞山集》等价于南宋遗民郑思肖的《铁函心史》。《心史》作为记录宋朝失国痛史的历史奇书于崇祯十一年（1638 年）在苏州承天寺眢井底被发现，得以重见天日。作者郑思肖，南宋末为太学上舍，曾应试博学鸿词科。元兵南下，忧国忧民，上疏直谏，痛陈抗敌之策，被拒不纳。郑思肖痛心疾首，孤身隐居苏州著痛史。四百年后，方文重历郑思肖的苦难经历，他意识到自己所负忠孝责任的重大，"妻孥莫恨无生产，千首诗传抵万金"（《熙城漫兴》)。方文深信，后人将通过文字得知这段悲怆历史，故其《熙城漫兴》慨言：

> 世间何物夺吾好，
> 异代有人知此心。

遗民诗思使方文诗克服了历史与诗歌两类文体的局限，而蕴涵二者之长，史家的实录精神和诗人的深情吟唱重叠交锋，《龙眠风雅续集》（卷十二）所收左国棅《题方明农采药图》云："幸有孤松如伯仲，还从百草识君臣。荷锄独自归家晚，袖里新诗画里神。"切中了方文高度的诗学自信。正如袁枚《仿〈元遗山论诗〉》所云："就使吴儿心木石，也应一读一缠绵。"

三、何年始遂南湖约，春雨秋霜一钓船

作为中国隐士的典范，陶潜“不为五斗米折腰”的气节多少年来一直是中国文人效仿的精神典范。从南宋开始，陶潜被纳入遗民队列。明清之际，陶潜更前所未有地显示了其闪光的文化魅力，遗民们对陶潜隐居而不忘故国、不臣服新朝的人格大力弘扬。因此，方文接受陶潜不仅是因其道德人格，更重要的是晋宋之际与明清之际相似的政治环境。《题陶靖节先生小像》：“谁画渊明采菊图，柴桑桥畔独踌躇。庐山百药般般有，只是伤心刘寄奴。”表达达了其对陶潜菊隐由衷钦佩，对于刘裕毫无价值的死深感惋惜。采薇首阳成为方文诗歌永恒的主题。山林野夫，垂钓江湖，是方文终生之所追求，“何年始遂南湖约，春雨秋霜一钓船”（《喜马倩若至夜话》）。《秋日漫兴》：“四时平分秋最佳，孟秋景物尤堪夸。千树欲落不落叶，数枝将开未开花。……溪山如此足娱老，我独何为欲辞家。只缘性情好江海，八月又泛银河槎。”秋雨潇潇，洗刷了大地苍天，菰蒲茭芡，生机盎然，处处布满秋天的芬芳和丰收的金黄。炊烟牧童，平桥疏树，散落村庄，无处不是高人隐士遁迹的理想之所。如此溪山，足以娱老。乡村的安逸宁静与温暖和谐，足以令人羡慕神往。但方文又将辞家远行，他自己解释为爱好江海山水，笔者却认为，这只是方文的委婉托辞。事实上，是其晚年生计所需尚未妥当安排，他希望能营造一所自己的别墅并拥有千亩良田。

友人范小范做遗民隐居漳湖，方文卖卜途经漳湖前去拜访，作《漳湖歌赠范小范》：“漳湖垂钓者谁子，磊落嵚崎天下士。不堪牛马走风尘，且伴凫鸥美秋水。水边筑室曰纬萧，朝为渔人暮为樵。”狂风吹不去心中的古典。范小范本为天下豪杰，磊落嵚崎。身经国变，不仕新朝，而与凫鸥秋水为伴，筑屋水边，垂钓樵薪以自乐。“他年汉使求遗老，舟过雷江先问君”。方文深信，范子英名将永垂于史。对范子之隐深表敬意，同也暗示了自己心志不移的决心。

顺治十年（1653）冬，云居山真如寺访晦山大师，逗留多日，作《云居访晦山大师赠十韵》抒写自己的隐居之思："谈禅谈诗已快绝，重论往事悲不胜。欲补青天无采石，欲系白日无长绳。与其羁绊尘网中，腥浊臭秽良可憎。何如埋照向幽谷，身心皎洁玉壶冰。"① 出家本就是许多遗民的操守策略，方文希望读者能够窥知晦山大师的心魂：天道沦丧，回天无术，只有归隐可保贞节。异族新朝，"腥浊臭秽"，方文为晦山大师玉壶冰心的热忱所感染，同时，他也渴望更多的读者被感染。《题烟波独钓图》：

一自两京沦没后，斯人漂泊在江湖。
临流高咏有时有，触景暗伤无处无。
世难且从公望隐，运回应笑子陵愚。
衣冠倘见刘司隶，岂肯甘心老钓徒。

"烟波独钓"显然就是描绘一位高隐之士的渔蓑生活：远离烦扰的尘嚣，远离充满诱惑的人世，遁入深林，独自垂钓。值得反思的是，这位高士之隐是在"两京沦没后"遁入山林中的。诗歌的联想提升了绘画的主题：两京沦陷，是方文设想的背景，在构思这首诗时，方文已经将自己设定为图中的垂钓者。因此，他把图画的衍生层面当作诗篇的真正含意。但同时，方文又始终保持思路的清晰：痛下决心以隐的能有几人？孰能将这份贞节固持始终？

渔海樵山过此生，向平儿女未忘情。
——《留别马倩若兼订毘陵之游》

① 《嵞山集》卷三

愿君早奏升平略，渔海樵山任所之。

——《送陈旻昭御史征兵广西》

我祖沉渊家训在，徜徉林壑复何求。

——《与从子子建感旧》

白云青霭谢家山，吾欲逃名隐此间。闻说风流贤太守，也能诗酒意相关。

——《赠袁长卿郡伯》

予意怀农隐，深秋返旧岩。

——《润州早发》

深山共隐知何日，江草江花愧转蓬。

——《潘江如钱驭少陈升东张则之共集皆山楼送予归是日大雨予与江如借宿》

从今卜筑深山里，朝夕渔樵一任真。

——《客有教予谨言者口占谢之》

发白有穷日，愁多无尽时。不如投古刹，髡作老昆尼。

——《梅墩杂咏》

其实，方文与其同时的友人孙无言一样，一生在吟咏归隐，而一生未归。他们以遗民之姿遁居城乡，交游达官显贵。这种生命选择乃因家族孝道未尽。共同的坚持和渴望为他们赢得诗史声名，也使其以精神的高贵而留芳于史。

第四节 “嵞山体”与“少陵体”“长庆体”

杜陵天宝之诗人，

香山变为长庆体。

迨有明兮千余年，
桐城堀生方尔止。
——阎尔梅《题方尔止四壬子图》

王渔洋《分甘余话》论明清之际诗歌流派云："明末及国初歌行，约有三派：虞山源于杜陵，时与苏近；大樽源于东川，参以大复；娄江源于元白，工丽时或过之。"其认为，清初歌行体三派的代表分别是钱谦益、陈子龙、吴梅村。固然，三家确为诗学典范，三者中作为诗体艺术向为后世所重视的则是"梅村体"。而长期以来被文学研究所忽略的方文诗则兼有虞山和娄江之长，既有少陵之沉郁与顿挫，又具元白之浑厚与深情。方文诗以杜甫、李白为自己学习的目标，一生"沉酣杜、白"，形成了风格独特的"嵞山体"，钱谦益《与方尔止》中给嵞山体以"波澜独老成"的高度评价。

"嵞山体"作为一种诗体形式在清初与"梅村体"并驾齐驱。以《鸳湖曲》《圆圆曲》等系列叙事诗为代表的梅村体引起后世学界的高度关注。而同样以长篇叙事抒情为主的"嵞山体"则成为空谷绝音。更为重要的是，"梅村体"长期受到文学史的热切关注，研究吴梅村，谁都不能无视"梅村体"。比较之下，"嵞山体"的研究则几乎是空白，方文研究没有引起学界应有的重视。事实上，研究"嵞山体"诗歌及其所反映的文学思想，不仅可以对方文文学思想有全面的认识，而且可以从一个侧面了解清初文学思想的发展与嬗变。

一、"嵞山体"与"少陵体"

钱谦益《送方尔止序》谓清初诗坛能"得少陵之风骨，深知其阡陌者，（尔止）一人而已"。他认为诗史的真正巅峰作家是杜甫，没有谁能达到他的高度，在清初纷纭的诗坛上，唯有方文得少陵精髓。显然，他把方文纳入经典作家的行列，而加入杜甫的行列即意味着加入了传播文化及其发扬伟大道统精华的辉煌历程。方文正是以此自命，《崔李行》曰："有唐诗人累千百，我独师承杜与白。"王士祯《渔洋诗话》中载方文曾自比于陶潜、杜甫、白居易。且"以己壬子生，命画师绘《四壬子图》，中为陶渊明，次杜子美，次白乐天，皆高坐，而己伛偻于前，呈其诗卷"。"跪"在诗贤面前，表示方文对古典的真诚崇拜，他将自己定位于前贤的弟子——继承者的位置。他坚信：这些经典人物会以一种神奇的方式引领他的心灵到达理想的高度。可以感知，方文所意识到的强大的文化使命：在经营文化传统的事业中，他认同并接纳自己成为此种文化传播者的角色。他所苦心期盼的，是他的诗歌创作不仅能够被未来的世代所认同，而且也能对诗坛后人产生相同的价值导向。孙枝蔚《题方尔止四壬子图》："嵞山攻诗三十载，老来作事何痴颠。不愿左揖安期袖，不愿右拍洪厓肩。但愿论文遇陶叟，更招杜白坐两边。"这意味着孙枝蔚能够真切地领略方文异常的个性禀赋与才学抱负，无疑可为方文知音。陶叟、工部、太傅其实就是方文想要并驾齐驱并相知相识的真正目标。《嵞山诗》似乎与三位先贤借相互的理解而在历史中呼应了。阎尔梅《题方尔止四壬子图》云："四子皆以壬子生，先后文章辉青史。画作词坛聚讲图，著其干支称世纪。……尔止此图傲古人，自命风雅之功臣。"李邺嗣《秋夜读豫章王于一诗》："书题甲子怀彭泽，泪洒关河对杜陵"，《夜坐同蕴生诗成》："田园自适陶公趣，盘翁都成杜老名"，即对方文诗歌遥接少陵深表中肯。可以推知，《四壬子图》在当时所引起的广泛唱和。

所有这些都证明方文的文学力量广被认可。方文诗学写作明显受到陶潜的影响，显示出一种对华丽辞彩的拒斥和对朴素平淡诗风的强烈追求，说明他借助于对古典作家的理想化来建立一种标准模范的审美格式。方文敬佩陶潜的恬淡诗风和隐士高义，这两点，都足以使方文与陶潜并举。笔者丝毫没有怀疑陶潜诗歌的魅力之意，但仅学陶往往会缺少历史的厚度和文化重量，会将人们引入那个极少人才能走进的理想庄园。在这个意义上，陶潜只能是文人所求理想的源头。此后，陶诗便担负不了厚重的历史使命。这个重担自然地落到少陵肩头。由此方文由陶入杜，把少陵作为自己的航标。王渔洋在其《渔洋诗话》中表示，四子中“陶坦率，白令老妪可解，皆不足虑，所虑杜陵老子，文峻网密，恐嵞山不免吃藤条耳”。渔洋意识到，方文所面临的“影响的焦虑”不在于陶潜，也不在香山，而在于少陵。少陵诗因代表了中国诗史的“正宗”诗风而被后世推向“诗圣”之巅，而“圣”在同一领域则不能有二。

文学史的演进过程，本身即是继承与超越的历史。方文真诚地敬服有诗史称号的诗圣杜甫。借助于创作，方文超越时空与另一个心灵相遇。在杜甫那里，方文真正学到了诗魂和诗艺。杜甫以前，叙时事之作较少。杜甫秉承汉乐府“感于哀乐，缘事而发”的创作精神，把历史诗化，开创了“时事诗”的先河。其后多少诗家对此兴叹难逾，而千载之下的方文跨出了属于自己的一步。

杜诗是时代盛衰的忠实书写，又是诗人飘零身世的完整自传。屈大均《杜曲谒杜工部祠》赞以“一代悲歌成国史，二南风化在诗人”。时事只是一种写作背景，其核心仍借此反映生活之真，诗思就是诗歌的原点。与杜甫相同，方文是个全然的抒情诗人，孙枝蔚《题方尔止处士采药图》（其二）颂扬方文：“新倚长镵同杜甫，熟看香草注离骚。”对于时事的敏锐超越常人，他的诗情匹敌杜甫，是杜甫“诗史”意识的自觉继承者。他认为，让后人知道并了解过去的历史是自己的诗学天职。方文《夜集沈冠东斋头》：“侧身天地几人在，举目河山万事非。憔悴休文尚无恙，蒹葭霜水各依依。”大量的“嵞山体”创作正是其为胜朝存史的艺术追求。以诗的形式记录历史英雄，通过个别人物的生存状况揭示社会时运悲剧。这些历史人物一生的行迹在诗中得到真实可靠的记载，历史学家也往往把它当作可信的史料。在这方面，方诗具有“纪实文学”的特点。虽说这一特色如前叙在方诗中也有区别，但整体而言，方诗更多的是采用史笔蕴诗心的手法，更加重视诗的实录作用，使得方诗总体上显得更质实厚重。《大明湖歌》：

济南城中大明湖，乃在贡院西北隅。
其南即为藩司署，墙脚不许通樵苏。
七十二泉汇于此，严冬大旱水不枯。
湖中芰荷杂葭菼，夏月望之如蓬壶。
往时官府好事者，小舠载酒遨且娱。
民间菜连亦不禁，所以此地称名区。
崇祯戊寅十二月，辽海万骑来燕都。
前锋直抵济南郡，济南防备甚疏虞。
是时山东大方伯，张公钟阳吾姊夫。
（自注：公讳秉文，字含之，桐城人。万历庚戌进士，别号钟阳）。
率彼群吏婴城守，辛苦半月犹枝梧。
已卯元旦城竟破，公中一矢身先殂。
吾姊闻难且不哭，立召二妾来咨谟。
爷为大臣我命妇，一死以外无他图。
嗟汝二姬各有子，长儿虽归幼儿俱。
于义犹可以缓死，抱儿且往民家逋。
小妇抗言吾弗活，愿与母氏同捐躯。
两人缝纫其衣带，欣然奋身投此湖。
中妇年已过四十，本欲殉难还踟蹰。
腹中正怀五月孕，膝下又有双凤雏。
私念吾家大小悉赴水，安忍此辈为鰕鲋。
泣拜忠谨二老婢，一婢一孩负之趋。
倘遇白刃斯已矣，侥幸不杀还至此处来寻吾夫。
大明湖边有深涧，上用柴草杂乱铺。

蒙首潜身匿其下，六日不食气息无。
兵来见是茫泱水，水面浮尸如众凫。
匆匆亦不暇搜索，此妇性命遂免屠。
六日以后番兵去，乡民次第来闉阇。
城中杀戮十余万，家家骨肉哀号哭。
中妇闻声匍匐出，自言我是张老姑。
张公平日多惠政，百姓闻者争前驱。
因导此妇寻公尸，尸在城楼色不渝。
又倩一人入湖水，捞寻大妇小妇于寒芦。
俄顷二尸得并出，遂与张公之尸并陈于路衢。
残黎助钱买薄板，草草殡殓何所需。
异哉二婢亦未杀，被掳为兵刲马刍。
各言此子是己子，仍以残饼为之餔。
兵去婢留寻阿母，同日抱还其两孤。
一孤乃是己所出，一孤乃是小妇所遗珠。
未几复产遗腹子，与前二子同煦濡。
扶棺挈儿返故里，亲戚见者咸嗟吁。
此虽张公盛德之所至，亦由此妇才智与人殊。
圣朝褒忠务严实，公膺赠典良非诬。
二十年后我游济，大明湖边立斯须。
追惟往事不胜痛，临风雪涕沾平芜。
忠臣烈妇分自尽，岂必求人知之乎！
弟恐年久事湮没，因作此诗告吾徒。

此诗以凄怆之笔描绘了清兵入关横扫山东、屠城济南的残酷和山东巡抚张方伯全家殉难的悲壮。济南守兵全军覆没，张方伯妻殉夫殉国，一妾为保全张氏之后而匿身草丛。清兵掠城而去后，此妾历尽艰辛寻尸殡殓，扶柩归里，终于保全了张公所有的香火血脉，包括遗腹之子，安然无恙。一整段连绵的历史创痕，在章回小说式的叙事架构中娓娓道来。客观描述中渗透着同情，审慎的态度并不掩盖其清晰的爱憎。宣洒成一曲时代转换时对牺牲者无奈的安魂之歌，可以感受到诗人抑制不住的历史悲恸：面对历史巨变时，那不可换回的沮丧和锥心刺骨的哀伤，讴歌了忠臣烈妇的义举。可以看出，方文旨在“存史”，其诗具有极强的纪实性，赵翼《瓯北诗话》即云，“因诗以考史，援史而证诗”，诗可证史。方文的诗正为后世记录了一段真实的动荡史。《大明湖歌》如果不是方文最好的作品，那最低限度也该是他最为动人的篇章。其主题的神髓庞大，其历史的视野宽宏细致，在清初数十年的诗史中，确为杰作。尤为值得注意的是，《大明湖歌》已把传统“长庆体”的史诗格调，推向更成熟、更让人低徊的新风格。方文无疑已成就了一份史家笔触，在客观与写实的时刻里，最是关情。

孟棨《本事诗》：“杜（甫）逢禄山之难，游离陇蜀，毕陈于诗，推见至隐，殆无遗事，故当时号为诗史。”其认为杜诗是一部诗史，此说至宋以后成为诠释杜诗的定理和法则。“忧患诗人”杜甫，生当安史之乱，岁月动荡，时势危艰，颠沛流离之际仍忧国忧民，其阔大的胸襟和高尚人格最为明代遗民群体所折服。方诗注意从宏观视角窥视历史灵镜，而自然地显现出文学意味。在这一点上，方诗与杜诗异曲同工。

杜诗中的感情百折千回，连绵不尽，历来被评为“沉郁顿挫”。方文接受了杜诗的顿挫手法，感情的基调树立在诗人心忧社稷的基础上。其基调是一种在战乱中产生的把一己遭遇与国家苦难联系在一起的深沉感情，沉雄而深厚。

眉端尚有英雄气，
二十年前四十时。

——《重题采药图》

而方诗中的感情慷慨激越，足证忠肝义胆。悲剧性与英雄式的苦难本身，就是方文仿杜的主题，尽管他与唐代杜甫所见大相径庭。方文从杜甫处取为鉴者，唯有以诗叙写个人苦难的技巧。固然，杜甫与方文，都身处国家存亡的夹缝，两人的际遇适为类比。他们的诗所关切者乃动乱中的个人忧患。杜诗还有仕途蹭蹬、壮志难伸的苦叹，方文则已彻底放却仕途欲望。方文的选择代表了当时对于“忠”的新见。也就是说，在立德、立功、立言的人生至境中，在没有立功之机的时代，生命的意义未必选择“功”——步入仕途或奋身疆场或轻若鸿毛的死节。这种新的思索已经超越了传统生命观所达到的高度。孙枝蔚《题方尔止处士采药图》（其二）：“不去垂竿不鼓刀，忍闻妻子有啼号。古方且喜君臣在，隐士谁嫌医卜劳。”活着而“忠”永远是方文生命的支撑。

由于诗人身历其事，所以所记情真。但杜诗总体上看来更似作者的自传，国家民族兴亡的大事都溶于作家自我的哀乐之中。而方诗则是一种比较客观的叙述，把诗人主体的感情潜藏于诗歌意脉中。《除夕咏怀》（1644）（其一）：“除夕年年不忍除，今年除夕痛何如。…… 藏书遍写崇祯字，每岁开函泪满裾。”尽管年年度除夕，先皇日历也已更新，为解悲痛，无数遍题写“崇祯”。因为在方文的意识中，“崇祯”非复逝去的王朝，已经化为一个符号，成为一种文化象征。

杜甫作为一个不坠素业的贵族子弟沦落到卖药为生，寄食于人，“朝扣富儿门，暮随肥马尘”（《奉赠韦左丞》），体味到求生的艰难。生存成为杜甫诗歌的重要主题，成为支撑他创作的原始动力，杜甫《空囊》：“不爨井晨冻，无衣妆夜寒。空囊恐羞涩，留得一钱看。”安史之乱后，杜甫对自己的苦难和忧患融进了对民众的深切关怀，由己及人的道德理想上升为对国家前程的焦虑。作为抒情诗人，方文所担负的忧患痛于杜甫。方文的时代，祖国已不复存在。而杜甫的时代，仅仅面临着一场巨大的国家内乱。但有一点是相同的，即方文和杜甫都因饱经忧患而拒绝“词臣”的卑微身份，努力将自己打造成人格完全独立的诗人：摆脱了官场的曲意奉迎，而真实地书写民族灾难和时代创伤，都在用自己的感情写作在野的“历史”。

清兵迅速南下，南都未及抵抗便举城投降。铁与血的浩劫后，故国王朝顷刻间分崩离析、湮没消溟。一个野蛮落后的游牧民族又一次征服了文明的华夏民族。方文《闻杨龙友孙克咸同日死难诗以哭之》：“却怪两京齐改步，曾无一士肯捐生。”当南北两京师陷落后，满朝文武，举城投降，而在外防守的将士则抵抗而牺牲，表达方文内心的不平。进而写江南，清兵到来之际的江南，《张季昭妻妾死节诗以旌之》：“代马萧萧鸣过江，江东无地不倾降。”侵略者的骑兵到达江南，所过大城小邑，不战而降。国变之初（1645），方文回到金陵，旧京所见，冠盖满衢，不胜感慨，“降志但知夸卫律，渡江谁复慕刘琨。乘轩争乞新朝宠，对酒都忘故主恩”（《除夕咏怀》其二）。摇身一变，前朝命官都在千方百计争取新朝新职位，故主旧恩早已抛却云外。《舟中有感》：“旧京宫阙已成尘，宝马雕鞍日日新。万劫不烧唯富贵，五伦最假是君臣。”（《除夕咏怀》其二）三百年朝廷养士，却无一人甘作忠臣。因此，国变后方文的诗充满忧虑，声调低沉，“诗书无恙种先绝，仁义何知利独亲。三百年来空养士，野人痛哭大江滨”（《除夕咏怀》其二）。在利害得失之际，国在何处？君在何处？“独有野夫篱落外，长号不敢暗声吞”（《除夕咏怀》其二）。“安忍衣冠改汉朝”（《至日庙祭后饮从弟声之宅》）。决然做旧朝遗民，把自己作为“忠”的化身——将经历九层地狱的苦炼。由此，方文被视为“少陵后一人”，而方诗则承载了一代诗史的内涵。

白居易折服杜甫，杜甫在白居易的时代第一次被推向诗坛的巅峰地位。白居易《与元九书》：“诗之豪者，世称李、杜。”白居易正是学习少陵体而创作出影响深远的“长庆体”。而嵞山体则又融合少陵与长庆之长，体现了继承杜、白诗思的诗史进程。方文的诗歌使命，乃希望后世读者，展读其诗之际，透过文字窥知其诗旨。同时也说明，在其思想深处，经历岁月淘洗，方文由杜甫的沉郁升华到乐天的旷达。职是之故，他需要更多的读者理解，需要更多的读者层面，希望人人解吟其曲衷。为此，方文由少陵诗思进入乐天诗境，故在《秋日归里饮潘蜀藻茅堂谈香山诗甚快有赠并示从弟井公》云："往日刻画杜工部，近日沉酣白乐天。"

二、"嵞山体"与"长庆体"

遗民沈寿民（字眉生，号耕岩）《姑山遗集》卷二十五《复方尔止》中谓方文与"千年白傅风流后先"。邓汉仪《诗观初集》："尔止诗专学长庆，仆昔与之论诗萧寺，颇有箴规，尔止弗善也。要汰其俚率，存其苍老，斯尔止为足传矣。"说明当时的人们即已发现长庆体诗对方文诗的深刻影响。进而潘江（字蜀藻，号木崖）将方文独特的诗体风格命为"嵞山体"。其《王子安节以嵞山续集见贻效嵞山体赋以志感》："有明著作最权奇，熙甫文章尔止诗。""熙甫"乃昆山归有光字。潘江认为，归有光散文与方文诗歌乃明代文坛"权奇"之作。方文诗的权奇主要体现于对"长庆体"的学习与超越。

"长庆体"指唐人白居易、元稹以《长恨歌》《琵琶行》《连昌宫词》为代表的叙事风情宛转、语言摇荡多姿的七言长篇歌行。其以叙事为主要特征，借儿女之情和悲欢离合反映具有时代和社会意义的主题。袁枚《仿元遗山论诗》（其二）云："生逢天宝离乱年，妙咏香山长庆体。"明末清初，著名诗人吴伟业以七言长篇歌行描写明朝兴废的历史巨变，抒写诗人内心创痛，如《永和宫词》《圆圆曲》等，脍炙人口，被诗家视作"长庆体"。和吴梅村一样，方文对"长庆体"亦情有独钟，如《负版行》《石臼行赠崔正谊明府》《城西行》《风雷行赠雪田上人》《张道人园居歌》《龙竹歌》《卖马行为祝一之赋》《皖口行》《崔李行》《泣象行》《韩侯儿》《吴郎行》《二客行》等。传统的"长庆体"如元白、吴梅村之作多关注自己的遭际与感受，直接写（我）的经历遭遇。方文诗的视觉中心在于他力求在现实世界面前隐藏起自己，成为客观冷静的观察者、思考者。吴梅村在题材方面沿袭乐天，其关注视点多在宫廷，而方文则有意识地将视点从宫廷转向更富有时代特色的民间。以史笔审视历史，叙写大地沧桑，黍离之别。《负版行》（1657）：

数年不到三山街，今春偶到多感怀。
不知是何大书册，路旁堆积如芦柴。
行人纷纷来买此，不伦何书只秤纸。
官价每斤钱七十，多买少买随人耳。
借问此是何版图，答云出自玄武湖。
天下户口田亩籍，十年一造贡皇都。
玄武湖心绝炊爨，永无火患及鼠患。
洪永至今三百年，收藏不知几千万。
一从世变陵谷新，此图废阁空埃尘。
有司上言请变价，听民自取输官银。
官召吏人估其直，十四万金可立得。
富民争买入私家，零卖与人取微息。
有一老翁立路旁，俯首见之神暗伤。
曾为州椽写此册，一字错误忧彷徨。
岂知今日废无用，口不敢言心自痛。
也买一册负之归，看是何年何地贡。
其中户口久凋残，田亩荒芜不忍看。
若逢鲁国驱车叟，凭轼而趋鼻更酸。（卷三）

似乎读方文的“日记”，《负版行》来自于一次途经所遇：路过金陵，看到一群人在焚烧某物，好奇探问，得知烧毁的是前朝账簿。方文深为震动，新朝政府就用这种方式毁灭一段历史，毁灭一段文明。兴亡盛衰，作为一首史诗，它对于政治历史事件表现没有从正面切入，而是由一个历史的细节映照出历史沧桑，焚烧明朝账簿证明了一个王朝的永远消逝，用意深远，隐含着对现实的批判和对异族统治的否定。方文并没有评说世事短长，而是隐蔽身份，把诗中的视角聚焦于他人的态度中，在如泣如歌的叙述中迸发出浓郁的危机感和忧患感。这种叙事策略从那种以个体感情抒发为主体的诗学传统中，变化出一个带有感染力的少受主观干扰的具有历史性的思维空间，以利更好地体现历史的命运。它使诗的叙事性加强的同时，也增强了社会批判的深度，这是“长庆体”诗在方诗中的突出表现。

李明睿谓方文诗“妙于序事”，这正是方诗继承长庆体最引人注目的方面。把史事作为抒情背景，使读者感同身受。事件的来龙去脉像一条河，不能件件从头说起，则抽刀断水，只取一瓢饮，《阿狗行》：

有奴阿狗辞主人，主人不语潜酸辛。
念汝事我三十载，性虽椎鲁还真醇。
平生衣食在园圃，岁种瓜蔬绕环堵。
有时从我江海行，会佐榜人美篙橹。
曾将资斧数百金，付汝扃钥试汝心。
久之秋毫不敢动，自此财货遂相任。
汝年已壮尚无妻，为汝娶妻曰清溪。
妻性懒惰复多病，不任驱使尚勃豀。
今年烽火连数月，危城坐困薪米缺。
主人尚不免饥饿，阿狗岂敢爱肤发。
我有兄嫂闻汝贤，久欲借汝为耕田。
顷即持钱八十缗，买汝夫妇归欣然。
阿狗此时意凄恻，拜辞主人泪沾臆。
不言犬马有微劳，深惭未报帷盖德。
阿狗阿狗知汝忠，汝与今世人不同。

今人叛逆为乱贼，汝则尽瘁能匪躬。
他时有钱仍可赎，往来只在吾门中。

择取了跟随自己三十余年的仆人阿狗离去的一个场面——主人因穷困不得不卖掉阿狗，从场面气氛开始写起，诠释了阿狗的真诚朴实和忠厚人格，及最后不得不忍痛割爱的缘由。仅以八十文钱即将一个吃苦耐劳的忠实的奴仆卖掉，生命的凋谢如此突然却又自然，说明了方文的心痛之巨。讲述具体的人生遭遇，并且从一人之离合透视时代的悲剧，从自己生活的荣枯考察一个时代的盛衰。人物的命运和事件的结局不可预知。如果说，在顾炎武和王夫之的人文视野里，“著述”和“明志”作为两种最为重要的创作母题的话，那么，方文的诗则体现了对生命的质朴关注和人性精神。《泣象行》：

有象有象西南来，言从楚塞之燕台。
县官郊迎十里外，闾巷昼闭城门开。
居人看象家家出，道旁暗数十三匹。
高如屋脊色如灰，形势威猛良可怵。
中有一象独泪流，驱之不行屡回头。
诸象亦似惨不乐，强行数步还复休。
借问此象何由得，象奴欲语先凄恻。
此兽不与凡兽同，曾受本朝大官职。
一自两都陵谷迁，口统却在西南天。
群象当关争御敌，戎马不敢窥黔滇。
顷者将军贵公子，轻身挑战陷重垒。
将军舐犊不胜情，车辇金银来赎取。
北兵摇手不受金，会须巨象始称心。
将军痛子不得已，遂驱此象来江浔。

岂知人情故叵测，既获此象子复贼。
将军愤极大举兵，电闪雷轰在顷刻。
北兵大败不可支，水深河广争渡之。
人马溺死凡数万，仅余此象先驱驰。
象本不愿从逆节，无奈为人所羁绁。
象奴虽贱南方人，屈膝北人愤所切。
燕山楚水路漫漫，昼行夜卧同辛酸。
其中老象心更苦，双眼常流泪不干。
我听斯言发长喟，世间物各有忠义。
雀犹报德鱼感恩，魁然巨物何足异。
君不见，供奉猴，桃掷欲上朱温头。
又不见，舞床马，怒视禄山不肯下。
尔象有力逾千钧，何不发狂奋迅奔。
绝尘任渠万马追莫及，何为低头垂鼻空含辛。

借大象之遭际描绘了一场残酷的失败战争，揭露了北兵的欺骗伎俩。尽管将军最终取胜，作为人质的爱子已被北兵所杀，十三匹英勇善战的大象也被北兵驱走。似乎大象也能感知自己的沦落而欲行彷徨。对入侵者的控诉正似少陵《悲陈陶》《前出塞》，展现了人民的忍辱含辛。大象的遭遇，寄喻了方文的血泪和生命，令人泪下！基调缠绵悱恻而又苍凉凄楚。吴梅村歌行往往要制造二元对立的矛盾冲突，并以之作为诗歌的主要内容。方文诗歌则尽量淡化外在的矛盾冲突，《大象行》以大象的哭泣代替了厮杀的战斗场面，以叙述的方式进行叙写，似乎平淡无奇，却散发着一种强劲的内在张力。主题深沉凝重，奠定了方文诗歌“悲情”的基调。方文诗这种客观而不夸大的叙述视角，饱含了最大的宽容与深沉的悲伤。诗心贯穿于史迹，触发起绵延不断的黍离之悲，唤起对世事天道运行的渺惘幽思，予历史铺叙以诗的灵魂，催人心折。在这些诗中，历史的框架只是方文抒写哀乐的依托，史思则是牵引方文诗思的原动力。

方文诗歌语言系统采用客观视点，始终与所描述的事件、人物保持着一定的距离。清丽明畅，极少用典。王泽弘《北游草序》言方文诗“高老浑脱，……渐老渐熟，渐造平淡”。又云方文诗“如少陵夔州以后，香山洛阳、东坡海外之作，天机烂漫，几于神化”。王渔洋《渔洋诗话》：“（方文）晚学白乐天，好作浅俚之语。”纪映钟《徐杭游草题词》云方文诗“以大雅为宗，以自然为妙，一切纤巧华靡、破裂字句，从不泚其笔端，垂三十年，守其学不变，而日造坚老纯熟，冲口而道，如父老话桑麻，不离平实，却在精微”。潘江认为嵞山诗最明显的特征即是“淡”得耐人寻味，给人无限回旋之感。读时感觉平淡，读后产生挥之不去的感伤。微妙的平淡，有其独特的理解和演绎。方文始终不渝地做一个旁观者，记录和铭刻下一个旧时代的所有。越到晚年，越追求一种平淡的诗风。他曾说：“凡文字，少小时须令气象峥嵘，彩色绚丽，渐老渐熟，乃造平淡。其实不是平淡，绚丽之极也!”（《与二郎侄》）。

从这个意义上说，方文不仅继承了“长庆体”的诗歌体式，而且丰富了“长庆体”的诗歌艺术，提升了这一诗体的包容量，从而推进了这种诗体的发展。

总之，方文在广泛学习陶潜、杜甫、元白的基础上，更多地保留了陶潜“淡然”的诗风与朴素的辞藻特点。通过明清鼎革之际的下层遗民动态，以系人记事的手法，用错综多变的叙述手段，借朴素的语言与悲凉凄楚的情感形式，采用长篇歌行体，演绎了一幕幕感人肺腑的社会悲剧。其以史笔诗心的方式突破了杜诗的藩篱，使得一向薄弱的叙事诗别出心裁，形成独具一格的“嵞山体”。在当时即产生了广泛影响，润州张书生，聪明好学，仰慕方文才学，请教方文诗集命名《嵞山集》的深刻含义。方文回以“云慕嵞山期与同”。故乡有山名嵞山，用故乡的山作为自己一生创作的诗集名，表明方文故土故乡故国的灵魂归属，其潜在的含义是向后人证明他是明代的诗人。由此张书生因敬仰方文而更名为张嵞，希望自己能够达到方文的道德操守，同时达到方文的文学高度。京口周建西、周子常幼喜嵞山诗，方文《二周行赠周建西子常》："君尤笃好嵞山诗，借我全编悉抄写。"京口二年轻书生周建西、周子常尤笃喜嵞山诗，当方文整理结集后，二书生不辞辛苦，将《嵞山集》全部抄写下来，不仅为自己以后的阅读提供方便，同时也作为自己学习写诗的经典。当时的诗家如吴兆骞、陈维崧视"嵞山诗"为瑰宝。至康熙初，方文诗歌已经传遍大江南北。

方文深知文学不朽的历史意义，执着于自己认定的"林中路"，并且走出了一片属于自己的"天空"。借助于诗歌，他终于可以徜徉在文化记忆和文学经典之中。

三、一生得意是诗成

萧统《文选》载曹丕论文学之功用云："以古之作者寄身于翰墨，见意于篇籍，不假良史之辞，不托飞驰之势，而声名自传于后。"传统儒家认为，有价值的人生当立德、立功、立言。曹丕敏锐地捕捉到能使人们流芳百世的关键问题在于立言。这并非立言最为重要，如果比较三者价值的轻重，立德、立功都等价于立言。但前二者如果缺少史家的记载即不被传播，如不达到至圣的高度或建立卓越的功勋，史家将不会注意到你，所以杜甫感叹"翠柏苦犹食，晨霞朝可餐。世人共卤莽，吾道属艰难"（《空囊》）。但立言则大不相同，只要自己想留给后世的，可以自撰或他撰，而得以保存并传播。唯有文字才能记住"德"与"功"，永垂不朽的理想唯有借助文字才可能实现。对于遗民方文来说，他清楚地意识到："性情最是游不厌，富贵何如诗可传。"（《归里》）尽管自己的人生未能建立功勋，但自己却能够成为为后人尊敬和仿效的道德典范。在这一层面上，可以和殉国的价值等量齐观。为得到后世的理解：

此游何孟浪，行李竟萧然。
自负囊中物，新诗二百篇。
——《东流》

他用诗歌诠释自己的行为，浪游的结果是收获“新诗二百篇”。尽管行李仍萧然，但他将这一段时间的行迹和心灵记录下来，而不是凭想象塑造出来。所以，他心中块垒释然。

湖海茫茫任所之，家人生产不曾治。
《千金》在手一时尽，万事到头谁得知。
自笑疏狂终莫改，人呼孟浪亦何辞。
平生癖好惟三种，左马文章老杜诗。
——《舟中漫兴》

一部《千金药方》便是方文谋生的资本，不治家产是浪游诗人的共同性格。一生所爱唯有“左马文章老杜诗”，他自己正是追寻着左马踪迹和老杜的声音而浪游。

寄迹无生产，诗书是力田。
——《春日斋居杂咏》

尽管方文一生东西南北奔走卖卜，自言野性好游四时同，其《初度·戊子》：“四壁依人立，片帆争鸟飞。何时脱尘网，躬稼老林扉。”渴望挣脱，却始终挣扎在求生的征途，这种苦难的经历使得他青史留名。尤其可贵的是，方文谋生的同时不断地自我体验，自我反省，不断地把内心的存在经验公示出来，这个写作过程，即是自己胸愤释然的过程。友人孙枝蔚即洞彻方文的写作动机，孙枝蔚《溉堂前集》卷七《题方尔止处士采药图》（其一）写方文："乱世救贫无计策，诗家采药有吟哦。"说明同为遗民的孙枝蔚颇知方文采药的动机，不仅是方文将其作为一种遁世的良策，而且是通过这一方式谋求救国的策略。这样富有审视自我、梳理自己存在意义的抒情体验无论在当时还是在后世都具有审美的价值和意义，以至于人们因敬而将其与杜甫并举，称为"乱世两诗人"。作为遗民，方文已经预知自己的历史定位，也顺着这一规则在塑造自己的生命。他把自己并比于宋人郑思孝，把自己的创作视为郑著的《心史》。郑氏诗画双绝，事君不二，他的手稿再度鼓舞了遗民志士的精神。《心史》保存在苏州某寺井底的铁函中，非但历三百年而不朽，抑且尚能重见天日，予时人以新希望与人生新义。方文决然步郑子后尘，以"石匮藏书"修著心史，记录自己心灵的苦难和挣扎。这些诗歌记录了他的生命态度，若非此种态度，他则难以奋起于沮丧的磨折与个人悲剧之中，对于方文来说，记录心史几乎等于奋志抗清了。

方文一生所著诗文，唯有从这个角度来看才有大意：一个前朝遗民在异族统治下所经历的真正苦难和孤臣孽子的旧国情怀，以诗人之身公开叙写生活中的悲剧。可以视作"悲剧英雄"所展现的灵视，也是道德与美学原则经过最后的融通后才能表现出来的灵见。同时，读者也可以体会出其诗文所扮演的一种新角色：对道德与抒情合一的悲剧性的了解，必须透过这种角色来促成。上述的合而为一，其实就是"忠"与"贞"的交相缩结。

晚年方文回顾自己苍茫奔波的一生，感慨自己诗文的收获，其《卖卜润州邬沂公谈长益潘江如钱驭少玉汝秦臣溥李木仙各有诗见赠赋此答之》不无自豪地说"一生得意是诗成"。方文写诗旨在抒写曲高和寡难觅知音的苦闷和位卑而不敢忘忧国的忠诚，他不是"借取"往昔抒愤，而是力图"扛起"一个文化传统。

第四章

朱彝尊游幕与学术影响

朱彝尊（1629—1709），字锡鬯，号竹垞，晚号小长芦钓鱼师、金风亭长。秀水（嘉兴）人。清代词人、学者。康熙十八年（1679）举科博学鸿词，以布衣授翰林院检讨，入值南书房，参与纂修《明史》，出典江南省试。朱彝尊诗歌工整雅健，与当时王士祯齐名，并称“南朱北王”。是清初浙西词派的开创者，和阳羡词派首领陈维崧双雄并峙。经八年之功辑《词综》36 卷（汪森增补）。朱彝尊金石学方面的高度成就使他成为清代考据学的先驱。其学识渊博，著述甚丰：《日下旧闻》42 卷，《经义考》300 卷，《明诗综》100 卷，诗文集《曝书亭集》80 卷。尚有医著《食宪鸿秘》3 卷。朱彝尊的学术成就洋洋大观，绝非诗词内容的饶庶富瞻。由此，他被后世推为清初诗坛第一位“学者诗人”。

第一节　博鸿前的游幕与行踪

客居通潞春复冬，
有如饥鸟仍投笼。
——《读叶司城封嵩游草赋赠》

今天我们从文学发展的视角重新检视明末清初遗民的生存处境，不难发现，许多遗民在自我“身份认同”中尽管遭遇难以定义的尴尬，但他们终究度越价值“危机”而为自己开辟了一条既可保持身份纯洁又可有所作为的途径——入幕。朱彝尊的学术生命和文学声望即得益于其大半生的游幕生涯，其《百字令·自题画像》曰：“空自南走羊城，西穷雁塞，更东浮淄水。”入幕求生兼以养学。朱彝尊曾对友人说，他一生的游幕收入悉以买书。事实上，其束脩之入首先被源源不断地寄往故乡梅里，养育家人，此外，才“悉以买书”。

一、“通海案”发下岭南

朱彝尊曾祖朱国祚（1559—1624），字兆隆，号养淳，秀水人。万历十一年（1583）状元，历官礼部尚书兼东阁大学士、户部尚书、武英殿大学士。祖父朱大竞，曾为云南楚雄知府，为官清廉。辞官回乡时，力不能具舟楫，行李仅敝衣一簏。嗣父朱茂晖（大竞长子），以荫授中书舍人，是明末“复社”的重要成员。无子，以弟茂曙长子彝尊为嗣。生父朱茂曙（大竞次子），秀水县学生，卒后门人私谥“安度先生”。到朱彝尊时，家境已失去昔日的政治辉煌。

朱彝尊十七岁（1645）时娶湖州归安县教谕冯镇鼎之女冯福贞，入赘冯家。得到冯家的财力资助，朱彝尊有余力从事文学创作及文学交游，同时开始为自己的诗歌编年，《曝书亭集》编年即始于此，这证明了朱彝尊的远见卓识——将自己“定义”为“诗人”身份。顺治六年（1649），朱彝尊携家移居嘉兴梅会里，次年（1650）开馆授徒。与同里周篔（1622—1682，字青士，号筜谷）、沈进（1628—1691，字山子）、李绳远（1633—1708，字斯年）、李符（1639—1689，字分虎，号耕客）、李良年（1635—1694，字武曾）等交游结社赋诗，定期聚会。朱彝尊才名日以闻，诗文受到同里名宦曹溶的称赏，这为他今后步入学术殿堂奠定了重要基础。此后，开始漫游江浙，广交天下名士。顺治十年（1653），随从叔父朱茂晭赴嘉兴参加复社“十郡”大会，在江南文坛崭露头角。顺治十二年（1655），与同里缪永谋、周筼诸子谋结邻而居。其《横山题名》云：“自梅花溪达横山十五里而近。予徙居溪上凡七年始一至焉。上有顾逋翁读书台，翁诗所云‘遥向双峰礼磬声’者是已。同游者周筼青士、缪永谋于野、郑玥随始、沈进山子也。山虽小，有冈、有岫、有章、有隆、有密……其下多居民，守望可以相助，乃与四子谋结邻于是，而皆无其赀也。登舟怅然，聊书于壁。”这是令朱彝尊诸子心驰神往的清静之地，有前贤所居的遗迹，是个充满书香气息之所。但诸子皆贫而无资，遂止。朱彝尊继赴绍兴入岳父冯镇鼎学馆。

康熙初曾奏请严禁文人结社订盟、使明清盛极一时的党社运动顿遭扼杀的海宁人杨雍建①于顺治十二年（1656）任广东高要县知县。经曹溶推荐，杨雍建聘请朱彝尊为西席，教授其子杨中讷，朱彝尊遂往岭南。其有《首春端州述怀寄故乡诸子》：“往事随蓬转，谋生愈陆沉。承欢违菽水，兄弟渺商参。负米情空在，离鸿思不禁。此邦非乐土，何处好怀音。枉作穷途哭，虚劳泽畔吟。苍梧晴峡远，桂水暮流深。梦断梅鋗岭，囊空陆贾金。”可知，朱彝尊此行的目的为“谋生”与“谋金”。可以推知朱彝尊对于这份教职的不满，只是出于途穷而不得不为，并自比为西汉名士陆贾。楚人陆贾是西汉政治家，以幕僚身份随高祖扫平天下，博闻强识，能言善辩，常出使诸侯。刘邦即位后，他受命

---

① 杨雍建（1631—1704），字自西，号以斋，海宁盐官人。清顺治十二年（1655）进士，授广东高要知县。后被荐举任兵科给事中。曾一日上九疏，以敢谏著称。十七年，上书奏请严禁结社订盟，使明清之际盛极一时的党社运动顿遭扼杀。后历任兵部督捕理事、左右通政、太仆卿、左副都御史。康熙十八年（1679）出任贵州巡抚，时云南吴三桂子吴世璠割据未平，贵州初复，民生凋残。任间立营制，禁侵掠、减徭役、禁革私派、抚恤流亡，开荒耕种，民渐以安。清军平叛后北归，途经贵州，有军纪不严者，辄上章奏劾，军中号为“杨一本”。二十三年，授兵部侍郎。两年后以母老乞养归。著有《政学编》《黄门疏稿》《抚黔奏疏》《景疏楼集》等。

出使南越，说服尉佗接受汉朝赐予的南越王印，被任为太中大夫。当高祖得天下，他乃建议“行仁义，法先圣”，提出“逆取顺守，文武并用”的统治方略，遂受命总结秦朝灭亡及历史上国家兴亡的经验教训，著《新语》颇受高祖称赏。陆贾建立了协助高祖平定天下的伟大功勋。朱彝尊却缺乏陆贾的人生际遇，他自己生当其时，却为衣食而屈就教职，流露出思乡和求生的复杂心态。此时，朱彝尊表兄陆世楷任广东南雄知府，表舅查培继任东莞知县。教书之余，彼此多有交往。同时，与遗民屈大均相识并结为至交，互相砥砺。

从此，朱彝尊开始了二十余年的谋食、读书、藏书的历程。顺治十四年（1657），曹溶任广东布政使，聘朱彝尊入幕。同年九月，曹溶改调山西按察副使。冬，返里（里居三年，始赴山西之任）。朱彝尊于次年（1658）由广东启程返里，临行有《将归留别粤中知己》：“请君膝上琴，弹我游子吟。哀弦激危柱，离思难为音。”表达惜别之情。途中游览山水名胜。途经雄州，访南雄知府陆世楷。与陆同至南雄杨历岩观瀑布，多有唱和。“重为庑下客，惭愧说还家”（《还家即事》其一），此次出游因并未获得几多束脩，至家看到病妻老父，不禁惭愧不已。作《还家即事》，流露了所获无多的内疚：

> 远客朱颜改，高堂白发新。长贫谋半菽，几日且兼珍。
> 遂有耕田计，无劳陟岵频。南陔兰可采，眷恋及良辰。
>
> 卜筑仍无地，来归转自怜。痴儿犹昨日，病妇已连年。
> 扇有蒲葵揽，床移莞蒻眠。浊醪供取醉，不向酒垆前。

高堂增白发，无金买耕田。尽管并未带回几多束脩，但自己安全归来已甚感万幸。多少游人死于途中，其友人王翃即卒于游幕之途，魂丧他乡，“至此犹余悸，于焉暂息机……生还良已幸，长铗几人归”①。他不忍面对家中的“痴儿”“病妇”为“生存焦虑”所困，一年后再度出游。

顺治十七年（1660），经曹溶推荐赴山阴计欲客浙江宁绍台道宋琬之幕，后因秘密参与山阴反清之举而被宋所婉拒。在山阴，朱彝尊多与魏耕、祁班孙、钱瞻百、钱缵曾、潘廷聪同游唱酬，次年（1661）春回梅里。康熙元年（1662），“通海案”发，避祸出游永嘉，入王世显幕府做记室。永嘉之游，友人韦二丈同时入幕。赴幕途中，朱彝尊有《舟行酬王明府世显》云：“我欲看山到永嘉，不辞蜡屐向天涯。谢公正有同舟兴，相与扬帆采石华。”此次出游，既为远身避祸，又为谋得束脩。是年，在幕府聊度除夕。《永嘉除日述怀》：

> 不做牵裾别，飘然到海隅。谋生真齿莽，中岁益艰虞。
>
> 乡里轻孙楚，衣冠厌鲁儒。微名翻诋挫，暇日少欢愉。
>
> 处贱无奇策，因人远祸枢。同舟邀楚客（按：王世显），听曲赏巴愉。
>
> ……
>
> 洵美东瓯地，由来谢客娱。诗篇留汗漫，旅食慰饥劬。
>
> 强禁樽中酒，难凭肘后符。朋簪方克醉，礼法未应拘。
>
> 生意窥笼鸟，流年过隙驹。笑看风土别，惊见物华徂。

---

① 王翃（1603—1653），字介人，嘉兴人。世居王店镇，出身于手工业家庭。明亡后为遗民，拒绝与官府来往。有任职清朝官府的故人前来造访，他拒不会见。王翃少年失学，本业染工。身遭世乱，心怀亡国之痛，作品多含悲愤忧抑之情，常与镇上诗人相唱和，流风所及，有“梅里诗派”之称。王翃与著名画家陈洪绶为知交。晚年去广州，从其从弟王庭，归来后卒于镇江。其诗作因去粤途中被盗，多有散佚，朱彝尊选抄其遗诗一帙，由王庭作序，题名《二槐诗存》传于世。朱彝尊《曝书亭集》卷三有《哭王处士翃》其一：“远道将归客，孤舟返旧林。招魂迷楚水，卧病绝吴吟。梦里罗含鸟，囊中陆贾金。犹怜别时语，凄断故人心。”

红绽官梅萼，青分枥马刍。深杯期夜酌，细菜出春厨。
坐久亲孤烛，更深判百觚。远书劳日夜，归梦越江湖。
正忆高堂在，知携两弟俱。屡空无长物，相视必长吁。
菽水承颜好，辛盘令节须。艰难存病妇，灯火索邻逋。
书籍愁捻卖，衣裳定有无。长女工翦彩，男大学投壶。
倚著忧他日，沉吟愧壮夫。虞翻仍去越，张翰未归吴。
讵有追风骠，恒随泛渚凫。达生兼止托，齐物任荣枯。
述作安时论，莺花尽友于。莫将乡国泪，频洒阮公途。

"谋生"可谓艰难。尤其人到中年，深感自己名微言轻、无足轻重的尴尬角色。相对于"乡里钝夫"和"衣冠显贵"，自己已沦为边缘之人。虽有满腹经纶，却无施展之机；诗篇虽可垂后，却不能慰饥添腹。自己正似笼中之鸟，尽管有可以翱翔的双翅，却失去展翅的自由。除夕之夜，正是举家团聚之时，"我"却一人独自与孤灯相伴。魁魁壮夫，宁为衣食谋？"虞翻仍去越，张翰未归吴"，已有虞翻和张翰为"我"前辙，我自应随物"任荣枯"。"莫将乡国泪，频洒阮公途"，阮籍在其旅途中已经倾尽了腹中泪水，已经代我欲言，我还是收拾泪水入行囊，抖擞精神。对朱彝尊而言，正是才华和真诚导致文士的苦难失意。挥洒笔墨于生活困顿在杜甫已达其极，但朱彝尊在长诗中所表现的情感加深了苦难的深度与广度，为文士悲情灵视探索了一条描写和倾诉的捷径。

康熙二年（1663）十月，朱彝尊生父安度先生病危，旋告归，回嘉兴，料理丧事完毕，作为读书才士，耕田操锄显然是不可接受的现实。守孝期满，面对养家的重负，只有出游谋资，此次朱彝尊决定北上大同投奔按察副使曹溶。次年（1664）五月，与友人高念祖①同舟北上。途经扬州时，拜访时任扬州司理的著名诗人王士祯。虽未相遇，却为以后的诗学交往奠定了感情基础。八月，途经天津，受到昔日友人、天津守备曹斌的热情款待。《八月十五夜集天津曹武备斌官舍分韵得床字》："习池不改山翁兴，倒载还同旧葛疆。"这次相会，身居要职的曹武备定不会让朱彝尊空手而去，必有赠金。数月后，当朱彝尊到达云中幕府时，曹武备尚寄赠整筐螃蟹至云中，以示慰劳。对此朱有《云中客舍曹武备自津门以筐蟹银鱼见寄赋谢二首》以记其事。

在太原，朱彝尊与前辈诗人顾炎武相遇。顾炎武对朱的学问、人品颇为折服，他在《广师》中说朱彝尊"文章尔雅，宅心仁厚，吾不如朱锡鬯"。后来，顾炎武被诬关押在济南狱中时，朱彝尊正在山东巡抚刘芳躅府做幕宾。朱便与李因笃共同设法营救。孝廉方育盛亦在曹幕，与朱彝尊多有交流，朱有《太原客舍同方三孝廉育盛话旧》（卷六），亦可知二人交谊之深。其时，聚集太原的尚有一批以文知名的前朝遗民，如岭南义士屈大均、富平李因笃、朱衣道人傅山等。朱彝尊与他们过往甚密。此后十余年，先后奔走于山西左布政司王显祚（字湛求）、

① 高佑釲（1627—1712），字念祖，新丰人。早年为秀水附贡生，后考授州判。顺治七年（1650），他在嘉兴参加"十郡大社"，与朱彝尊相识。高比朱大两岁，自州判解职后出门远游，临行前为朱等作《落帆亭别诸弟》诗一首："六月经长别，孤舟问去津。自怜垂钓者，忽作远游人。门户凭诸弟，关山忆老亲。平生慷慨意，道此一沾襟。"惜别不久，朱彝尊也开始漫游南北。其间亦时有相携，同舟共载的愉快。两人多诗书赠答之作。朱作《与高念祖论诗书》，高度肯定了高诗"深有合乎古人恭俭、好礼、廉静、疏达之义，此非有本者不能为也"。应高氏之索，朱赠诗六首，其中《青县同高大佑釲雨泊》，"黄河秋潦急，群盗正纷纷。去远惊秋半，愁多语夜分"，抒写对时局动乱的无奈。《送高佑釲之江宁》之"尘衫破帽独支筇，重向金陵寄客踪。试上风香层阁望，至今犹剩几株松"，则寄友人以珍重和希望。《送高佑釲之安邑和魏坤韵》，"骊驹九日郭门催，问子西征几月来。最好河东苦桑落，怀人一倍引深杯"，则表达惜别之情。竹垞诗才俊逸，文尤跌荡可观。然性好酒。尝与高念祖入都，每日暮泊舟，辄失朱所在。及高往求之，朱已阑入酒肆中，醉卧炉下矣。晋代风流，去人不远。

山东巡抚刘芳躅、潞河通永道佥事龚佳育等幕府之中。

康熙五年（1666）春，曹溶罢官，推荐朱彝尊入山西布政使王显祚①幕府任书记，朱随到太原。由于友人曹溶的推荐，尤其是朱彝尊的文学声望，王显祚对朱彝尊解衣推食，敬为上宾。王显祚且将自己珍藏的各种玉器请朱彝尊一一鉴赏，并将一支珍贵的白玉碗留在朱的书房。同里王庭②时亦在王幕，二人同访代州府雁平兵备道陈上年。陈上年像曹溶一样，在清初曾尽其所能保护过许多遗民和提供资助。顾炎武、傅山等即得到陈上年不少资助，顾炎武在《钞书自序》云借到三部古籍，“清苑陈祺公（即陈上年）资以薪米纸笔，写之以归”。

工作之余，朱彝尊多策马纵游，寻访古迹，观览废墟冢墓之碑文、祠堂佛刹之铭记，考证其历史记载的同异。源自于晚明的实学以尊经复古为学术宗旨，其中考据学即是通向古代经典之旨的途径，认真考证古代的名物制度，以求更为准确地理解典籍。把研究古代经典、名物制度、历史朝代的成败得失作为医治晚明乱世的良方，成为清初学术思想风气开始转向的一个重要起点。到乾隆年间，考据之学发展成为学术主流。（关于朱彝尊的考据学成就，将在本章第三节详细讨论。）朱彝尊

① 王显祚，字襄璞，又字湛求，直隶（今河北）曲周人。崇祯举人。顺治三年（1646），由山东运使擢为山西布政使司参政、分守河东道。五年（1648），任陕西按察使、管右布政使事。又转福建按察使。十年（1653）六月，擢为山西右布政使，一直到顺治十一年（1654）十一月改任。王显祚任此职时间应并不长，作用有限。《清实录》载，顺治十七年（1660），王显祚由福建左布政使转为山西左布政使。又《新编傅青主年谱》康熙二年（1663）条：“六月，申涵光游太原，访青主。访中表、山西布政使王显祚，请其为青主买宅。”是王显祚与傅山结识由申涵光所介绍。王显祚在山西做了八年布政使，时间可谓不短，与傅山交往应会不少。康熙六年，王显祚因福建道御史李棠参疏婪赃，被革职，永不叙用。而吴怀清《天生先生年谱》康熙三年条有注云：“康熙六年，总督某索赂不应，为所劾，落职归。”总督，实指当时山陕总督卢崇峻。依此说，王显祚之落职，非贪婪之故，而实受栽赃陷害。

② 王庭（1607—1693），字言远，号迈人，嘉兴人。顺治己丑进士，历官山西布政使，官至山西布政使。

此行，有《陈参议上年署中题画》五首，盖亦获资不菲。康熙六年（1667）秋，王显祚落职。朱彝尊复至云中入曹溶幕。在曹溶幕中常以词与曹溶相互唱和。王庭《蝶恋花》“和朱锡鬯重游晋祠”、《兰陵王》“过晋故宫和朱锡鬯”等均为友人和作。由此，王庭认为清代文学复兴的时代已经到来，朱彝尊在《秋闲堂自叙》云：“方今词学大盛。”后又为文追忆：“余壮日从先生（曹溶）南游岭表，西北至云中，酒阑灯灺，往往以小令、慢词更迭唱和；有井水处，辄为银筝檀板所歌。”不久，曹溶罢归。朱彝尊复至宣府（河北宣化）客守备严炜①之幕。王士祯前来请序——《王礼部诗序》。拜访前吏部左侍郎孙承泽，孙给予朱彝尊以极高的评价：“吾见客长安者，争驰逐声利，其不废著述者，惟秀水朱十一人而已。”词集《静志居琴趣》成。

二、旋出塞北又齐鲁

康熙七年（1668）春，自北京至山东，入巡抚刘芳躅②幕专司笔札，代刘巡抚撰写了大量尺牍。因为“代人歌哭”，非己真情，朱彝尊晚年编订《曝书亭集》便将所有的代纂之作全部删除。但可以推知，仅代笔一项，朱彝尊即应获得大笔束脩。刘巡抚重修东岳庙，朱彝尊作《重修泰安东岳庙碑》：“城之雉堞、殿之垣墉、户之枨枢，土者为台，木者为榭，鼓钟之楼，齐湢之所，……莫不毕治。”应刘巡抚之命，朱彝尊撰《重修泰安东岳庙碑》，描述了重修的原因和经过及竣工后当地百姓的喜庆场面。期间，朱彝尊乳母叶妪因贫五嫁而卒，朱彝尊妻子冯氏为“典衣买棺以殓”。次年（1669），朱彝尊在济南得知噩耗，作

① 严炜，竹垞初游广东一年归里，严炜未归，竹垞多有牵挂，《怀严炜客岭南》：“老去严夫子，辞家久不回。升沉安可问，时命转堪哀。尚有高堂在，曾无驿使来。遥怜望乡处，日上越王台。”

② 刘芳躅，字增美，号钟山，宛平人。顺治进士。改庶吉士，授编修，秘书院学士，官至工部侍郎。康熙间官山东巡抚。

《叶妪冢铭》，“资其夫钱若干”。此“若干”之钱即来源于刘巡抚所给予的巨额束脩。

巡抚府治西北侧掘土，深至二尺时，有泉水涌出，复凿二尺，其水增大数倍，之后砌岸，蓄养锦鱼百尾之多。巡抚刘芳躅见状，欢喜异常，便与幕僚朱彝尊商议命名。朱彝尊因泉为济水的伏流而出露，以《尔雅·释水》中“水自‘河’出为‘淮’、‘济’为‘楚’之意”，故起名为“楚泉”，并撰《楚泉记》，喻有济泉溢出之意。《记》云：“天下之水，源澄者流必清，源浊者流亦浊。然河出昆仑墟，色白；所渠并千七百一川，色黄，则众水混之也。航于下流者，见其浊，以为河之性。然彼徒窥其末而未穷其本，则为之浊也，固宜。为政之道，亦若是而已。吏至廉也，为之宾客者苟萌营利之心，惑于视听，则混之者日至。源之清浊，流亦异焉。今公既能洁己于上，宾客咸以公之心为心，若泉之在口，纤尘有所不纳，虽极而至于大小清河，而入于海，无非清者矣。公曰：‘旨哉！子其书之，以告后之居是邦者。’”歌颂刘巡抚爱民为政，显示了朱彝尊史籍学力的功底和考据的严谨。同时也说明朱彝尊对古代典籍的热忱。

工作余暇，游览山东名胜——登峄山（即邹山），谒孟子庙，游曲阜。与刘多有酬唱，《同刘侍郎芳躅入大房山时刘编修芳喆养疴山中》等作于此时。是年（1669）秋，回嘉兴。

此次游幕，得到不少润笔之资。归里后，不仅安葬父母灵柩，并买新宅于竹林之侧，从此以“竹垞”为号。《题竹垞壁》：“买断竹垞将四载，园林新笋未经尝。今来散帙时初夏，忽见抽梢喜欲狂。背市有人酤浊酒，南邻许我借匡床。江村卧稳真堪乐，愁说燕云射猎场。”从此，可以“江村稳卧”。可知，朱彝尊为安度晚年而做了充足准备，同时，还有足够的资金为其子朱昆田完婚。事毕，携子昆田复至济南，再入巡抚刘芳躅幕。秋，刘芳躅丁忧回籍。朱彝尊率子转入潞河（河北通县）佥事龚佳育幕府。如同在济南一样，他也在学术上大量为龚佳育提供帮助，曾为之撰《通州西仓增福神祠碑》。

康熙九年（1670），赴京，入孙承泽幕，与潘耒、李良年、曹贞吉、高层云等游。潘耒《赠朱十》推崇彝尊“南洲盛衣冠，之子为领袖”，可知朱彝尊在当时文坛的声望，以布衣之尊而领袖群贤。朱彝尊《酬潘耒》则答以“伤禽戢羽翼，鸣鹿求其侪”，彼此引为“同志”。后潘耒为《曝书亭集》作序，汪懋麟赠以江南名贵布料松江“丁娘子布”，朱彝尊感激涕零，撰《汪舍人懋麟以丁娘子布见赠赋寄》以示谢：“丁娘子，尔何人，织成细布光如银。舍人笥中刚一匹，赠我为衣御冬日。感君恋恋情莫踰，重之不异貂襜褕。携归量幅二尺阔，未数星纨与荃葛。晒却浑如飞瀑悬，看来只讶神云活。为想鸣梭傍碧窗，掺掺女手定无双。浣时应值湔裙水，漂处除非濯锦江。长安城中盛衣马，此物沉思六街寡。裁作轻衫春更宜，期君再醉天坛下。天坛三月踏青时，领边短鬓风吹丝。试寻油壁香车路，追逐红裈锦髻儿。”得到稀有珍品，竹垞兴奋得回家取尺亲自衡量。令他惊讶的是，汪舍人竟然赠给他“二尺”之多。这可是个不小的数字。于是，竹垞展开了丰富的联想：裁作春衫踏青天坛，让五贵王侯心羡目妒。康熙十年（1671），在江都，钱塘戴苍为朱彝尊画《烟雨归耕图》，朱自题《百字令》，说明自己近年行踪，描绘了才士奔走衣食的萧瑟：“菰芦深处，叹斯人枯槁、岂非穷士。剩有虚名身后策，小技文章而已。四十无闻，一丘欲卧，漂泊今如此。田园何在？白头乱发垂耳。”生命忧患一旦转化为诗文，便成为救赎灵魂的手段，起到抚慰人心的功效。诗人怀沙，拥抱的不仅是生命的悲剧现实，而且是理想逝去的现实绝望。自屈原而来的这种传统抒情方式超越了人生的终究极限，在化不开的愁情苦意中，诗人真正体验到“自我关照”的深层意蕴——高度的孤独之感。

朱彝尊《百字令·自题画像》：“一刺怀中磨灭尽，回首风尘燕市。”朱彝尊在游幕时期屡游京师，相交名流众多，如在词学方面就有宜兴陈维崧、嘉善曹尔堪，以及曹贞吉、顾贞观、纳兰性德、钱澄之、陈祚明、严绳孙等。陈维崧是清初三大词人之一，“阳羡词派”的开创者。时人将朱、陈词合刻成《朱陈村词》，故并称“朱陈”。曹尔堪在清初曾发起或参与三次规模较大的词体唱和，其中一次即是康熙十年（1671）在北京孙承泽府举行的“秋水轩唱和”。朱彝尊所交者还有一批名不见经传的“幽忧失志之士”，均为凤池才子。

康熙十一年（1672）六月，朱彝尊至福州，游鼓山。八月，旋回北京客居潞河（今通州）佥事龚佳育幕。此时词集《江湖载酒集》编成。曹尔堪、叶舒崇为之序。康熙十三年（1674），岁暮思乡，作《鸳鸯湖棹歌》一百首，谭吉璁和韵合刊，缪永谋等作序。康熙十四年（1675），嗣父朱茂晖卒。九月，自通州奔丧回里。朱彝尊子朱昆田入朱宏祚幕府。康熙十六年（1677），龚佳育擢升江宁布政使，朱彝尊随同往江宁，以束脩之资刊刻《竹垞文类》（二十六卷本），王士祯、魏禧为序。《竹垞文类》曾两次刊刻，王士祯序谓：“迨今丁巳，予复入京师。而锡鬯又将有金陵之行……过别予，以所著《竹垞文类》属序。”康熙十七年（1678），清廷首开博学鸿词科，征举名士。户部侍郎严沆、吏科给事中李宗孔等交荐，朱彝尊于是年入都待考。凡待召文士，“月给米三斗、银三两，自十一月初一日始”①。秦瀛《己未词科录》：“是年十一月初一日，大学士索额图、明珠奉旨，各大臣官员题举才学官人俟全到之日考试，其中恐有贫寒难支者，交与户部酌量给予衣食，用以副朕求贤重文之意。户部议帖，给俸廪并柴炭银两，按月稽领，真旷典也。”尽管“待举”，却可以稳作攻读，而不必凄凄于谋食之途。朱彝尊初次感觉到“皇粮”所象征的深层文化意蕴。

朱彝尊《报周青士书》述及频年以来的游迹奔波，云：“每一念及，志已降矣，尚得谓身不辱哉！昔之翰墨自娱，苟非其道义不敢出。今则徇人之指，为之唯恐不及。夫人境遇不同，情性自异，乃代人之悲

① 李富孙、李遇孙补辑《鹤征后录》卷八“杂缀”引“尤西堂年谱”。

喜，而强效其歌哭，其有肖焉否邪？古之工于此者，莫若陈琳、阮瑀；工而多者，莫若刘穆之，然传于今者特少。则以当时虽叹其工，而之三人者，终未慊于心，以为不足传而弃之者多也。至徐幹怀文抱质，有箕山之志，自出其文为《中论》，传世最久，儒者取焉。”他之所以尚有慰藉者，乃文垂后世者必穷困以自奋。诗穷而后工，必穷者之游而诗尤工。朱彝尊《陈纬云红盐词序》：“糊口四方，多与筝人酒徒相狎，情见乎词。后之览者且以为快意之作，而孰知短衣尘垢、栖栖北风雨雪之间，其羁愁潦倒。”孰能知此？身为幕僚，代人歌哭，在心理上终究有微妙的身辱志降之感。

备尝奔走之苦，朱彝尊彻悟人生要义：如果坚持做遗民，以游幕为生，自己的学术使命终究难以顺利完成。尤为重要的是，尽管曹溶、孙承泽等贤宦对其恩遇有加，但对于朱彝尊来说，终究是权贵的一种施舍和同情，更何况游幕所获并不能支付其家人和学术活动之所需，此外尚有许多巨大学术工程翘首以待。朱彝尊曾在《百字令·自题画像》中总结其游幕征途云：“空自走羊城，西穷雁塞，更东浮淄水。”为此，朱彝尊汲汲入仕，参加博鸿之征。尽管遭到屈大均的不解，屈大均甚至在《赋寄富寺子》讥刺朱彝尊：“鸳湖朱十嗟同汝，未嫁堂前已目成。”但对于专注于学术的人来说，唯有此途，方可提供足够的修业之资。

三、一刺怀中磨灭尽，回首风尘燕市：游幕京师

康熙十八年（1679）三月，博学鸿词科会试。朱彝尊、严绳孙、潘耒、李因笃、陈维崧、汪琬、汤斌、毛奇龄、施闰章、尤侗等五十人被录取。其中朱、严、潘、李四人以布衣入选，时称“四大布衣”，授翰林院检讨，入史馆纂修《明史》。朱彝尊负责修撰《明史·文苑传》及《嘉靖诸臣传》。

从此，朱彝尊结束了辗转南北的游幕生活，开始踏入仕途，正式成为靠朝廷俸禄以养的新朝命官，同时，更有资力著述养学。到康熙二十

一年（1682），去官退休之时，朱彝尊已拥有图书三万多卷。归田后，又陆续获书四万余卷。康熙三十六年（1697），朱彝尊到平湖探望病重的老友李彦贞，李将自己的著作《放鹇亭集》和两千五百余卷藏书一并赠予朱彝尊。朱彝尊 70 岁时前后获书总计八万卷，建藏书楼“曝书亭”贮藏。

康熙二十四年（1685），朱彝尊子朱昆田在山东张巡抚幕府任书记。朱彝尊《上山东巡抚张公书》请求立经学博士，“彝尊昔谒孔林，望见周公有庙，在曲阜县治东北三里，询其子孙犹聚族而居。……及伏谒庙下，丰草不除，榱栋悉坏，惟垣墙尚蔽行路而已。因言之巡抚刘公芳躅，请立博士。公即属彝尊代为作奏，将闻于庙矣。吏言前巡抚周公有德曾请而不允，刘公不为夺也。会柯给事耸疏请以方孝孺从祀孔子之庑，为部臣駮诘。幕客以此阻公。公乃不果。彝尊至今有余憾焉。……鲁经曰：见义不为无勇也。执事曩居言路，知无不言，天下之大勇无过执事，故敢以是言进，惟留意焉”。后朱彝尊加注云：“是年昆田在张公廨中，公得书即草奏置行笈中，乘间欲上，而东野氏裔沛然迎驾直前，天语甚温，公谓：殊恩宜出自上，遂焚其草。”在张幕时间，朱彝尊努力促其多从事于文化事宜。在朱彝尊的努力下，张巡抚重修邹县孟子庙，请求朱彝尊撰碑文《邹县重修亚圣孟子庙碑》。云：“彝尊三谒庙，见栋宇摧颓，久圮不治，心焉负疚若疢疾之入于怀也。岁在乙丑（1685），丹徒张公以右副都御史巡抚山东，始庀材以葺庙。明年工毕，遗彝尊书。”以巡抚之尊，请朱撰文，所付束脩亦可想见。

博雅之士好古，穷通之士趋时。游幕使得朱彝尊完成了对家庭所应尽的职责，使他得以结交天下巨儒遗老，获得文学上的累累硕果，为他在诗词古文和学术上的宗师地位奠定了基础。同时游幕成为他寻找自我、面对自我的唯一媒介。从这个层面说，朱彝尊是一个在迷茫时代敢于“自我定义”的有识者。

第二节　博鸿后的经济支出与收入来源

金钱衮衮考堂轮，
今日通阶昨日殊。
——朱彝尊《寿刘编修芳喆》

康熙十八年（1679），清廷召开博鸿，据王弘撰《山志二集》卷五所引王渔洋给王弘撰的书札描绘此际科举的空前盛况云：“四方名流，云会辇下，蒲车玄纁之盛，古所未有。”朱彝尊荣登龙门。康熙帝特许朱紫禁城骑马，那是一份使人激动一生的荣耀，也成为朱彝尊自以为豪的一份光彩。但朱彝尊博鸿中举背后的经济困顿和心灵苦难却无人知晓，成为“朱彝尊研究史”的一段空白。博鸿中举不久即被免官，但他仍滞留京师，直到康熙二十一年（1682）归里。这段时间，朱彝尊有许多令人震惊的著述，如被后世研究者所屡屡引用的《日下旧闻》即成书于此期。没有朝廷俸禄，江南家人十余口仰首待米，那么他如何兼顾养家和著述？凭借什么完成这一巨大学术工程？关于这一点，史书缺载。二十世纪八十年代，著名学者唐长孺先生从书肆购得《朱氏三代家信》一卷，其中“朱彝尊十札，昆田六札，桂孙一札”①。书札为这段时期朱彝尊父子京师旅迹提供了清晰的图像。

一、博鸿期间的巨额消费

康熙十六年（1677），朱彝尊已近五十岁，风尘仆仆奔赴京城。应试途中，曾小住苏州，对于家中度岁，做了详密安排，“五月廿四日”

① 按：书札现为湖北省博物馆唐纲卯先生所珍藏。

给妻子的书信中有云："申叔处有银二十两，汝可托方伯父索之，或米或银，俱可取来，仍算动用。此项便可支三月矣。又二叔经手杨家蒂铺中有纹银十六两，说定八月后每月支银六两。遵前所寄，年前可以放心。又谭四叔借银四两，亦须遣人索之也。我许阿妹帮米，合先以二两寄送。又沈山子处，今又持再与索四两，此时已可粜米八担矣。后当再补。我一到京即速报上家字，及汝不为挂念。"家事安排可谓事无巨细，每一笔账目都认真交代。也可知，朱彝尊不仅善于经营家业，而且放贷谋利。"廿五日"家信云：寓所狭小，又"动用甚费"，准备赴友人之邀离苏北上。其间，接家信，得知镇中住宅被盗贼"挖壁洞"行窃，考虑家人安全，力劝家人离开乡下务于城中居住。镇上土地和祭祀祖先之事拜托"四叔"料理。同时，朱彝尊已将料理所需之银寄与四叔。"大姐三姐，各先与他银十两，此刻省不出来，外银六十两付汝动用过年。"可知，此信写于年底，且竹垞不能回家与家人团聚，说明他处于行动不自由的时期。接下来的一封家书即已至京城，而至京城的时间是十月五日，那么，最近的"年底"当是康熙十六年（1677）。

康熙十七年（1678）夏，由江宁启程，十月五日到京，寄居萧寺，等待考试。得知殿试"遥遥无期"，其子昆田要求买"灰鼠"（按：信札结尾有"灰鼠"……每张画押"。朱彝尊在每一张上画押，说明这一物品的贵重，所以他说此物"腾贵"）。朱彝尊十一月十四日的复信中云，"灰鼠今年腾贵，因汝屡要，特买二十张寄去"，同时《日下旧闻》编辑完毕，顺寄一部，并嘱托其子，希望他到京城参加考试。因为浙江举子多，竞争激烈，"明年诸生皆欲亲试，方送入场。又分号房三千间，余之不可乃止。则汝辈欲入浙场，竟有关在场外之事，不如竟仍到都为是。"他认为，浙江之闱，房间只有三千，多出的考生就要在场外考试。所以，他希望朱昆田赴京城之试。同时，他认为赴京城之试还可摆脱家务纷扰，"若一归家，诸务缠住，断未能即此及矣"。其表示，昆田可于明年（1679）春二月启程，四月即可到京。自己则做了落选的准备，“则我在京等汝来方归。若汝必要到家走一遭，则我势必不能等汝。按我意见，莫若同子静等……联辔北来为上策也”。此时，朱彝尊随身所带金银尚够支付使用，所以还能够从京师为其父购买“绸缎二端，……绿纱二件”以祝寿。从朱昆田给其母的书札可知，昆田接到父信不久即动身，十二月已在京城。昆田“正月初十”（1679）信云：“十二月初一日，王相同吴岷培姑父南归，寄有一信，并银四两，茧绸一丈。不意行至中途，为盗所劫。不知失去否？……岁底江宁有侯到京，主人于十二月初一打发表侄汪质先回杭州，以五十金令其送至我家，度初七八日还必到。……此项既来家中可以苦苦度岁。我父子在京毫无所得。然自到都之后，已用百余金。龚三先生相待极厚，终始无二，因亲及亲。近日连母舅亦留在家，母舅与主人相骂开交，无处安身，劝他归又不肯。自九月以来，在母舅身上已费过三十金。馆地又不可得，将来受累不浅。何母舅不以为德而及以为怨也。……博学鸿辞考期未定，……父亲此番人人谓为必得。但遇合有数，正未可必耳。”将父子在京师待考的生活所需及其待考情状一一告知其母，同时，也像其父朱彝尊一样，对家中生活所需做了周密安排。

居京待考期间，尽管有随身所带资金及皇帝所赐考生生活费用，且朱氏父子也在书信中说及生活困乏，如父子仍要从朝廷所赐的待考之资中节省出银两寄往家中，以使“家中可以苦苦度岁”，此外，接济母舅“三十金”。但昆田致其母的信中有“男近来病体稍愈，精神尚未全复。人参服遇斤许，肉桂附子之类，刻不能离。煎药每剂约费五六钱。自九月初至今吃药之费不下数十金，皆龚三先生为之料理，深感其用情也”。（正月初十）尽管为友人所助，但医药费却是朱氏父子自费。备试期间，竹垞父子为改善居住条件，准备当“各省宗师月尽俱出京，有一二处可图。当择其稍美者就之”。（正月初十）

朱彝尊“九月三日”（1678 年）给夫人札云：“昨沈融谷家人归，大官曾附一信，想必送到家。我父子在京，身子都安好，汝不必挂念，须自珍惜身子，勿过忧成病。今月初五、六日，吏部请旨，将先到荐举之人考试，想为期不远。我到京后，朝廷又问过叶、高诸人几次；并大官进场，朝廷都晓得的。奈文章虽人人叫好，不中试，官意如何。明中堂相见，待我甚好。据彼，竟云朝廷第一注意是我。……然我目昏，不能作楷字，□□□都非少壮时，正恐考不上。前年中秋左右，天□亲到镇否？所许五十金果送来否？有便信可寄慰我。两女俱安耶？我在京甚窘，且看局面再作行止。若便留住在京，则商量先遣大官回也。否则仍可到江宁处馆。过年亦不必预愁耳。因陈伯乐回，寄此。九月初三日字。（花押）”“大官”即朱昆田，随父赴京，侍奉左右。上海图书馆藏《名人书画》第七集影印《朱竹垞冯孺人夫妇家书合璧》之一，略有残损，是朱彝尊写给妻子的家信，信最后签了花押，这在古人书札中并不多见。札中可略知朱彝尊到京后的情况。“江南主人见我官冷落，比等未必照管我。顾勤勤托托，家中切不可时遣周二往逼于我。在京窘迫不可言，家中乃会银与陈凝远，叫我假处生法还他。此后便谅我，勿逼杀我也。……我在史局，其势断不能为一亲戚地，有要来京者，务阻之。”依据中国传统的封建宗法思想，凡是与朱彝尊有血缘关系的亲戚在生活窘迫之际便自然而然地向已经入京的朱求助，希望朱彝尊为他们个人的困苦寻找一条可依托的道路。可事实是，当朱彝尊被举入京后，久远的考期使他不得不耐心等待，为了节省生活的费用和开支，他叮嘱家人，定要拒绝赴京投靠的亲友。

沈融谷即沈皞日，浙西词派六家之一，朱彝尊好友，当时在京城候补。沈皞日《柘西精舍诗余》（卷一）《摸鱼儿·戊午十月宋牧仲谢方山刑部曹实庵内翰正子主政招同尤展成宋既庭陈其年锡鬯武曾诸征君夜集》就记述了不久后的一次文人雅集，朱彝尊（锡鬯）亦参与其会。信中所说“我到京后，朝廷又问过叶、高诸人几次；并大官进场，朝廷都晓得的”，又说“明中堂相见，待我甚好。据彼，竟云朝廷第一注意是我”。这是值得注意的一个细节。明中堂是权相明珠，词人纳兰性德之父。朱彝尊与纳兰性德数年前结为莫逆之交，科考期间受到明珠的照护顺理成章。但明珠对朱彝尊说“朝廷第一注意是他”，则非自谀。可见，朱彝尊被“朝廷屡问及”之事，成为当时文坛佳话和自己甚为得意的一份荣耀。陆陇其《三鱼堂日记》卷上亦有相同的记载，（戊午九月九日）日记云：“义山来言，杭州应撝谦系高士，有学问，尤精于易。朱锡鬯，朝廷屡问及，于荐举诸人中最为赫然。”这足以印证朱彝尊对此荣耀的刻骨铭心。

“博学鸿词科”是清代科举史上被誉为“得人至多”的一项文治大业。李集《鹤征前录》载康熙十七年（1678）正月二十一日，康熙帝诏谕内阁：“自古一代之兴，必有博学鸿儒，振起文运，阐发经史，润色文章，以备顾问著作之选。朕万几时暇游心文翰，思得博洽之士，用资典学。我朝定鼎以来，崇儒重道，培养人才。四海之广，岂无奇才硕彦，学问渊通，文藻瑰丽，可以追踪前贤者？……务令虚公延访，期得真才，以副朕求贤右文之意。”而据全祖望《词科摭言》所记，考官“第一注意是朱彝尊”，这使得他兴奋不已。后来，他殿试时所作《省耕诗》中“菖叶小于钗”一句受康熙帝指摘，却最终以康熙帝的一句“斯人固老名士，姑略之”而列一等十七名，给朱彝尊以极高的荣誉，这使朱终生感恩不尽。严绳孙参加殿试未完卷（按：只作了一首诗而未作赋），竟也被录取在最后一名，可知此次博鸿的宽松与目的。

康熙十八年（1679）“四月初九”日在书中详细追述了此次博鸿之试的曲折：

我于三月初一日在太和殿前试。是日赐宴体仁阁下，上遣侍卫苏大取我草稿进看，看讫发出。上次鄮州，束卷亲阅，将我卷及汪茗文卷折角记认，注意甚专。不期冯中堂怪我不往认门生，杜中堂极贬我诗，李中堂因而置我及汪于一等末，又对上言说我卷不好。上谓一日短长，亦不足定人生平。三中堂及掌院所取，皆意中私人，文有极不堪者，诗有出韵重韵者，皆在我前。上心不甚悦，遂有一等二等皆修《明史》之局。吏部极其可恨，循资限格，仅拟授我等布衣为孔目。明中堂不平，乃改议授待诏。把局而顿改，真出意外。我草一呈辞，吏部不见。李天生上疏，又不见。大约再辞不脱，只得在此受苦。须得二年工夫，史乃可完。在京百无一有，力难支，吾亦不必说，家中十余口如何是好。冀或者天无绝人之路，别有机会，也忧不得许多。

入馆修史，是朱彝尊汲汲以求的职位，恰好可以凭此助成自己的学术之业，但最终又回归到魂牵梦绕的江南家园，“家中十余口如何是好”，所萦绕于心者首先是其家人的生活费用。确实，最后这番话是一位经典学者复杂而隐秘的自我告白。

二、京官时期的学术活动

入史馆，责编明史诸王传、文苑传。这个职位极大地激发了朱彝尊的学术热情，寄家信督家人帮助搜集相关江南文集。托家人帮助搜集明待王廷相、顾璘、璘弟瑛、王韦、陈沂、顾应祥、雷口、黄光升、孙承恩、陆树声、弟树德、陶承学及其子陶奭龄、陶望龄等的文集，并交代家人，上述文人如有文集存世，务必想办法借来，请人抄录。若果坊间有售者，重金买下，寄往北京。博鸿之后，竹垞编辑史籍，调动了远在江南的家人的全部财力。

为集中精力著史，摒绝亲戚的投靠诸役，让家人帮助搜寻“材料”，“倘有的旁便人，从此路进京，家中凡书内有阅明史者，得寄数种来，多多益善也。文恪公有卧兰仪注，乃孝宗本纪，文集刻板，简出印一本寄来”（“四月初九日”札）。“十四日”给家中长孙三孙书札：“昨览选单，高轶群丛，得山阴尔亦小可，喜事也。吴中纸仍腾贵，黄口儿次等，每篓一两六钱有余，口三议印《诗综》百三十部，以三十部归我，银二十四两附之。妨……（原文缺）十部，此协君西亭武曹发印。旧例皆同。我思用千金刊成此书，待价不发，留饱蠹鱼，可惜。因而见之宝翰楼，拨印手十人来镇，日用饮食，彼自炊。惟人多，须一卧所，思就近，莫若尔安寔园。前三郎借坐，未送酬仪，仅借顿印工，约半月。或以一金，或将所印书一部送之，似乎前借一项，亦可退消矣。顾若窄隘，当暂移东楹书橱，俾厅上刷印对联、寿序暂除。又《诗综》后半，不知第几卷，有嘉善李炜《赤花》诗，此君顺治中曾赴试，宜删去。意欲以吴青坛嗣父子虎年伯诗补之。可先将目录易李为吴，其诗俟我归，寻出选定，托敏求平湖写样，刻成补印，计有旬日，可等误耳。此番当听坊人先印，结后以尝。安纸发印，不可合并。又滋弊端，百卅部之外，尚有二部，议定带印，…… 偶购得运司旧志，甚快。有粉本在，无忧矣。寄回银三两为日用之需。”这段文字可以看出朱彝尊刊刻《诗综》所费需要“千金”方可完成。而所雇用十余江南刻工则付给刻资，朱彝尊提供住宿——以半月“一金”之价租赁“安寔园”，而伙食由刻工自理。所有费用均由朱彝尊筹备。

“七月八日”给孙子的书札：“我寺居未免烦懑，于前月廿四日入上沙山，留住十日，至本月初六日，仍还寺中。……《全芳备祖》录未及半，不可负人之托也。口舫右《宜处野乘》仅半册，可嘱西五兄为我录出。《书苑菁华》度已抄完，并促之。其笔资俟汝到即寄与可耳。张书瞻函问，其《诗经》百十一卷至百十九卷，曾刻完否？若完，开一总账，我亦有账簿存娱老处。书架抽替，内便可携来总算。如果欠少，他不妨叫他趁船到寺，略付刻资，再发百二十卷稿，俾其接刻。闻十月后，车驾有入楚之行，到吴度岁，则此事亦不可后也。至《喜亭记》草成，仍寄我一看。”著名的古代典籍《全芳备祖》《宜旁野乘》等即由朱彝尊倾全力搜集至毕，雇工抄写。对其孙子协助刻书的工作安排周详，江南梅里的家人已经全部投入这项空前的学术工程中。而这也是朱彝尊最为春风得意的短暂时光，“五月十八日”给其伯父书札：

“侄自正月二十八日入内廷，二月十五日移居。赐宅，每日寅入戌出，无片刻之暇。……沉香、蓝绸一端寄伯父，制一袄，真所谓千里鸿毛。”入侍内廷，不断地得到皇帝的赏赐，朱彝尊将所赐作为高档礼品赠送兄长以尽孝心。

但三年后，康熙二十三年（1684）元月，竹垞因带书童入宫抄书之事被劾罢职，议降二级调用，上止从宽降一级。依据常理，京官被贬，多回归故里养老，或等待“平反”或等待调任地方官吏。竹垞被免官，他希望不久将会澄清事实。因而，即使其子昆田力劝南归，朱彝尊拒不动摇，固执地滞留京城，希望补官京职。

三、嘉兴妻儿庞大的日常开支

康熙十八年（1679）七月，鸿博试后，朱彝尊妻子写给朱彝尊的一封家书云：“六月初，胡珍上家人进京，因有许多报事人在家，匆忙不及备细作字。林木父来，又没工夫，不曾寄得一信。七月初，徐道冲进京，寄一信来，又因不曾结账，不及备细。四月十七，报事人来报名数。人皆住在家中等邸报。廿七日，来报待诏。直到五月十三，方打发得他们。五月廿六。来报检讨。六月初六来报命下。十二日，端正戏酌待了他。十三就打发起，直打发到廿三，方得动身。四番报事人来，共耽搁六十六日；亲友走动，每日饭米作用共要二两。四通报事，还报钱花红及船钱，算艮（银）八十两，连前吃用共艮（银）二百之数。南门只送艮（银）八两，其余多借的。又当物当艮（银）五十两。艮（银）子尚可少缓，至于当物，必须早赎还他。千万见寄赎当之费五十两回来，以便赎还。自从报事人去后，不曾籴两日之粮。每日三餐，日日要籴。况目下米价甚贵，每米乙斗铜钱就还一百八十文。每日吃米斗半，作用至少亦得三钱一日。家内当物又完，无一钱五分可当，借又无借处，日内作用如何支撑。千万寄些回来。就是你们在京做官，家里人亦要性命来顶带。就是我该属饿杀，家里一班小的难道多饿杀他不成。

六月十二，海盐七房里姑娘来。他说马大是最不好的人，任他主仆自去寻饭吃，何苦要你留在身边。况他家里人倒要埋怨，道是不寄艮（银）子回来。如今听他自寻头脑。我一向支持，如今我也支持不来，等大官归来料理方好。但是大官归了，你在京内做官无人相助，多是手下人，做起亦是两难。任你算计而行。谭舟石是任么好人，以前监生一向被他发话了许多。即如荐青士登州之馆，王店人人晓得你荐的。他却请了李斯年。青士辞了汪家的馆，又被别人取笑两处脱馆，多是你做出来的。谭家与李家是至好的，何曾肯听你说话。家里人多好，惟二宝生疮。如若大官回来，或者寻封书归，好过日子。如若不归，亦要寄些艮（银）子回来。顾家壬壬出了痘，可教顾家寄艮（银）子回来。曹秋岳人与南门讨信，因南门话迟，故此局促，不及详悉。七月廿九日。"① 透过这满腹抱怨的口气，可以推断，当朱彝尊外出之日，其妻全权管理家业，从财务支出到人情来往，井井有条，看来冯夫人也是泼赖之女，而"索要银两"则是她写信的主要动机，其他事宜安排和汇报都是"银两"的陪衬。这足以印证朱彝尊的家书中为什么屡屡提及"银子"的原因了。康熙十八年（1679）三月一日，朱彝尊应"博学鸿词"科殿前御试。三月三十日，博学鸿词榜发，得中一等十七名。到五月中，才授职。在嘉兴，冯氏是四月十七日才得了报名数的官报，五月廿六才知朱彝尊授职检讨。家中已陷拮据，所以冯氏去信，催要银钱，"就是你们在京做官，家里人亦要性命来顶带。就是我该属饿杀，家里一班小的难道多饿杀他不成"。朱家的拮据，使"银两"成为其往来家书的中心。朱词《金缕曲·同周郧山陈胤倩饮严太仆斋中醉赋》云："满目悲秋赋。怅征途。衣裘尽典，酒钱难数。赖有城西严太仆。肯与荆高为伍。"徐道冲名徐祚赠，是徐家炎之子。谭舟石、李斯年、青士分别是谭吉璁、李绳远、周篔，均竹垞好友。朱彝尊曾托友为他们安排授徒之

① 手稿藏上海图书馆。

职，是乃挚友应尽之责。但朱彝尊妻子认为诸子并未珍惜这份友情，而是“利用”了朱彝尊的声望。对此，朱妻也深表不满。

养家糊口，梅里家中每日吃饭人口有十一二人，竹垞二个姐妹、表姐妹、孙媳妇外，其家中至少有仆七人。“沈家姑娘、五房姑娘，亦不必坚守在家，盖大郎渐有知觉，不可不做过虑。况两姑娘甚不替力，我与汝又非长辈，倘有是非，反不见好。有便可俱送去，且阿妹独居镇上，母亲心中定然不乐，而我与汝反留表妹、族妹，于理上亦说不去也。汝终日撺掇我遣之，今仍留其妻使用，是何主意。家中有两仆妇，一大丫头，两小厮，亦是供役矣。何必留，既遣之仆妇，彼胸中了知是非主仆矣，而仍留之，将来必有不可知之事。我先说过，无怪我异日埋怨也。若灶上缺不得一健妇，可仍唤胡庸到城。”（“五月廿四日”札）另外，尚有随同朱彝尊侍奉的仆人两人。家中聘有私塾，长期居住朱家。竹垞“五月廿四日”札有：“大郎读书不可听其悠悠忽忽。……今后可叫其书房中，同先生一房睡。不许进内，使专心向学，或有进益未可知。门户宜紧闭，不许放閒杂人出入。”如此众多的人需要果腹，只靠朱彝尊微薄的束脩和俸禄远远不能支撑。朱彝尊“五月廿四日”札：“既不归家，又不北上。在苏州闷坐百日，心绪之恶难以名言。盖家中薪水不得不早为之计，只得死心塌地，坐守许久。其如终不能如意，与陆邃升兴兄借得廿四两寄回。自五月起，每月六两，可到八月。”寄往家中的银两一不定期二不定数，所以，他的收入远不能支付全家的生活。从其书信中可知，其主要的经济来源并非朱彝尊的束脩而是收取地租。“五月廿四日”札：“今大姊三妹既已归去，人口不过十一二人。周姑夫家米想已取完。记得去年租米，上囷计有三十担，足支半年之食，可接新矣。…… 使汝须立定主意，听我说话，在家以勤俭为先。量米取油，皆宜亲身自往，烧柴每日料定几十斤。城中柴贵，不比镇上也。总之一应食物器用均当不时稽查。汝若不管，有谁肯管？我在家时，尚有进益。从此之后，我一到京，去留一听父母之命。岂能如两年来局面。汝只得为我暂时熬苦受淡，受得苦，只不为他人指摘我始放心也。”由此可知，入幕束脩加之收取地租，维持了一个中小地主家庭的日常生活。

第三节 罢官后的经济与学术活动

客游南北，所到之处，以搜剔金石图书为职事。朱彝尊最早的藏书是自岭南归来访豫章书肆购得的五箱图书，挟归曝满一庄。“庄廷鑨明史案”发，家人恐遭文字株连，相关书籍尽行焚弃，五箱图书全部散失。此后，朱彝尊迫于生计，开始长达十余年的游幕生涯。游幕生活没有丰厚的进项，但并不影响朱彝尊好书之笃。他曾用二十金购得明项笃寿万卷楼残帙，且借抄范氏天一阁、黄氏千顷堂秘本。“博鸿”入史馆后，借修史之机，抄公私善本秘籍，充实自己的收藏。康熙二十年（1681 年）七月，充江南典试官，余暇拜访藏书之家，街巷坊肆，搜求秘籍。藏书家钱曾将自己藏书精华编辑为《读书敏求记》，此书是我国第一部版本目录学著作，具有极高的学术价值。而钱曾藏之于书箧，随身携带，秘不示人。朱彝尊得知此事后，谋之甚力，终不得见。于是，想出一计，在白下巧遇钱曾，朱置酒高宴，邀请钱曾及金陵雅士名流。私下却以数量可观的黄金和一件价值昂贵的轻裘买通钱曾书童，深夜启箱，偷出《读书敏求记》原稿，并让预先雇佣的十余抄手，躲于密室，连夜赶抄成副本。从此，这部名著得以昭显于世。同年（1681），朱彝尊被授日讲起居注官，随侍皇帝左右，记录皇帝言行，后入值南书房。朱彝尊的渊博学识由是得以充分显露，深得康熙宠爱，多次被赐参加太和门、保和殿、乾清宫的宴会，特许在紫禁城内骑马。康熙二十一年（1682），朱彝尊 54 岁，《竹垞文类》（二十五卷本）刊成。高佑釲、颜鼎受作序。《竹垞文类》第一次刊刻是在康熙十六年，第二次刊刻即在本年。第二次刊本削去一卷，并削去总目及作者署名“布衣秀水朱彝尊锡鬯”一行。查慎行《曝书亭集序》：“（彝尊）平生纂著，曾两付开雕。未仕之前，曰《竹垞诗类文类》。”杨谦《年谱》：“《文类》曾两付开雕：一廿五卷，不列名姓者，即是年所刊之本也；一廿六卷，首页有‘布衣秀水朱彝尊锡鬯’一行，未审刊于何年。”可知朱彝尊对自己文章的珍视。

康熙二十三年（1684），朱彝尊开始编辑《瀛洲道古录》，因私自带书僮入内廷抄录四方经进书，被学士牛钮弹劾，谪官，留居京师，迁居宣武门“古藤书屋”。古藤书屋在清代最早是大学士兼太子太傅金之俊的府第，后礼部尚书大宗伯龚鼎孳继之。康熙初年，御史何元英（字蕤音）寓此，名为丹台书屋。戴璐《藤阴杂记》中称：“王横云未遇时，饮屋中诗云：龙门百尺邈难登，喜到高斋对古藤。少长题诗红叶共，高低点笔石栏凭。敬通跌宕因文史，北海风流在友朋。更喜柏台增气象，迩来霜简剧威稜。”可知，这里一直吸引着文士的风流雅集，是一个沙龙之地。朱彝尊移居“古藤书屋”后，在此与友朋诗酒觞咏，留有许多诗作。次年（1685），他开始花两年时间编纂关于北京的历史记载和风土掌故的《日下旧闻考》。康熙二十五年（1686），58岁，春，《腾笑集》刊成。查慎行作序。夏，辑《日下旧闻》《经义考》。十二月，山东巡抚张鹏开调京，彝尊子昆田随之入都。在古藤书屋，朱彝尊与顾梁汾、姜西溟、周青士、孙愷似等坐青藤下，以纳兰性德赠与顾梁汾的旧制竹火炉试武彝茶，联句成四十韵，诚为逸事。康熙二十六年（1687），59岁，《日下旧闻》四十二卷成。尚书徐乾学捐资付雕并为序，文华殿大学士兼刑部尚书冯溥、文渊阁大学士兼吏部尚书陈廷敬、吏部侍郎张鹏、詹事高士奇、翰林院编修姜宸英皆有序。冬，开始雕印。康熙二十七年（1688），《日下旧闻》刻印竣工。王士祯回京，朱彝尊邀饭古藤书屋，食鲍鱼面，观米元章砚山。康熙二十八年（1689）二月，朱彝尊从古藤书屋移居槐树斜街。古藤书屋旧居转卖与中翰于汉翔。赵吉士《寄园集》中有《甲戌元夕饮于章云中翰汉翔古藤书屋》有“坐啸三休丛桂老，居停五易古藤留”，即指古藤书屋从金之俊、龚鼎孳、何元英、朱彝尊而至于汉翔，已是五易其主的沧桑岁月。后蒋景祁购买并移居于此。康熙二十九年（1690），朱彝尊官复原职（两年后再度罢官，归里），余暇读书、抄书、搜书，《明诗综》刻成后，朱彝尊亲自审校两遍，又把书稿分给许多人校对。规定不论何人，只要挑出一字之错，就“赏给百钱”。而此中值得我们深思的是，朱彝尊如此慷慨，而其钱何以出？

一、滞留京华：古藤书屋的岁月

竹垞束脩多源，龚鼎孳妇人顾眉生于京师见朱彝尊词“风急也潇潇雨，风定也潇潇雨”（《酷相思·阻风湖口》）后喜极不已，倾奁以千金赠之。据佚名《清代名人逸事》，清初宏奖风流，不待名公巨卿，即闺中好尚亦如此。太原布政使王公留朱氏于幕府时，待为上宾。一日拿出价值千金的白玉碗篩酒待客，为了尊重朱彝尊，连篩各式白玉碗五杯，强请他一杯一杯倾尽。朱彝尊受宠若惊，饮毕大醉，白玉碗落于石案，竟自沉睡。同座宾客大惊，急禀告王公。王公大笑云：只要知己所赏，即使摔破白玉碗何足辞。反映出王公对朱彝尊的情深义重。从朱彝尊自编《曝书亭集》中可以得知，朱氏为朋友、世交、乡邻亲戚写书信、传记、序跋、墓志铭等的，就达几百人，证实了朱彝尊交友遍南北，结识五陵客的交游原则。友人远士赠以玉狸，竹垞作《远士以玉狸见饷戏作长句》：

腐儒齿牙习藜藿，久与粱肉成疏索。
三旬九食叹不饱，惭看骨瘦头围削。
朝来食指动不已，日午中庭啅乾鹊。
蔡子初自吴兴来，饷以玉狸涎已落。

老饕不暇计利害，急命须奴洗铛杓。
细君摇手戒勿食，骄儿挽须苦相攫。
箬包麪里加糁蒸，绝胜羊羔灌杏酪。
约升香饭炊吴秔，夜阑饱送如填壑。
几年梦想苕中游，至今未果扁舟约。
此行何难故踟蹰，食言屡矣宁无怍。
青鞋布袜及早春，与君同试游山脚。

绝荤已久，当吴兴友人送来“玉狸”，全家人兴奋不已。“老饕不暇计利害，急命须奴洗铛杓。细君摇手戒勿食，骄儿挽须苦相攫”，几乎所有的人都垂涎欲滴，急不可待了。文人创作往往不免艺术夸张，事实上，朱彝尊家从未穷困至此等境地，亦未绝荤如许。即使困苦不堪，他也从未辞去奴仆。何况，他的妻妹自从守寡以来一直从姊居住，正像林如海死后，林家的百万家产流入贾府一样，自从朱彝尊妻妹夫婿死后，夫家的巨额财产也全部流入朱府。

当被劾罢官滞留京师之际，朱彝尊并未归里，而是滞留京师，交游、唱和，广泛社交。其子朱昆田在给其母的书札中有：“父亲既不补官，又不出游。在京开饭铺，真属无谓。数次作信苦劝南还，终不决计也。旧年承太老师之赠《毛诗》之外，前前后后又有百金，至夏问太老师，谓前账不算。在此一年，我当以百金相赠。……彼（父亲）用情可谓至矣、极矣。男岂可又开口支束脩乎？因寄字与父亲相商，若年前出京则不必说，倘不出京，省百金寄归。……城居典价止八十余两……今年所寄、所会、所得亦有百余金，之外何至窘况如是？……岁前着便人当设处数十金寄师也。”（朱昆田“八月廿四”日札）看来朱昆田曾努力过，但并未能阻止住其父在京师日费百金的高额消费。因为朱彝尊深信，只要不离开京师，“将来补官，亦是京职，或于补官之日仍留词林”（朱昆田“三月初七”日给母亲札）。罢官后，朱彝尊仍在京师前后三年，坐吃山空。其间，他从没有停止过学术的交游和运作，仍旧充满热忱地寻访古迹名胜、拓片摩碑，搜访古籍，雇人抄写，从事大量的学术活动。

从朱桂孙信中可知，朱彝尊不断地在家乡购置土地田产。桂孙"三月初七日"札有："母亲（昆田妻）身子安好，而往来亲不绝，动用甚是费力，借贷无门，一无所靠，多方拮据，支吾过日，真无可如何耳。倪家槁，男往数次，与刘氏言之再三，内中欲售者多，不欲售者少。据秋衢伯公之言，日下方在得气之时，比之金粟尤为更妙。且金粟之价，其人必要大树，况海盐钱姑娘亦不能使之贬价。倪家槁地价大约不过二三百金之数，似略易为力。但欲得其地，必须现物，家中窘迫异常，一时不能即成此大事，总俟父亲归家，细商酌可否也？岳父身子至今未得强健，稍有辛苦，便要复发，在家生窘，难以支持，不得已，于是月初三同载穗园、屠景山，往济宁矣。"此札尽管是孙子写给朱昆田，但所叙乃朱家买田事宜。孙子已经婚娶，并开始担负起管理家业的重任，这说明朱家门庭日渐兴旺。

朱彝尊在京师的博鸿之试，尽管有极力推举者，但"忌者甚众，有力者极其排挤。虽受知君相，而人言可畏，将来必无得理。与其在京做穷官，仍不如处馆之可以救穷也"（《朱昆田致母亲书》）。从十七年（1678）秋到京待举，到十八年（1679）四月已等待了半年时光。半年中，朝廷所赐银两远远不及，朱氏父子靠友人资助，亦卖文换金，最终，得入史局，但再次辞脱，不得。勉强留京，故竹垞说"只得在此受苦，须得二年工夫，史乃可完"（朱彝尊《（1679）四月初九日家书》）。"二年"修史视为"受苦"，此这种无奈的口气和此前的辞职并置来看，朱彝尊试博鸿的动机固然有撰著历史，让后人了解明史的学术情结，但其首先是为了谋得俸禄养家糊口。

二、回归故里：名人声望与经济利益

自晚明开始，伴随出版业的高度发达，许多人出版自己的文集往往邀请当代的文化名人作序、作跋，借此揄扬提升自己的文学声望和社会知名度，同时，借此打通并提高作品的销路。因此，往往见到一本书中有多篇序跋的现象。

竹垞诗名远扬，居京期间，交结权贵，入值南书房，平步青云，身价倍增，加之其学术影响，求其作题序者络绎不绝。刑部尚书蔚县魏象枢登门拜访，求朱写序，《尚书魏公刻集序》云："刑部尚书蔚州魏公之冠京师也，与予居对门。岁在壬戌（1682），予自江南还，公衣朝衣过予拜，予答拜，公乃言曰：'江南乡试为关节贿赂所汩久矣，兹得子澄清之，吾非拜子也，庆朝使之得人也。'"尚书登门拜访，魏公并非先例，其他各尚书如王士祯、宋荦等亦有屈尊之举。《太守佟公述德诗序》，佟公，沈阳人，嘉兴太守，有善政。钱塘教授屠君搜其诗出版，请朱彝尊为之序。作《张君诗序》，张君嗣子收其遗稿"将刻其遗诗，属予（竹垞）作序"。所撰序，多是应邀，如《王鹤尹诗序》，即王鹤尹"邮所作松巢集，属予序之"。《叶李二使君合刻诗序》，叶映榴、李梅崖"各出所制合而镂板行之，且属彝尊序之"。《高户部诗序》，高修恒卒于官，其子收其诗镂板刊刻"属予为序"。山西望族云氏"致书万里请为序"《族谱序》。即使出身平民之辈，慕朱彝尊之名而请求写序撰铭，也都用钱物以谢，《蒋孺人墓志铭》记康熙二十三年，因带随从入宫抄书被谪，居京师之宣南坊后，武进龚胜玉"持束纺升堂再拜请铭其祖妣蒋孺人之墓"，所赠束脩即一匹纺织品。朱彝尊《孙恭人墓志铭》载户部广西清吏司员外郎休宁程岳"奉币稽首"，造朱彝尊所下榻之旅馆请为其母撰墓志铭。由此可以推知，尚书所与束脩当非一般同官者所赠数目，在《曝书亭集》近百篇序、碑、铭中，几乎全部都是应这类官员邀请而作，如：

《王礼部诗序》《感旧集序》，王士祯，号渔洋山人，山东省新城人，刑部尚书。

《钱舍人诗序》，钱芳标，字葆馚，江南华亭人。内阁中书。

《程职方诗集序》，程可则，字周量，广东南海人。兵部职方郎中。

《叶指挥诗序》，叶封，字井叔，西城兵马司指挥。

《丁武选诗集序》，丁炜，字雁水，武选郎中，分司通惠之河。

《方编修锦官集序》，方渭仁，翰林院编修，宰辅之孙。

《王学士西征草序》，王顼龄，字瑁湖，江南华亭人，陕西乡试主考。

《丛碧山房诗序》，庞垲，字雾公，河北任丘人。翰林院检讨，福建建宁知府。

《钱学士诗序》，钱金甫，字越江，江南上海人。翰林院编修，侍讲学士。

《秋水集序》，严绳孙，字荪友，号秋水，以布衣举鸿博授检讨。

《严中允瀛台侍直诗序》，严藕渔，无锡人，官右春坊右中允兼翰林院编修。

《徐电发南州集序》，徐釚，字电发，翰林院编修。

《元史类编序》，邵远平，字吕璜，仁和人，历户部侍郎，充日讲官，知起居注官。

《禹峰文集序》，彭而述，字子钱，号禹峰，河南邓县人。两湖提学佥事，贵州巡抚。仲子彭直上官右春坊右谕德兼翰林院修撰。

《石园集序》，李元鼎，官至兵部右侍郎，其子李振裕官至礼部尚书。

《王先生言远诗序》，王言远，嘉兴人，历官广州知府，川北道布政司参政，四川按察司使，江西右布政使等。

《陆话山集序》，陆话山，汶川知县，嘉兴人。

《叶李二使君合刻诗序》，叶映榴，字丙霞，号苍岩，上海人，历官湖广参议道署布政使。李基和，字协万，号梅崖，丹徒人，官至中丞。

《高舍人诗序》《高侍讲扈从东巡日录序》，高士奇，字澹人，号江村，钱塘人。康熙中入值南书房，官内阁中书舍人。位势显赫，权倾一时。

《胡参议转漕杂诗序》，胡君，山阴人，山东布政使参议。

《太守佟公述德诗序》，佟公，沈阳人，嘉兴太守。

《张君诗序》，张君（按：不知其官名，但其诗温柔敦厚，流播日广，当为有官职之人）。

《高户部诗序》，高修恒，官安州太守，官户部。

《沈明府不羁集序》，沈口，吴江人，“出宰西陲”。

《刘德章诗序》，刘德章，宛平人，上林苑监丞。

《王考功遗集序》，王士禄，字西樵，刑部尚书王士祯兄。山东新城人，吏部员外郎。

《钱教谕忘忧草序》，钱教谕，浙江海盐人，官西安县儒学教谕。

《忆雪楼诗集序》，王焕，字子千，宝坻人，刑部侍郎，惠州知府。

《南湖居士诗序》，胡某，武陵人，充学士官。

《小方壶存稿序》，汪森，字晋贤，号碧巢，浙江桐乡县人，户部郎中。

《王崇安诗序》，王又旦，字幼华，陕西郃阳人，知县，户科给事中。

《楝亭诗序》，曹寅，江宁织造，巡视两淮盐漕监察御使。

《宋判院词序》《商丘宋氏家乘序》，宋荦，字牧仲，号漫堂，河南商丘人，吏部尚书。

《蒋京少梧月词序》，蒋景祁，字京少，宜兴人，官同知。

《紫云词序》，丁炜，字鳝汝，号雁水，普江人，官湖平教谕，鲁山县令。

《柯寓匏振雅堂词序》，柯崇朴寓匏，字敬一，号寓匏，嘉善人，官中书。

《群雅集序》，楼俨若，姚江人，官舍人。

《刘氏族谱序》，刘氏，大兴望族，武术世家，世为将军。

《姚氏族谱序》，姚氏，嘉兴望族，姚善长为万历初工部尚书。

《云氏族谱序》，云氏，山西文昌望族。

《李氏族谱序》，李良年家族，嘉兴大族。

《感应篇集注序》，刘先生，宛平人，儒师。

《十家宫词序》，倪闇公，检讨。

《白兰谷天籁集序》（元人白朴词集），杨希洛，六安人，秀才，千里访朱，请为序。

《放胆诗序》，吴某，官御史，青坛人。

《清风集序》，毛子霞，武进人，官县令。

《乔御史读书札记序》，儒学经师，汪懋麟执稿请朱彝尊序。

《黄先生遗文序》，黄淳耀，字蕴生，别字陶庵。殉明。门人陆元辅收其诗文付梓请朱彝尊序。

《天愚山人诗集序》，谢泰宗，字时望，自号天愚山人，定海人。遗民。其孙收其诗稿开雕刊刻，请朱彝尊序。

《九歌草堂诗集序》，屈大均，广东遗民。

《黄征君寿序》，黄宗羲，浙江余姚人，著名遗民思想家。

《朱翁六十寿序》，新安朱翁，婺源朱熹后裔。

《顾叟寿序》，吴江人，著名文物鉴赏家。

《叔母贺太君八十寿序》，嘉兴人，朱彝尊叔母，十五弟登仕版。

《蒋母沈太君七十寿序》，魏塘人，蒋处士正言继室。舅蒋瞻云，崇祯间任苏松兵备副使。

布衣之序，共 20 篇：

《孙逸人寿序》，孙菊人，吴县人，授馆为生。

《胡母杨太君八十寿序》，胡某，设帐授徒，为洁白之养。

《黑蝶斋诗余序》，沈覃九，朱彝尊友。

《朱人远西山诗序》，朱人远，终生游幕。

《王鹤尹诗序》，王鹤尹，布衣终生。但其兄弟都位置通显。

《陈叟诗集序》，陈叟，钱塘布衣，终生游幕。

《冯君诗序》，冯君，桐乡人，布衣。

《钟广汉遗诗序》，钟渊映，字广汉，嘉兴人，布衣终身。竹垞挚友。

《张趾肇诗序》，张趾肇，娄县人，朱彝尊弟子。

《成周卜诗集序》，成文昭，字周卜，号过村，又号钝农，大名人。候选主事。

《顾侠君噉荔集序》，顾侠君，孝廉。游幕为生。

《刘介于诗集序》，刘石龄，字介于。吴江人，布衣。

《橡村诗序》，朱橡村，朱彝尊族弟。

《东浦诗钞序》，朱潜江，朱彝尊族弟。

《陈纬云红盐词序》，陈维岳，字纬云，宜兴人，其年弟。

《水村琴趣》，魏孝廉，魏塘人，游幕为生。

《鱼计庄词序》，戴锜，休宁人，随朱彝尊学词。

《具区徐氏族谱序》，太湖洞庭山布衣之家。

《刘高士寿序》，刘高士，山阴隐君子。

不能确定有否官职者，3 篇：

《鹊华山人诗集序》，任宏远，字仔肩，号泺湄。济南历城人，游宁波，卒。

《孟彦林词序》，孟彦林，会稽人，不知有否官位。

《胡永叔诗序》，胡昆友，字永叔，湖北人，移家无锡。官位无考。

碑、铭、表、诔、行状：

除《殷先生墓志铭》《处士文君墓志铭》《嘉定张君墓志铭》《文

学郑君壙志铭》《国子监生钱君行状》《沈武功哀辞》等少数几篇为遗民隐士贫穷才子之作外，大多为有官衔有职位的人而撰，如《贞毅先生墓表》，朱士稚，山阴巨族，父官雷州知府，祖官吏部尚书；《德州田君墓表》，湖广布政使参议、翰林院编修田雯之祖；《钱孺人墓表》，钱氏，广西布政司右参议钱某之孙女，两淮都转运使李某之冢孙妇。

其他如：

《东瓯王庙碑》

《大同府三皇庙新建才是好祠碑》

《重修泰安州东岳庙碑》

《邹县重修亚圣孟子庙碑》

《通州西仓增福神祠碑》

《重修江都县旌忠庙碑》

《重修张仙祠碑》

《中奉大夫分守岭北道江西布政使贺公祠堂碑》

《提督浙江学政翰林院检讨颜君清德碑》

《太保孟忠毅公神道碑铭》

《诰封朝议大夫国子监祭酒新城王公墓碑》

《通议大夫都察院左副都御史徐公神道碑》

《光禄大夫工部左侍郎顾公神道碑》

《礼部尚书兼掌翰林院学士长洲韩公墓碑》

《光禄大夫兵部左侍郎杨公神道碑铭》

《光禄大夫太子太保刑部尚书李公神道碑》

《五经进士谭先生墓表》

《文林郎湖广道监察御史王公墓表》

《封奉直大夫颜公墓表》

《前进士高公墓表》

《靖南王墓表》

《吏部验封清吏司员外郎卜君墓表》
《封文林郎韩君墓表》
《翰林院侍读乔君墓表》
《通奉大夫福建布政使司内升汪公墓表》
《赠中宪大夫知滦州事李公墓表》
《文林郎知桃源县事张君墓志铭》
《奉政大夫提督福建学政按察司佥事山阳陆公墓志铭》
《奉政大夫吏部考功清吏司郎中颜君墓志铭》
《儒林郎户科给事中郃阳王君墓志铭》
《掌京畿道监察御史任君墓志铭》
《知伏羌县事蒋君墓志铭》
《工部主事席君墓志铭》
《孝洁姜先生墓志铭》
《赠日讲起居注翰林院检讨征仕郎贞靖潘先生墓志铭》
《赠翰林院检讨征仕郎徐先生墓志铭》
《小谭大夫墓志铭》
《征士徐君墓志铭》
《翰林院侍讲尤先生墓志铭》
《承德郎日讲官起居右春坊右中允兼翰林院编修严君墓志铭》
《朝议大夫户科给事中降补国子监学正赵君墓志铭》
《乡贡进士魏君墓志铭》
《岁贡生程君墓志铭》
《岁贡生潘君墓志铭》
《徐州萧县儒学训导乐君墓志铭》
《中宪大夫知思州府事陆公墓志铭》
《许封君墓志铭》
《知交城县事靳君墓志铭》

《儒学训导倪君墓志铭》

《文林郎知舒城县事朱君墓志铭》

《文学昝君墓志铭》

《王淑人墓志铭》，淑人王克荣，礼部尚书王熙之女，太子少保吏部左侍郎胡兆龙子媳，河南提刑按察司使王介祉之妻

《故都察院右副指都御史总都浙闽军务朱公诔》

《大悲院记》，应天津武备曹斌之请而撰

《池北书库记》，应王士祯之请而撰

检视《曝书亭》文，除少数几篇为家人亲人和挚友而作外，几乎全部的文章都带有“功利”意识——谋得束脩或应命而作。从这个庞大的数字可以推知，仅此题序写碑一项，便足以获得丰厚的资金。除了官俸外，这成为朱彝尊晚年巨额收入的主要来源。

三、晚年游览与学术交游

康熙二十九年（1690），朱彝尊再度复官，不久他就以病老告归，于故乡梅里建造了藏书楼——曝书亭，继续收书、抄书，潜心治学。康熙三十一年（1692）冬，到达广州。时子昆田在广东巡抚朱宏祚幕中，与屈大均、陈恭尹、梁佩兰等相聚，与屈大均同游五羊观，与陈恭尹同游光孝寺。次年（1693），偕子昆田由广州返嘉兴。此后，在江南漫游访书。

朱彝尊去官归田时，拥有图书三万多卷。归田后，又陆续获书四万余卷。秀水项笃寿（字子长），明嘉靖末年进士，官兵部郎中，好藏书，家有万卷楼，收藏丰富，是明末秀水有名的藏书家。大约于顺治末、康熙初，项氏万卷楼藏书外散，朱彝尊急忙赶往讨购，最后以20万金的高价买下了万卷楼的全部残藏，项氏旧藏大大地丰富了朱氏藏书。其讲学所得，及后来为官之薪俸，除衣食外，全部用以买书。在做了翰林院检讨之后，他不仅在民间藏家中借抄了大量图书，还抄录了许

多史馆里的珍贵典籍。尽管在史馆因私带书僮被免官，但朱彝尊《鹊华山人诗序》却表示“私心不悔”。期间，朱彝尊读书、抄书、收购图书。朱彝尊每抄成一书，他都详加校正。对不同版本的图书的抄校，尤一丝不苟。康熙三十六年（1697），朱彝尊到平湖探望老友李延昰（字辰山），李延昰将自己的著作《放鹇亭集》和二千五百卷藏书悉赠朱彝尊。至此朱彝尊藏书总计八万卷，建“曝书亭”贮藏。

归里后，对藏书仍精益求精，编撰了卷帙浩大的专科版本目录学著作《经义考》。《经义考》初名《经义存亡考》，共300卷。这是自孔子以来人们所诵习的14部经书，以及历代学者撰写的阐释诠解这些经书的著作，撰集于一书的经学专门版本目录。是朱氏仿元马端临《经籍考》之体例并发展了《经籍考》的编纂方法编撰而成的。书中首录御注、敕撰之书，以下分易、书、诗、周礼、仪礼、礼记、通礼、乐、春秋、论语、孝经、孟子、尔雅、群经、四书、逸经、毖纬、拟经、承师、室讲、立学、刊石、书壁、镂版、著录、通说，共26类，末附家学、自序两篇。朱彝尊曾根据家中藏书编为全目，惜未成。先传世的书目有《竹垞行笈书目》一卷，收书七百余种，《曝书亭书目》一卷，收书二千四百余种，然似仍非朱氏藏书之全目；此外又有《潜采堂宋元人集目》《潜采唐宋金元人集目》是为善本之目，朱彝尊最有名的目录之作为《经义考》，这是一部研究中国古代哲学思想史、学术史、文化史的重要工具书，在目录学史上有很大影响。

康熙四十三年（1704），76岁，《明诗综》雕刻竣工。是书辑选明诗三千四百余家，上自洪武下至崇祯，历朝作者大致网罗无遗。首卷录明室诸帝王之作，卷二至卷八二按时代先后编入诸家诗作，卷八三以下分录乐章、宫掖、闺门、僧道等诗，末卷录民间杂谣歌辞且“间缀以诗话，述其本事”。朱氏还给入选诸家作小传集评，里贯之下，分载诸家评论，朱氏自评附于最后，评论较为持平。彝尊自述其编选目的在于“窃取国史之义，俾览者可以明夫得失之故”。

康熙四十七年（1708），在曹寅的资助下，《曝书亭集》八十卷成，潘耒作序。序称："竹垞之学，邃于经，淹于史，贯穿于诸子百家……蕴蓄闳深，搜罗繁富，析理论事，考古证今，原原本本，精详确当，发前人未见之隐，剖千古不决之疑。其文不主一家，天然高迈，精金百炼，削肤见根，辞约而义富，外淡而中腴，探之无穷，味之不厌，是谓真雅真洁。"对朱彝尊的学术成就及其学术地位做了中肯定位。

第五章

朱彝尊的诗文词赋与学术活动

无论从学术研究的层面还是从文学交游的层面，朱彝尊博鸿之前的人生旅迹都是为谋取生存。学术研究和诗文唱和最初是为谋取衣食。但这种文学活动引发了朱彝尊不可遏止的学术激情，此后持之以恒。博鸿之后，他的学术活动由衣食生存升华为学术情结。由此，朱彝尊成为诗史、词史、学术史研究中不可回避的一个关键人物。

文学巨匠的成功取决于其全神贯注的学术激情和时间投入，而学术激情的持久很大程度上取决于不仅丰衣足食而且有足够的资金进行学术运作。朱彝尊文学声望的定鼎与学术成就的辉煌得益于其大半生“南粤东瓯西晋”的游幕生涯，其《八归 序》云：“丁未燕京除夕，同表兄舟石、家兄夏士守岁作。”其游幕的直接动机为谋取衣食，其《报周青士书》云自己一生漂转四方的艰辛：“仆频年以来，驰逐万里，历游贵人之幕，岂非饥渴害之哉!”幕府的工作经历和特殊的文化环境使朱彝尊由谋食走向谋“事”，踏遍青山复大川，以不可阻挡的学术热情投入采掇古籍的征程中。同时，游幕经历使得朱彝尊步入了文学史的经典行列。

第一节 朱彝尊与“芙蓉幕”主曹溶之文学交谊

君如直入芙蓉幕，
一问高唐梦两人。
——曹溶有《送锡鬯游越中》

朱彝尊执清初词坛牛耳数十年，这种独特经历为他赢得极高的文学地位与文学声名。在清初词坛继陈维崧为首席的阳羡词派之后，朱彝尊开创了影响至为深广的浙西词派。在当日词坛，朱彝尊、陈维崧、纳兰性德并称“词家三绝”。陈维崧填词及其所得之成就得益于陈子龙的“师教”，朱彝尊的领袖之尊在以往的研究中多归纳为其独特的人生经历及其婚外恋情，而将朱彝尊推上“词情”之路的同乡曹溶却被忽略了。

朱彝尊《静惕堂词序》中曾自述：“忆壮日从先生（曹溶）南游岭表，西北至云中。”朱彝尊从曹溶“南游岭表”乃顺治十三年（1656），其后又随曹溶至山西大同。在山西曹幕中，朱彝尊开始涉笔填词，并常与曹溶切磋词学。故朱彝尊说自己因追随曹溶而悠游于“词”。李符《江湖载酒集序》：“竹垞昔游大同始为词，其后客太原、客济南、客燕、客白下，皆有词。”朱彝尊《耒边词序》云：“逮予客大同，与曹使君秋岳相唱和，其后所作日多，谬为四方所许。”朱彝尊在曹幕多有知音学士，其《篷轩落成曹方伯溶招饮纳凉即席分韵》有“幕府容疏放，蛮天罢郁蒸。南园多胜友，况挹酒如渑”。曹溶既是这些幕友“政治”的庇护者，经济的资助者，同时也是他们文学、学术及交游的引路人。作为浙派词的开山作家，朱彝尊从事词的创作，确始于同里巨宦曹溶的引导。入曹溶幕府，朱彝尊原本为求得衣食，但是，不经意间，这段幕府经历却将他推向了词学巅峰和学术圣殿。

一、朱彝尊与曹溶的相识与相知

郑方坤《无闷堂诗钞小传》记录了诗人张远“偶道出江西，题诗滕王阁上，适曹秋岳侍郎持节过此，大加亟赏，招入芙蓉幕所，至为延誉”。曹溶提倡风雅，振拔单寒，饥者食之，寒者衣之，学识渊博与学术热情使得他在遗民心中享有极高的声望，一时名士皆从之游。

朱彝尊身经乱离，隐居田野，教授生徒，不求闻达。村居开馆授徒，据朱桂孙、朱稻孙所撰《祖考竹垞府君行述》载，朱彝尊居乡授徒束脩微薄，尤其“通海案”后，为避祸而出游。朱彝尊《八归 丁未燕京除夕同表兄舟石家兄夏士守岁作》亦云：“试屈指、二十年来，几度在乡国?”从康熙元年（1662 年）至十六年（1678 年）近二十年的游幕求生时期，是朱彝尊游幕养家和诗词古文及学术上得以成名的关键时期。朱彝尊游幕，直接动机固然是授徒不给。其《百字令·自题画像》云：“四十无闻，一丘欲卧，漂泊今如此。田园何在，白头乱发垂耳。”

首先是饥饿驱使他奔赴旅途。而旅程的第一位知己和引路者即曹溶。

曹溶的广东幕府网罗了众多遗民之士。万泰，字履安，鄞县人，国变后，隐居不仕。后在其《训子书》中，追忆这段奔波岁月时即有“孤贫已到万分极处”，为衣食计万泰亦入曹溶幕府。张穆，字尔启，号铁桥，东莞茶山布衣，著名画家。其父万历举人，曾任博白县令。国变不仕，为画自养，间有入幕之举。严炜，其父严讷曾任前明吏部尚书兼大学士，严炜曾入何腾蛟、瞿式耜幕府，授光禄寺卿。顺治七年（1650）桂林陷，瞿式耜殉国，严炜被缚，胁以刀刃，诱以冠服，而不为动。后遁迹空门，辗转入粤，由金堡推荐入曹溶幕府。俞汝言，字右吉。鼎革后，尝游燕赵闽粤云中雁门，广搜载籍，归而闭户著书。胡介，字彦远，号旅堂，遗民，入曹溶幕府。曹溶对他们多有呵护，万泰为曹溶乡试同年，金堡乃曹溶进士同年。在游宦期间，曹溶不仅给予朱彝尊以大力资助，同时也广有唱和：《周青士沈山子朱锡鬯过我园居》《子将谋隐梅里五月十九日梅里为盗所劫因寄山颜锡鬯山子青士诸子》等均是诗酒留恋的忠实记录。而朱彝尊《曝书亭集》中，则留有更多应和曹溶之作的诗词。

朱彝尊在广东两年，广泛结交当地反清义士和遗民，与著名的番禺诗人屈大均交往尤深，后来屈大均到浙江加入山阴秘密抗清团体，正是由朱彝尊作为中介。一年后，曹溶因降职而离开了广东，不久朱彝尊也辞粤回里。由于岳父冯镇鼎在山阴为学官，朱彝尊往赴山阴，助冯教授生徒，在山阴结识了一批抗清志士。其间，曹溶也多次到山阴与他们诗酒雅会。从广东到山阴，曹、朱多有诗词唱和，其中值得纪念的是两人一起唱和王士祯《秋柳》。被称为“南朱北王”的王士祯曾写《秋柳》四首，含蓄表达亡国感慨。清初入关，此时时局并未安定和平，急于平定天下的清朝当权者尚未顾及文字方面的讥刺和隐喻。一时之间，无数文人和遍大江南北。曹溶《秋柳》和顾炎武的和作被公认为众多和诗中最动人的杰作，甚至认为超过了原作。曹溶《秋柳》：“灞陵原上百花残，堤树无枝感万端。攀折竟随宾柳尽，萧疏转觉道途寒。月斜楼角藏乌起，霜落河桥驻马看。正值使臣归去日，西风别酒望长安。”曹溶在诗中借灞陵残花，抒发“别泪长安”的伤感，表达身奉新朝的隐情苦衷。这种内心忧戚，反映了曹溶心灵深处隐藏的故国之思，而这种不胜哀的情怀为许多仕清官员所共有。

清朝以少数民族入主中原，如要有效地统治中国，除了认同汉族文化外，就必须取得汉族精英人士的效力和协助。满族人十分清楚，对汉族官员而言，在易代之初出仕异族政权是一种现实的考量。为取得汉族官员的支持，清廷大量起用前明汉族官员，同时为了巩固满族政权，他们也施行了偏护满族人的政治制度。如以满汉共职的权力机构，虽然表面平等，实确以满族人为主。在这种制度下，汉族官员往往因受到挤压而产生挫折感，尤使他们感到难堪的是，协助异族统治自己的同胞，还可能面对责难和后人的不理解。作为同里名宦，曹溶十分赏识早慧的朱彝尊文才。顺治十三年（1656），曹溶升任广东布政使，聘朱彝尊入幕，多有酬唱。《暑夜同朱锡鬯》："处遁易为怡，芒屦浩无所。……朱火淡东壁，谡谡清钟举。"诗中曹溶公然否定做隐士的选择，认为腐败的朱明王朝终究成为渐落的夕阳，而一个崭新的王朝正在蓬勃升起，对新王朝充满信心和希望。曹溶认为，国虽亡，而天下未亡。出于致天下于太平的理想，曹溶全力以赴参加了改朝换代的工作，并倾己之力从事慈善之举。但这并不证明曹溶对异族政权的拥戴，否则就无法解释自山西罢官后，他再也不出应新政权各种征召的动机了。如果抛开儒家的传统道德，仅从人类社会发展与进步的视角看，曹溶被清史编纂者归入不忠不孝的"贰臣"当是何等委曲。对于自幼深受儒家忠孝传统教育的汉族官员来说，没有什么比"贰臣"之称更为令人汗颜的了。正是在这种情况下，许多仕清汉族官员都努力在不同程度上为困境中的明遗民提供各种经济援助和政治遮护。这种有意识的保护行为能为他们出仕异族政权找到一些合理的解释，并由此减缓内心的愧疚。因此，易代之初，不仅遗民需要和一定程度上依赖仕清汉官，这些官员也在精神上依赖遗民。这种特殊时代的特殊情感加强了遗民与仕清汉官之间的互动。仕清汉官对遗民的帮助，虽然多是经济方面的，但二者的往来往往也产生了政治和社会层面的价值和意义。同时，共同的汉文化主流意识使得他们以真诚维系彼此的友谊。在清初特定政治情势和文化背景中，深怀挫折感和愧疚感的仕清官员，是保证遗民们在困境中得以生存，并在学术和文化艺术方面得以发展的一个重要的体制因素。李灨林对方文的帮助，魏一鳌对傅山的帮助，曹溶对朱彝尊的帮助无不如此。

朱彝尊《同曹侍郎遥和王司理士祯秋柳之作》："回首秦川落照残，西风远影对瓒岏。城头霜月从今白，笛里关山祇自寒。亡国尚怜吴苑在，行人只向灞陵看。春来已是伤心树，犹记青青送玉鞍。”和作将王渔洋咏物象征的意蕴进一步延伸和拓展，通过营造凄清朦胧之境，寄寓了人们可以普遍感受的盛景难驻之哀。朱彝尊有意识地淡化了曹溶诗中仍十分厚重的“亡国”主题。朱彝尊《和曹使君忆姚州酒歌》（其一）：“姚州白酒白于泉，醉客何论是百钱。十月糟床初满注，莫教焚却子猷船。”表达的仅是生活的悠闲和无寄。（其二）：“曹娥江口晚潮低，两桨春船入会稽。最忆黄冠攲倒日，夕阳山色鉴湖西。”即已是没有任何象征和隐喻的消闲文字。这说明，朱彝尊在既定事实面前，努力将自己融入新的时代之中。

曹幕期间，朱彝尊为曹溶甄录《岭南诗选》。同时，集粤行之诗130余首及和曹溶诗32首为《南车草》一卷，刊行。及时地对自己的行迹进行记录，以为将来提供一份可靠的历史资料，说明朱彝尊已有自觉的学术意识。曹溶还里，朱彝尊作《送曹方伯还里》：“惆怅红亭酒，登胪奈别何。秋风空日夜，歧路渺关河。重以归与叹，因之劳者歌。还凭长短笛，吹出感恩多。”可知，幕中多得曹溶关照。随后，朱亦启程归里，有《将归留别粤中知己》：“请君膝上琴，弹我游子吟。哀弦激危柱，离思难为音。宾御皆烦纡，何况居有心。于役既有年，归哉方自今。”从“于役既有年”可知，竹垞初游，居广州仅一年。同年九月，曹溶改调山西按察副使（冬，曹溶返里，居三年，始赴山西之任），次年（1658）四月，竹垞返里。此次出游，除途经赣州购置五箱图书外，束脩已所剩无多。所以归家后才有不忍目睹病妻与高堂的感叹。其《归》云：“妻儿空待米，风雨独归家。”里居，多与曹溶游，有《夜过曹侍郎溶倦圃》《曹侍郎席上送别顾工部大申还华亭邹进士祇谟还晋陵》《迈陂塘》《偕曹侍郎溶施学使闰章徐秀才缄姜处士廷梧张处士杉祁公子理孙班孙段桥玩月分韵得三字》等，他几乎踏着曹溶的足迹南下和北上，曹溶对于竹垞的重要意义于此可见一斑。

顺治十七年（1660），由曹溶推荐朱彝尊投奔浙江宁绍台道宋琬，入幕求食。曹溶有《送锡鬯游越中》：

> 昔我踏雪登会稽，千岩阻绝豺狼栖。
> 茂宰陈兵耀初日，屐齿始得凌丹梯。
> 十年以往虎穴净，镜湖潋滟清无泥。
> 扫除欲待公子行，锦帆徐动荷花轻。
> ……
> 江东列侯盛珠履，开轩揖客春风起。
> 胡床遍坐九州杰，仲举之榻何足拟。
> 沙头相送莫沾巾，各行胸臆自相亲。
> 子真谷口老将至，长卿车马方辚辚。
> 长卿大笑子真癖，枯崖落木无四邻。
> 钱塘十月洪涛嗔，掉头不顾辞众宾。
> 君如直入芙蓉幕，一问高唐梦两人。

对朱彝尊入宋琬幕府寄予极大希望。而在越中，朱彝尊多有与宋琬同游之作，如《曝书亭集》卷四《同宋使君琬游云门山》等。竹垞参加山阴“通海”之举，频频相聚西湖商讨决策，以配合郑成功、张煌言大军的北上行动。朱致书曹溶，《偕曹侍郎溶施学使闰章徐秀才缄姜处士廷梧张处士杉祁公子理孙班孙段桥玩月分韵得三字》。此次聚会，曹溶宴请诸子，竹垞有《曹侍郎席上送别顾工部大申还华亭邹进士祗谟还晋陵二子将有入都之役》。当朱彝尊发现曹侍郎杭州之行仅仅是与众人作诗酒之游后，为了促其决然反清，朱彝尊专程夜访曹溶，进行相劝和游说，有《夜过曹侍郎溶倦圃二首》。这次竹垞返里游说没有留下任何文字痕迹，但可以肯定，曹溶被朱彝尊的慷慨陈辞所感动，于是同意再赴西湖。但曹溶预感到事情难以成功，未能履行约定，因而朱彝尊继有《夏日西湖同曹学士尔堪余山人怀泛舟待曹侍郎溶不至感旧游怆然于怀作诗二首》。幕主宋琬发现了朱彝尊与山阴魏禧及祁氏兄弟的反清意图，当即馈赠朱一部分钱物，而将朱辞退，并回信向曹溶解释说自己幕府小，不敢用高才朱彝尊。事实上，宋琬并非不爱才，其宁绍台道幕府亦非窄小，而是不想引火烧身。朱彝尊与曹尔堪、魏禧、祁班孙、祁理孙游，密谋反清，不仅宋琬有所察觉，曹溶也从宋琬处得知消息，因而故意失约于祁氏兄弟所组织的“西湖之游”。

康熙元年（1662），魏耕、祁班孙、钱瞻百、钱缵曾、潘廷聪等以“通海”罪被捕，朱彝尊逃亡。避难的日子没有人供给食宿。为求衣食，朱彝尊应永嘉县令王世显之邀远走海隅。到永嘉，入县令署中做记室。临行，曹溶为之送行。朱彝尊《将之永嘉曹侍郎饯予江上，吴客韦二丈为弹长亭之曲并吹笛送行歌以赠韦即送其出塞》：“忽作边秋出塞声，江枫岸柳纷纷落。哀弦促管不堪听，宾御闻之亦涕零。挂席远移严子濑，看山直上谢公亭。闻君欲问云中戍，雪消饮马长城去。广武营边折柳时，黄瓜阜上题书处。司农旧是出群才，此日征西幕府开。试向尊前歌一曲，梅花飞遍李陵台。”于此可知，此诗描写既是曹溶为竹垞送行，同时也是竹垞为曹溶送行。赴永嘉途中，朱彝尊有《舟行酬王明府世显》云：“我欲看山到永嘉，不辞蜡屐向天涯。谢公正有同舟兴，相与扬帆采石华。”对王县令的帮助表示感激。

同年，曹溶远赴山西大同之任。此行，友人韦二丈随行入幕。启程前，朱彝尊已作送行诗《送曹侍郎备兵大同二首》：“司农论议朝端重，副相声名辇下闻。岂意尚烦西顾策，翻教暂领朔方军。河边远道人千里，天外乡书雁几群。到日关城春色早，李陵台畔柳纷纷。”“关榆萧瑟二庭空，堠火平安九塞通。往日连师惊朔漠，只今市马互西东。黄河天上三城戍，画角霜前万里风。知有冯唐论将帅，不令魏尚久云中。”而此时朱彝尊也已准备避难永嘉，曹溶在钱塘江边设宴相送，朱彝尊有《将之永嘉曹侍郎饯予江上吴客韦二丈为弹长亭之曲并吹笛送行歌以赠韦即送其出塞》诗记之。在永嘉幕府，竹垞有怀曹溶，作《赋得归雁寄曹使君云中》："万里南来雁，归飞又一群。三江重泛泛，二月正纷纷。顾影愁官烛，怀书望浦云。关门他夜月，应得故人闻。"

在广东、山西时，朱彝尊与曹溶谈诗论词，十分融洽。朱彝尊编年诗歌从十七岁开始，而学词直到三十岁时。显然，竹垞填词始于入曹溶幕府。

康熙三年（1664），曹溶得知朱彝尊的处境，寄函邀朱入幕，朱彝尊作《水调歌头》"得曹秋岳侍郎札却寄"以记其事。朱彝尊前往曹溶幕府，曹溶《静惕堂诗集》卷六则有《锡鬯远访云中赠诗三首》（其二）："月出照城闉，兵甲何洋洋。连山万余里，绵亘不可详。列营惨清角，羽纛随风翔。束刍征近郊，飞驳蔚千行。猎火耀繁星，毡服御晨霜。章甫谬司宪，饬躬戒无荒。蓬萱闭重闼，民俗偕吉康。方麈索处忧，之子过大江。弗效儿女仁，慷慨溢中肠。旷观幽与并，回睇思故乡。旦夕事游燕，孤抱成匹双。何意尘土区，逍遥奉圭璋。"可知朱彝尊在云中曹幕生活的舒适如意。曹溶《十五日夜同锡鬯作》有"薄游愈一年，孤客惭奋飞"之句，说明朱彝尊入山西曹溶幕府已逾一年。

康熙四年（1665），在山西公事之余，曹溶、朱彝尊多一同策马纵游。一月与曹溶同游应州木塔寺，二月，同游雁门关，各有诗作。朱彝尊《消息·度雁门关》："千里重关，凭谁踏遍，雁衔芦处。乱水滹沱，层霄冰雪，鸟道连勾注。画角吹愁，黄沙拂面，犹有行人来去。问长涂、斜阳瘦马，又穿入离亭树。猿臂将军，鸦儿节度，说尽英雄难据。窃国真王，论功醉尉，世事都如许。有限春衣，无多山店，酬酒徒成虚语。垂杨老、东风不管，雨丝烟絮。"写雁门关的雄伟险峻，途中气候变化及己之感受。追念历史名将李广和李克用。感慨窃国者成真王，真英雄受压抑，"世事都如许"，英雄壮志难酬，体现出朱彝尊沉重的历史意识。曹溶《永遇乐·雁门关》："回首神州，重重遮断，惟有翻空絮。岁华贪换，刀环落尽，草际夕阳如故。嗟同病，南冠易感，登楼莫赋。"曹溶由眼底秋山，深入到历史深处。只有此际，人生的沧桑之感才会涌入眼前，“一书生、霜花踏遍，酒肠涩时谁诉”，无人理解他的苦衷。鬓发已凄凄，将愁苦打入新词句子，表现曹溶渴望世人理解的心情。但这种心痛往往就被烦琐的日常工作所压抑而极少流露和倾诉。他试图透过诗词去理解其所阅历的一生患苦，并借之见证旧朝之臣的心灵哀凉。在山西幕府，二人也多同游唱和，朱彝尊《满庭芳》“李晋王墓下作”：“独眼龙飞，鸦儿军至，百战真是英雄。沙陀去后，席卷定河东。多少义儿，子将千人敌，一一论功。争夸道，生来亚子，信不愧而翁。前驱囊矢日，三垂冈上，置酒临风。叹绿衣天下，回首成空。冷落珠襦，散尽残碑，断不辨鱼虫。西林外，哀湍斜照，法鼓影堂中。”曹溶同题和韵《满庭芳》：“殿宿莓苔，冈平赑屃，虚寝遥控帘钩。义儿成队，左右列松楸。谁放沙陀，雁影盘仙李，飞入并州。收京阙，赤心家世，长拱紫宸楼。英雄夸亚子，提刀百战，囊矢前驺。渐司香遗庙，薶玉荒丘。事去棠梨，漫落滹沱，化泪点长流。金凫出伶官，天下麦饭一时休。”

康熙五年（1666），曹溶门人画家周月如绘其家园《倦圃》图二十二景成，朱彝尊为其赋诗二十二首。舞鹤喧庭榭，飞花洒画图，倦圃确为人所向往。曹溶为宦北方，北方的萧瑟苍凉使他对于家乡的园亭难以释怀，于《图》可以体味、追忆和想象江南生活的闲适与优雅。从这幅图中，我们也可感知曹溶的江南庄园是声闻一方的著名胜地。当友人为曹溶绘《江南春思图》后，朱彝尊填词《百字令·为曹使君题江南春思图》“目极寒云千万里，吹起惊沙人面”，将曹溶的江南情结借图以倾诉。朱彝尊并撰《倦圃图记》（卷六十六）：“倦圃距嘉兴府治西南一里，在范蠡湖之滨。宋管内劝农使岳珂倦翁尝留此著书，所谓金陀坊是已。地故有废园，户部侍郎曹先生洁躬治之以为别业，聚文史其中，暇则与宾客浮觞乐饮。其以倦圃名者，盖取倦翁之字以自寄。予尝数游焉，乐之而不能去于怀也。岁癸卯（1663），先生左迁山西按察副使，治大同。逾明年（1664），予谒先生于塞上。时方九月，层冰在川，积雪照耀，岩谷弥望千里，勾萌尽枯，无方寸之木。相与语及倦圃山泉之深沉、鱼鸟之游泳，蔬果花药之蓊郁，情景历历，如目前事。先生抱膝低徊者久之。嗟夫，故乡之乐，人之梦寐在焉，以予暂游者，犹不能释于怀，况先生之寝处笑语其中者哉！先生之门人，周君月如工绘事，为先生图之，为景二十，于是三人各系以诗。先生复命予记其事。予尝览前代园亭山水之胜，往往借人以传，又必图绘之工，而后传之可久。若王维之辋川、顾瑛之玉山，百世而下，观其画图，不独想见两人之高，而其所与游如丘为、裴迪、崔兴宗，……然则图绘之作，顾可少哉！"可知"倦圃"乃在范蠡湖之滨。此处宋时为岳珂著书处，即所谓金陀坊。曹溶慕倦翁伟业而就原址治为别业，藏书其中，取岳珂字倦翁之意题为倦圃。从《题倦圃图二十首》《倦圃图记》等诗文中，我们可了解倦圃的规模和布局之状，翠面有丛�小径、假山亭阁、草堂书馆、听雨斋、金陀别馆等众多建筑。曹溶自山西阳和道归里颐养晚年，在倦圃中广植名花异卉，著《倦圃莳植记》三卷。此外，朱彝尊有《十月十四日夜同曹使君云州对月》（卷六）、《十五日夜月》、《十六日夜席上赠陈孝廉》、《十七日夜月》等系列"明月之诗"，曹溶则有《甲辰冬月朱十访我塞上赋对月诗奉答三首》。据曹溶《倦圃尺牍》（卷上），给俞汝言的书札中，曹溶谈及与幕客的诗文唱酬云："介常至止，锡老踵来，署中惟闻吟诵之声。"可知，曹溶幕府的文士平日之所习。

康熙五年（1666）春，曹溶罢官，推荐朱彝尊入山西布政使王显祚（字襄璞）幕府任书记，朱遂赴太原并与顾炎武相识。康熙六年（1667），王显祚亦罢官，朱彝尊继续滞留在北方，先后入宣府严炜幕府、京师孙承泽①幕府，游幕求食，但与曹溶的诗词寄赠却并未止笔。

① 孙承泽，字耳伯，号北海，崇祯四年（1631）进士，官至刑科给事中。先降李自成，后归顺清，官至兵部右侍郎，吏部右侍郎。因题奏保举大学士陈名夏担任吏部尚书而触怒顺治，于是告病乞休。

曹溶给朱彝尊寄书信，寄诗词，寄自己的画作。朱彝尊也寄酬诗词相答。在孙幕即有《立春日同李十九饮孙少宰蛰室有怀曹侍郎在里》（卷六）：“七度辛盘会，他乡岁岁殊。未知今夕宴，得与故人俱。”朱彝尊已在异乡度过七个春秋了。康熙七年（1668）春，朱彝尊从北京到济南，入山东巡抚刘芳躅幕。

朱彝尊的游食生计令曹溶十分牵挂，朱《水调歌头·得曹秋岳侍郎札却寄》云：

> 朔雁度红岘，秋树冷金台。故人怜我久滞，隔岁一书来。枫橘山亭应满，姜蔗湖田无恙，别业古城隈。范蠡祠东月，恰照小门开。八行发，三过读，转徘徊。栖栖南北，何事瘦马倦黄埃。行处藤鞋竹伞，坐处莼羹葛面，尽可共衔杯。只此办归计，岁暮草堂回。

“只此办归计，岁暮草堂回”，等到我赚了足够的银两，大概岁末即可回里。据朱彝尊《风中柳·戏题竹垞壁》，所谓“草堂”是竹垞所买并修筑的别墅，其中植竹“千竿”。康熙十八年（1679），曹溶归里，扩修别墅“倦圃”。田茂遇《寄曹秋岳少司农》：“每讯鸳湖吾党过，山中郢调日高歌。君宗南部时名重，宾客西园良宴多。”可知曹溶里居日夜觞咏的悠闲，但与朱彝尊仍书信不断。

曹溶去世，朱彝尊被罢官后正闲居京城，作长诗以哀悼。《曹先生溶挽诗》中写其初闻噩耗时的伤痛：“肠回真似结，语咽不禁侑”；回忆两人的忘年交往：“投分怀衿契，忘年比漆胶”；追忆主客亦师亦友探讨诗词学问的经历：“昔岁投荒徼，芳筵恣叫呶。晴窗虫蜡翦，晚饭鹧鸪炰。饮罢题连轴，谭深坐转胞。……闲寻百法寺，闷解五湖筊。……猎骑掀茸帽，筝人叠舞绡。停轩听塞鼓，并辔指飞髇。画壁重重拭，苔碑处处扫。迎寒吹觱篥，欲雪卷旍旓。我去重游蓟，公归亦渡洨。往来频聚散，契阔少讙譊。”“曲解偷声谱，靡从问字敲。说诗穷五际，布易得三爻。东马文无敌，南狐史共钞。近游师束皙，高论折尸佼。”讲述了主客间的文学渊缘和交谊深情。诗中回忆了曹溶备边太原的军功和遭劾被贬的遭遇：“主恩中外重，物议爱憎淆。岭外资分辖，云中藉建铙。军兴还转饷，战胜屡登轈。未睹勋书来，翻令祝代庖。”立功而被贬，从此曹溶致仕还乡，安于田野，“种树邻初地，为园傍乐郊”。自己亦准备不久辞京归里，再续前情，不料噩耗传来，“正思耕作耦，何意影同泡”，表达强烈的悲痛之情：“茫茫千古恨，惙惙寸心慒恔。”“平生知己泪，亟欲反衡茅。”于是，他收拾行李，南归奔丧。

十余年后，康熙三十五年（1695），六十八岁的朱彝尊准备过钱江，不禁想起曹溶。曹溶当年写过一首词《满江红·钱塘观潮》，借伍子胥被屈杀后冤魂化为钱江怒潮的传说表达明朝灭亡后的易代之悲，传诵很广，和作较多，但在流传中有了不同的版本。朱彝尊为了不使曹溶原词失传，也和了一首，称赞曹溶这首词在写钱塘江潮的词中“最为崛奇”，自己本不敢再和，之所以“不作三舍退避者”，是“欲存其真也”，并在自己的词后附了曹溶的原作。于此也可见两人交情之深。

二、曹溶与朱氏家族的数世情谊

曹溶（1613—1685）字洁躬，又字秋岳，号倦圃，秀水人。崇祯十年（1637）进士，官御史。鼎革后，仍原职。寻授顺天学政，户部侍郎等。疏荐明进士王崇简等五人，又请旌殉节明大学士苑景文、尚书倪元璐等二十八人。试竣，擢太仆寺少卿，历任河南学政、左通政使、都察院左副都御史、户部右侍郎，出为广东布政使，降山西阳和道。康熙初，裁缺归里。康熙十八年（1679），举鸿博，丁忧未赴，学士徐元文荐修明史，不赴。终老倦圃。有《香草居集》《倦圃诗集》《静惕堂诗词》集。由于他身仕两朝，被称为“贰臣”，乾隆年间更有人把他和钱谦益、吴伟业、龚鼎孳、陈之遴并称为“江浙五不肖”“蒙面灌浆人”。陈之遴是海宁盐官人，与曹溶同年进士，降清后官至弘文院大学士，为海宁“陈家三相国”之一。但是，曹溶无论在广东还是在山西，却都与当时大批反清、抗清的义士和遗民保持着良好的关系，如顾炎武、黄宗羲、金堡、傅山等著名人士都与他有深交。特别是当时浙东抗清事泄，许多志士被捕被杀，曹溶大力营救，送钱送物。在各种记载中，他并无劣迹恶行，尤其在诗词、学术方面，影响更大，在浙西一带培植和奖掖了大批后贤才俊。

竹垞曾祖朱国祚，万历十一年（1563）进士，官至礼部尚书，东阁大学士。祖父朱大竞，官云南楚雄知府。嗣父朱茂晖（大竞长子），以荫授中书舍人，晚名复社重要成员，无子，以弟茂曙长子彝尊为嗣。生父朱茂曙，县学生。叔：茂昭、茂曜、茂皖、茂晭、茂暻、茂时等，于明清之际，具有文名。其中，朱茂暻（字子庄）与曹溶年龄相若，早年同游共砚，崇祯九年（1636）同时中举。同与江南名妓柳如是（1618—1664）交往密切，不乏声妓之好。柳如是诗集《戊寅草》中多留有与二子交往的诗作，有《送曹鉴躬奉使之楚藩》；亦有《朱子庄雨中相过》，结句云：“嗟哉朱郎何为乎，吾欲乘此云中鹄，与尔笑傲观五湖。”倾吐了对朱子庄才华的折服和暗含托身的意图。《静惕堂诗集》（卷二十九）收入曹溶作于崇祯十三年（1640）的诗《送子庄北上赴选二首》（其一）：“辞家北指蓟台云，射策恢奇海内闻。楚上大夫多作客，晋诸公子皆能文。筵前夜醉葡萄酿，马背朝穿貔虎车。重忆先朝遗烈在，芝兰今日又逢君。”（其二）：“渡江烟月快游多，兢瞩征人白玉珂。汉道候亭迎锦旆，吴船家伎拥骊歌。东方千骑趋三辅，北海孤城接九河。安用冯高愁极目，柳花飞雨正清和。”充满对子庄科举前程的热切希望。子庄中进士，授宜春知县，曹溶有《送朱子庄令宜春》二首以贺，注云：“时携广陵姬同行。”（其一）：“昔年同学荷情亲，重喜明时早致身。家世汝南冰是镜，丰姿江左璧为人。庞公百里才无限，韦相三传道又新。遥卜讼庭清似水，画帘双燕拂轻尘。”以三国庞统之才喻朱子庄。“韦相三传道又新”喻朱氏家族的门第显赫与未来前景。子庄赴宜春令不久即下世，卒不足三十。曹溶《挽朱子壮》二首，（其一）：“长夜惨不舒，恸我同乡人。云帐辟中堂，玉颜难再晨。昔为簪缨胄，今为一丘尘。贤圣有尽期，少庄多悲辛。筮仕出岩邑，抱愤郁未申。……大运讵终否，丧此经国宾。”诗中透露了朱子庄早卒的原因——“抱愤郁未申”，盖朱子庄富有经国之才，如得其所用，便可指画山河，对于县令的微官和宜春的偏远而深感不满，撇下垂髫之子含恨而去。（其二）云：“总角荷相逢，慊慊愈一纪。王室美翱翔，员阙当天起。并辔越承明，直入邯郸市。挟瑟燕姬床，容貌若桃李。来日殊大难，子去我中圮。膏沐事新妆，弦曲乱不理。覆水裂罗襦，还复返乡里。与子执前欢，绸缪古莫比。惜哉青春姿，独处重帷里。服药媚红颜，终为悦己死。丹凤逝云间，良璧长已矣。蒿里有余情，谁能遽忘此。”追叙与子庄的少年豪情和京师的狭邪之游。由此可知，曹溶几乎和朱氏三代都有忘年之交。

不仅有诗情与乡谊，曹、朱两家尚有两世姻缘。曹溶之子曹彦栻娶朱茂时孙女、朱彝叙之女朱碧云为妻，而曹溶之兄曹清之女则嫁朱茂时之子朱德遴。曹溶对朱家家世的敬佩和与朱子庄的情谊，使得他在易代之后将保护朱氏后辈作为自己义不容辞的职责。由此，当朱彝尊生活危艰之时，曹溶便鼎力相助。能够有所作为，即是身历兴亡的孤臣曹溶的最大私愿。

三、朱彝尊填词事业的导航者

朱祖谋《清词坛点将录》将朱彝尊喻为《水浒》之宋江。陈廷焯《云韶集》（卷一六）记录了朱彝尊大江南北收集名人词作的经历，认为纵览千年词史，可视为经典作家的唯有五人，其：北宋之贺方回、周美成，南宋之姜白石，国朝之朱竹垞、陈其年。《国朝词综》亦奉朱彝尊为词坛霸主。浙西词派是清前中期最有势力的词学流派，朱彝尊被奉为浙派之主。事实上，没有任何一种文学现象是空穴来风。朱彝尊《书东田词卷后》："少日不喜作词，中年始为之。"为什么少小厌词而中年突发词情？朱彝尊《静惕堂词序》论清词复兴云："往者明三百祀，词学失传，先生（曹溶）搜辑遗集，于曾表而出之，数十年来，浙西填词者家白石而户玉田，春容大雅，风气之变，实由于先生。"《耒边词序》又曰："予客大同，与曹秋岳相唱和，其后所作日多。"可以看出，朱彝尊能领袖骚坛，成为一派宗匠，完全得益于曹溶的引导。

辗转于不同幕府，步履匆匆，朱彝尊先后在山西按察副使曹溶、山西左布政司王显祚、山东巡抚刘芳躅、潞河通永道佥事龚佳育等处为幕宾，亦自叹幕府旅迹频移。龚佳育任江宁布政司时，又邀朱氏随赴南京。在这些府主中，曹溶是朱彝尊的同乡前辈，又是他学词的领路人，关系最为亲密。龚佳育之子龚翔麟，与朱彝尊、朱昆田父子及梅里词人李符、沈岸登等交往，其填词颇受朱彝尊影响。《浙西六家词》由龚翔麟选刻，浙西词派因此而得名，且载誉海内。

朱彝尊于康熙三年（1664）秋到山西，入曹溶幕府。数年与曹溶唱和良多。曹溶的个性、文学爱好对他都产生了重要影响。曹溶在评汪森《碧巢词》中说，他（曹溶）最初填词由云间入手，"阐秦、柳之宗风，发晏、欧之光艳"，言汪森"宿擅时名，学殖富而才思宏。其《月河》《桐扣》诸词，皆步武北朝，不堕南渡以后习气"。曹溶在明末即已涉笔填词，其以北宋为宗的趋向乃受到云间派的影响。朱彝尊最早涉笔填词即始于广东曹溶幕府，并在曹溶的指导下，从《花间》《草堂》入手。对朱彝尊而言，曹溶比他大 16 岁，是他的前辈乡贤，对他的影响巨大。朱也是曹的学生兼文友，两人关系非同寻常。最终朱彝尊以词知名。由此，曹溶被认为是"浙西词派"的前驱。

以文学史观之，词鼎盛于宋，由于遭遇更富有弹性的"曲"的强大冲击，词逮元、明之际已奄奄一息。三百余年弦音几断。陈子龙《幽兰草序》："元滥填词，兹无论已。明兴以来，才人辈出，文宗两汉，诗俪开元，独斯小道，有惭宋辙。”至晚明，经由云间派的努力，词坛熠熠闪光，群星灿烂，词体精神再度振作。但云间派例以南唐北宋为宗，儿女情长，风云气短，当战争烽火燃遍大地时，蜜意柔情何以存？易代鼎革后，风花雪月的云间词风已不合新朝时宜，宋氏家族为主体的云间文人那化不开的浓馥艳绝与郎情妹意被时代风云所颠覆。较之于北宋情词，南宋姜夔、张炎词风更宜于抒发故国故君之愁情，更宜于抒写内心之悲苦。曹溶《薄幸·题壁》：“绿杨丝绾。勒马处，一程云栈。慢伫想安排此夜，知入谁家泪眼？试说与宿雨餐沙，三秋禁断闲箫管。更止酒新盟，攀花密祝，青鬓偎人不暖。向有限关河里，偏只见、悲欢聚散。记粉巾鸳字，歌裙凤缕，寻思误把归期缓。不干缘浅。要迷踪困影，山尖海角填情满。自欢自惜，莫负风亭月馆。”抒发羁旅中的感触离绪。这种羁旅愁怀人人都有，曹溶的抒情摆脱了男女爱情的托喻，淡化儿女情长，突出个体的时代感受，几乎所有读到此作的人都感同身受。这说明，曹溶有意识地放弃哺育其词学热情的“云间”而在努力探索一种新的审美风尚。他试图脱离花花草草的时代风气。尽管这种尝试曹溶并非唯一，但在年长一辈的词人中，曹溶第一个有意识地在云间派树立的标尺外去追求一种新的文学视野。虽然他没有词论专著，但陈之遴《寓言集序》却记录了曹溶“不屑屑于南唐北宋”的词学观。《古今词话序》中则较多地保存了曹溶对于词体的态度，他认为，词宜醇正典雅，“填词于摛文最为末艺，而染翰若有神工。盖以偷声减字，惟摭流景于目前，而换羽移宫，不留妙理于言外。虽集天份之殊优，加人工之雅缛，究非单行种草，本色真乘也。所贵旨取花明，语能蝉脱；议论便入鬼趣，淹博终成胃堇。在俪玉骈金者，向称笨伯；而衿虫斗鹤者，未免伧父。用写哀曲，亟参活句。有若国色天香，生机欲跃，如彼山光潭影，深造匪艰。务令味之者一唱三叹，聆之者动魄惊心。所云竟致相诡，无理入妙者，代不数人，人不数句。其有造词过壮，则与情相戾；辩言过理，又与景相违。剽拟者靡而短于思，臆创者俳而浅于法”。诗之格调雄浑高雅，威仪堂皇，较之于诗文，词“最为末艺”而适合抒写衷肠“哀曲”，能使“味之者一唱三叹，聆之者动魄惊心”。他认为，词只是用于抒情，“造词过壮，则与情相戾；辩言过理，又与景相违”，否定豪放的苏辛词风，也不满于明代的理学讲道之词。同时否定词的刻意模仿，“剽拟者靡而短于思，臆创者俳而浅于法”，情感具有极端个性化的特点，只能发自“我”心。曹溶云：“上不牵累唐诗，下不滥侵元曲者，词之正位也；豪旷不冒苏辛，秽亵不落周柳者，词之大家也。”此非南宋为归乎？而正与云间派宗南唐、北宋，阳羡派宗苏、辛的词风相异其趣。曹溶此文要旨是词不应议论，不求淹博，不尚华丽词藻，不以剽窃模拟为工，并未说到雅正二字，所以谓“正位”亦是禅宗口语。正位的定义乃“上不牵累唐诗，下不滥觞元曲”；如何谓之“雅”？曹溶以为苏辛之豪旷、周柳之秽亵，均不得谓之大家，此仅能作为“雅”字的旁证。曹溶评魏学渠《万青词》：“诗尚沉雄，忌纤靡；词喜轻婉，戒浮腻，昔人言之详矣。不知轻婉之变，其流而下也，势若江湖然，浸浸乎不可挽矣。先生诗词等身，能使轻婉入妙，究不落尖刻一路。”对于清初名家词，曹溶亦多有论评，已经体现了其论词蕲向。聂先、曾王孙辑《百名家词集》，初集六十家中即有曹溶。陈子遴序云“秋岳才大如斗，体苞众妙，当世罕俦。独于诗余，间或商之于余。余应曰：‘选义按部，考词就班，此即填词之金科玉律也。’公乃日夕揣摩，不屑屑于南唐北宋。而自出机杼，独立营垒，建大将旗鼓”。从理论倡导到创作实践，曹溶为时代词坛指示了值得探索的新方向，他以南宋词为宗，而这个口号作为一种创作理论则由朱彝尊正式提出。朱彝尊接续曹溶之“大将旗鼓”并加以推演，公然推出“雅正”为填词标准。朱彝尊《静惕堂词序》云：“念倚声虽小道，当其为之，必崇尔雅，斥淫哇，极其能事，亦足以宣昭六义，鼓吹元音。”曹溶的词学见解体现了其博大的胸怀和宽广气度，由此，曹溶被视为浙西词派之先驱。

曹溶是朱彝尊的同乡前辈，是他学词的领路人，关系最为亲密。朱彝尊在《静惕堂词序》中追忆跟随曹溶南游岭表，北至云中的幕府生涯：

> 酒阑灯灺，往往以小令慢词，更迭唱和。有井水处，辄为银筝檀板所歌。

朱彝尊涉笔填词及其后来成为一大宗派的创始人，曹溶实为关键人物。

蒋敦复《芬陀利室词话》（卷一）谓："浙派词，竹垞开其端，樊榭振其绪，频伽畅其风，皆奉石帚、玉田为圭臬，不肯进入北宋人一步，况唐人乎。"不论是朱彝尊、厉鹗或是郭麐，这些浙西词人都是以追寻姜夔、张炎清空骚雅的词风为依归。朱彝尊本人实为此风气之首倡者，但将源头推溯于理念相近的同乡先辈曹溶，认为曹溶是浙西先导，康、雍、乾等朝以来的"家白石而户玉田"词坛新风潮，标举南宋姜、张，也适时转移了当时尊苏、辛豪放词风的焦点。郭麐《灵芬馆词话》（卷一）即云："本朝词人，以竹垞为至，一废《草堂》之陋，首阐白石之风。"浙西词派公然标榜姜、张。固然，朱彝尊的词学观与其广泛的游幕生涯也紧密相关。朱彝尊在游幕时期屡游京师，相交名流众多。康熙十二年（1673 年），在京郊潞河，与词人纳兰性德定交，且日后交谊甚深。宜兴陈维崧、嘉善曹尔堪及曹贞吉、顾贞观等人均于京师相识。这些交往对于朱彝尊的词学宗旨的确定也起到了推动的作用。

朱彝尊作为浙派的开创者，词坛地位的确立离不开曹溶，其词派形成的标志——《词综》的编选尤与曹溶密切相关。曹溶的词学理论足以影响该派词人在创作上的风格，因其标榜南宋，自成派别，被后人尊为浙派词人之祖。因此，可以说，朱彝尊文学成就和学术地位的确立，曹溶是其铺路者和引航者。

四、朱彝尊学术殿堂的引路人

在清初特定的政治文化环境中，金石学的研究不仅仅属于学术活动，更带有追怀故国的文化意味。对古器物，尤其是古代碑刻的研究还触及了清初学者的情感世界，因为古代碑刻储存着丰富的历史记忆。研究历史、追寻古迹不仅是学术的探索，而且是怀旧的精神需求。

朱彝尊的学术成长历程在于他以游幕为生存依托，广泛活跃于学术队伍之中，曹溶、顾炎武、孙承泽、徐乾学、毛奇龄均与朱彝尊有极深的学术交往。与一流学者的研究接轨，不仅使朱彝尊的学术视野得到开拓，而且进一步激发了他广泛的学术兴趣，从而使其成为一个文学流派的创始者。其中，曹溶是助朱彝尊走向学术峰巅的关键之人。

朱彝尊在曹幕，除了协助处理书札文字外，更重要的职责是“代替”或协助曹溶从事学术工作——椎拓碑文、搜访金石、鉴别考证，整理文化遗产。顺治十四年（1657），曹溶任广东布政使，聘朱彝尊入幕。在广东幕府，除了为曹溶甄录《岭南诗选》外，又将自己及曹溶的粤行结集付梓。此项诗学活动激发了朱彝尊此后不可遏止的学术激情。游粤归来，途经南昌，一个偶然的机会，闻知一个败落的富贵之家降价处理家产，包括图书典籍和名贵古董。朱彝尊毫不犹豫地将束脩之资拿出悉以购置古籍五箱，以至于抵家囊中羞涩。尽管后来家人怕牵连文字之狱而焚弃这些书籍，但这却是朱彝尊开始学术活动的第一站。

朱彝尊《跋石淙碑》云：“余性嗜金石文，以其可证国史之谬，而昔贤题咏往往出于载记之外。”表明他搜集金石文字以补证史籍之缺的志向。

古代碑碣的形制、铭文、所在地点、立碑原因各有不同，但是所有碑刻都有一个共同点：用来铭功以垂世。由于石料坚固，石上文字可以历久不灭，一些古代碑刻历经战乱、天灾与朝代兴亡而幸存下来，成为历史的见证。碑刻不仅是历史学的重要文献来源，其本身也是悠久的历史和文化的象征。碑在清初的政治文化语境中，产生了特殊的象征意义，古碑与亡国产生了联系。朱彝尊《甘泉汉瓦歌为侯官林侗赋》诗云："吾生亦好金石文，南逾五岭西三云。手披丛篁斩榛棘，残碑断碣搜秋坟。"幕事之暇，多策马纵游，见废墟冢墓碑文，祠堂佛刹碑记，广为搜集，辑为《吉金贞石志》《大同府三皇庙新建财神祠碑》。朱彝尊北上游幕之前，他与梅里文友钟广汉即已计划为欧阳修主修的《五代史》作注。五代之主，其中之三皆起于晋阳，最后刘旻三世固守其地。故朱彝尊北上以后，屡游五代故地，寻访古迹。朱彝尊《五代史记注序》云："予从云中转客汾晋，历燕齐。所经荒山废县，残碑破冢，必摩挲其文响拓之，考其与史同异。"结合朱彝尊此际所作诗词印证，其考察五代史迹所到之处，遍及山西、山东、河北及北京一带。朱彝尊在他北幕之前"南浮浈桂"及游幕时期所采集的"幽忧失志之士"不传之诗，在其后所辑的《明诗综》中都有记录。康熙六年（1667）三月，曹溶因监督乡试事宜到太原，将自己的名马借给朱彝尊，以使其便于探访金石文字。一日出游，留宿道观，次日清晨，道士领来一位善于拓碑的老翁。二人骑马入蒙山开化寺，发现苏禹珪《宝严阁记》碑刻，碑后文字与《五代史·帝纪》记载相符。据乐史《寰宇记》载，蒙山之上有隋文帝生父杨忠的墓碑。但几经搜索，未有所获，朱断定，此碑已被垒入崖岸之中。于是，摩拓了北齐碑二通，五代十国碑各一通，回太原，交与曹溶。

在曹溶幕府，作为学术知音，朱彝尊几乎所有的学术活动和学术要求，曹溶都予以满足和倾力配合。康熙六年（1667）秋，朱彝尊从大同至应州之途，避雨于马神祠下，发现"唐故汾州刺史朱邪府君墓志铭"（卷六十七）石碑，朱考证出，此乃明宗之父的葬碑，属于珍贵文物，于是告之于按察副使曹溶，曹溶徙之于州学。幕府余暇，游山访古，朱彝尊《送周参军在浚之官太原》："峪藏千佛经，遗迹久未坏。吾初见之喜，力欲抉幽皆。徙置叔虞祠，琳琅等金薤。事惟虑始难，谋以蓄疑败。”自注云：“风峪洞中有北齐天保时刻佛经石柱一百二十六，予客太原，谋于王方伯显祚、曹副使溶，将启而徙于晋祠，筑亭贮之。有方使君持不可乃止。”尽管转移和保护佛经之举未成功，但朱彝尊却劝其善加保护那些佛经石柱，其《寄周参军在浚》：“风峪石经无恙否，何时徙置剔苔斑。”对所看到的金石、丛祠荒塚、破炉残碣之文，他都要用史书、传记详加考证。《词综·发凡》云：“向客太原，见晋祠石刻，多北宋人唱和词，而平遥县治西吉寺庑下有金人所作小令，勒石嵌壁，令工人拓回。”在山西之时，是朱彝尊金石学术提升的关键时期。

曹溶一生主要从事政治活动，同时亦有极深的学术情结。故里嘉兴南湖之滨的“倦圃别业”中有藏书楼“静惕堂”，康熙《嘉兴府志》谓其“性酷嗜书，广收博采，藏至数万卷，尤海内仅见”。藏书中宋元古本尤其丰富，宋人集子自柳开《河东先生集》以下有180家，元人集子自耶律楚材《湛然集》始有115家。他认为古人之诗文集甚多，然而原本首尾完善而流行后世的，亦不过十之二三。尤其是宋元人集至清初已佚亡颇多，如不加搜罗，将会随时间而湮没。王士祯在《池北偶谈》记载，他曾遇目曹溶的《静惕堂书目》，惊叹其中古籍之多。据近人叶德辉《静惕堂书目序》统计，乾隆修《四库全书》时，所收入宋元文集十分之九出自《静惕堂书目》，因此称曹溶《书目》为“两朝文人精爽之所凭依”。

曹溶与著名藏书家钱谦益交谊甚深。他目睹绛云楼为火所焚，许多珍籍不复见于人世。据曹溶《绛云楼书目题辞》，这些著作的失传，很大的一个原因还在于钱氏平日“好自矜啬，傲他氏以所不及，片楮不肯借出”。因此，曹溶提倡藏书家之间互通有无，互为借抄，打通阅读渠道闭塞的现状。他与一些志同道合的藏书家订立抄书之约，撰写《流通古书约》。在文中他认为“古人竭一生心力，辛苦成书”，大不易事，而历经千百岁，经过无数次天灾人祸得以保存下来，“可称至幸”。若不将其广为流传，反而秘不示人，一旦不慎，遂使此著作“形踪永绝”，“自非与古人深仇重怨，不应若尔”。《书约》规定：凡借人家书，必先带上自己的藏书目，登门交给书主过目。书主看过以后，如果发现有自己也想看的书，那就约定日期，各人到对方家中去抄录，而且所抄书的数量必须对等。抄完后将抄本带回，原书不准带出门，以防遗失。他认为藏书应该“公诸世”，由社会共同保存，通过“流通”才不至于亡佚。《书约》成为中国藏书史上重要文献，对此后藏书楼的发展作用重大。朱彝尊《竹垞诗话》称曹溶“博征文献，集三百年名公卿手书墨迹，装璜成册，多至七百家”。

曹溶多藏唐宋秘籍，尤重南宋，《静惕堂书目》中即多南宋文集。朱彝尊云“先生搜南宋遗集，尊曾表而出之”，可知，所谓“南宋遗集”当指词集。朱彝尊辑《词综》，多“借之曹侍郎秋岳”。其中，览观宋、元词集一百七十余家，占有文献之繁富，清初词人几无能出其右。在曹溶幕府，能够比较便捷而广博地阅读南宋词集，对南宋词自然会有更多的了解，这成为朱彝尊词学见解形成的必要前提。建立在如此广泛的阅读经验基础之上而形成的词学宗尚，不论其本身仍有偏听偏兹的缺憾，但这份博览之功比此前所存在的任何一种词学态势，都更为合理和成熟。曹溶的收藏之功和朱彝尊的挖掘之力，对于打破风靡明代至清初仍然不凋的“《花间》之花，年年呈艳；《草堂》之草，岁岁吹生”之局确实功勋卓著。固然，参与编纂的除汪森外，尚有周青士、柯崇朴等，沈进、李良年、李符、沈岸登等数子也参加了讨论商订，《词综》之纂并非朱彝尊一人之功。但他们大致相同的词学观念，借《词综》的传播，最终形成了影响深远的浙西词派。

曹溶奋起于晚明云间的花节之中，成为朱彝尊词业与学业的先导。朱彝尊为曹溶辑《吉金贞石志》，撰《金石表》，助曹溶撰《刘豫事迹》《崇祯五十宰相传》等，这使曹溶完成了一个文化传承者的使命，其影响可以完全掩盖作为“贰臣”的心灵焦虑。曹溶的学术垂名得益于朱彝尊的鼎力相助，朱彝尊也借助于曹溶的影响而获得成功。

第二节 游幕与浙西词派的形成

海内词流几派分，
尽夸皇甫士安文。
正愁缟带交期晚，
蚤有瑶华驿使闻。
——朱彝尊《鲁太守超席上赋》

曹溶、朱彝尊之间不寻常的词学交往，将朱彝尊推向了词坛领袖的高度。受曹溶的词学观影响，朱彝尊对南宋词家备加关注。其《耒边词序》："二十年来，诗人多寓声为词，吾里若右吉、庾清、青士、山子、武曾，咸予为之者也。"而龚佳育之子翔麟，与朱彝尊、朱昆田父子及梅里词人李良年、李符、沈岸登、沈皞日、沈进等人交往，填词受朱彝尊影响，他们共同形成"浙西词派"①，使其成为与阳羡词派、常州词派并驾齐驱的清代最具影响力的三大词派之一。曹溶认为词学复兴的时代已经来临，他评汪森《碧巢词》云："至今日而海内诸君子，……词学号称绝盛。"

为救明以来的词学之弊，朱彝尊与同乡汪森（1653—1723）共选录唐、宋、金、元659家（不包括无名氏）词2253首，编为《词综》，共36卷。作为学词的范本，体现了浙西词派标榜醇雅，以姜、张为宗

① 《四库全书总目·浙西六家词十卷》提要："国朝朱彝尊、李良年、沈皞日、李符、沈岸登、龚翔麟之词。翔麟，仁和人；其五人，皆嘉兴人：故称浙西六家。凡彝尊《江湖载酒集》三卷，良年《秋锦山房词》一卷，皞日《柘西精舍词》一卷，符《耒边词》二卷，岸登《黑蝶斋词》一卷，翔麟《红藕庄词》三卷。前有宜兴陈维崧序。"

的词学理想。浙西词派并无完整的词学理论著作，也没有专门的词话讨论词学相关问题。浙西词人多将其词学观表述于为他人所作的词集序跋中。考察浙西词派的产生背景、人群组成、词学观、《词综》的编选等发现：原来，浙西词派是一群幕府文人的文学“游戏”，是一群幕府文人所组成的词学流派。

一、瞻园：龚翔麟幕府与幕僚群

康熙十二年（1673）秋，朱彝尊客潞河（今通州）龚佳育①幕，与龚佳育之子龚翔麟朝夕唱和，研磨词艺。李符《红藕庄词序》：“当其（竹垞）客通潞时，蘅圃与之朝夕，悉取诸编而精研之，故为倚声最早，无纤毫俗尚得以入其笔端。”龚翔麟时年十六，此为朱彝尊与龚公子初交。康熙十六年（1677），龚佳育转江宁布政使，朱彝尊偕往。随后，李符、李良年兄弟，沈皞日、沈岸登叔侄亦先后至金陵入龚幕。康熙十七年（1678）浙西六家遂得相聚龚家瞻园。其中，除龚公子外，五人都是龚佳育所聘的府中幕客。这次聚会成为浙派形成的关键聚会，具有深远的历史意义。

李绳远（1633—1708），字斯年，号寻壑，嘉兴人，明诸生，幼年即好诗词歌赋，与弟良年、符以诗名。明亡后，不出，由诸生入国子监，先后在贵州、福建等处游幕。后去北京吏部考取同知，久不选用。又随江苏布政使、湖广总督丁思孔做幕僚，曾客云南。朱彝尊《别李绳远》（卷六）：“弃置父母邦，各事万里行。我游愈上谷，君去适昆明。迢迢异乡县，邈若参辰星。”流露了对友人远赴云滇的牵挂。后因

---

① 龚佳育（1622—1685），初字祖锡，号介岑，钱塘人。曾任山东按察佥事、江南布政使司布政使、太常寺卿、光禄寺卿等职。所至有异绩，深受百姓爱戴。龚佳育是金陵藏书兼刻书的名家，“藏书至数万卷”。学者黄虞稷在他府中立馆，一面教其子弟，一面为其校书。龚氏刊行的《授经图》《春秋纂例》诸书，大都经黄虞稷校正。龚佳育每做官一方，都会招集一批学士入幕从事刊书和学术交流。

病辞归，晚年在杭州西溪龙归坞竹径庵居住，栖心奉佛以老。有《寻壑外言》《獭祭录》等著。幕府期间，创造了大量诗词散曲。如《张总戎席上醉歌留别》诗："岭南八月秋风清，边江秋雨波涛横。我浮南云上西岳，几日得度端州城。端州城边月初见，端州总戎夜开宴。金屏美人如花容，赵舞吴歌坐深院。"记载了作者在张总戎席上欣赏妓乐演出，极力渲染端州（广东肇庆）总戎军中夜宴歌舞演剧的盛况。

李良年（1635—1694），字武曾，号秋锦。一生游幕以终。少有隽才，与朱彝尊同乡共研诗、词，人称"梅里诗（词）派"。至京师，以诗名世，与朱彝尊并称"朱、李"。前辈诗人屠爌曾月旦镇上诸诗家，以为朱彝尊才华出众，里中唯良年一人能并驾齐驱。康熙六年（1667），入宣府（河北宣化）守备严炜幕府。康熙十年（1671），入黔，客巡抚曹申吉幕府。康熙撤"三藩"，吴三桂露反意，他有感于西南将乱，遂辞归。康熙十七年（1679），他与朱彝尊同被推荐赴博学鸿儒试，报罢。诗名甚著，幕府争聘之。离京，王渔洋有《送李武曾归禾中》、陆嘉淑有《送李武曾良年》，李良年则有《次韵留别王阮亭侍郎》道出落选悲苦："心事惟公识，春前早办归"，"故人吟赠好，不比渭城杯"。董苍水、邓汉仪、孙枝蔚等以诗安慰，李良年有《董苍水孝廉先去都门贻诗见慰予以升沉正当齐视本无所失何用慰也次韵却柬》，恰流露了李良年此地无银的心酸和伤感。出京旋入凤阳知府、福州督府为幕。曹贞吉《秋锦山房词序》谓李良年曾于顺治十六年（1659）"秋游都下，与予论诗相倡和，盖自己亥之岁。其后，秋锦游处相半，虽在万里外，缄书寄咏，岁必一二至，以为常"。后应徐乾学之邀，助修《一统志》。朱彝尊有《征士李君行状》记其生平。李良年工诗词，尤以词闻名，有《秋锦山房集》。中有《秋锦山房词》六十九首，刻入《浙西六家词》中，为"浙西词派"中坚。词宗南宋，清雅醇正，含蓄蕴藉。自称"梦窗之密，玉田之疏，必兼之乃工"，多词抒发兴亡之感及怀才不遇之悲。

李符（1639—1699），初名符远，字分虎，号耕客。一生未官，客游四方。曾入云南幕府，后暴卒于福州。有《香草居集》，其词集名《耒边词》一百四十余首，被刻入《浙西六家词》，是“浙西词派”的重要词人，与其兄李良年有“词派连枝”之评。朱彝尊《耒边词序》云：“使君（曹溶）既归倦圃，李子分虎时时过从，相与论词。其后分虎游屐所向，南朔万里，词帙之富，不减于曩日，殆善学北宋者。顷复示予近稿，益精研于南宋诸名家，而分虎之词，愈变而极工。方之武曾，无异埙篪之迭和也。”李符《红藕庄词序》：“予曩游都门，与蘅圃定交，即俶装归，惜未多见其词。近复合并白下，尽观所制，大率以石帚为宗，而旁及梅溪、碧山、玉田、龙洲、蜕岩、西麓各家之体格。吟牖相对，与予续有倡和。予既叹服蘅圃之敏且工，而又自幸同调之得朋也。”《白雨斋词话》认为：“二李词绝相类，大约皆规模南宋，羽翼竹垞者。武曾较雅正，而才气则分虎为正。”因终生游幕的经历，必然多迎来送往的应酬，于是，李符的词便充斥了大量的“题画词”，连篇累牍，开乾、嘉时期汗牛充栋的题画词之风。李良年、李符及其兄李绳远，时人并称“嘉兴三李”，是清初三位颇具影响的诗人、词人。朱彝尊《耒边词序》云：“今海内甄综人物，辄数吾乡三李，惟斯年独不以词鸣。比闻自怀宁转客长洲，江左固多词人，荪友、子山、其年、葆馚，其词皆与南北方驾。斯年当必见猎而喜，然则三李之间，庶其可继花萼成集。南归之日，将并序之。”

沈岸登（1650—1702），字覃九，平湖人，有《黑蝶斋词》七十余首。其词学姜夔风格清新淡雅，内容不够深广。如《风入松·村居》写家乡景色：“东湖东畔有驴乡，绿遍旧垂杨。故人问我移家处，隔秋云，一线溪长。恼乱比邻鹅鸭，传呼日夕牛羊。玉缸分碧过苔墙，薄醉引新凉。茅堂不为斜阳闭，伯年时，燕子思量。荷叶青裁衫袖，竹根淡约钗梁。”意境宁静安详，淡中有味，词中有画。

沈皞日，字融谷，号茶星，平湖人，贡生，游幕为生。龚翔麟

《拓西精舍词序》谓沈皞日“足迹半天下”。康熙十七年（1678）春，游集庆，与龚翔麟相遇秦淮之上。龚索其稿，则自逊为少作之未尽善，隐而不出。二人遂唱和累月，得数十调，蘅圃录而藏之椟。未几别去，复游京师。越一载，更郎近制，愈多而愈工。龚翔麟并在其《拓西精舍词序》谓龚翔麟《拓西精舍词序》词“篇帙最富，若尽出以传，吾知有井水处，咸歌拓西之词矣”。于是蘅圃“因取前所存者，合为一卷”，为之刊刻并投资出版。康熙二十三年（1684）秋，沈皞日赴来宾知县任。朱彝尊与洪升、徐善、龚翔麟皆作《朝天子》曲为之送别，又与严绳孙、彭孙遹、曹贞吉及子昆田各作词《一枝花》一首以相送。沈皞日有《拓西精舍词》八十余首，词多寄赠之作，思亲怀友，情感真挚，咏物大多为咏花木草蔬，清淡有致，然缺少寄托之意。

柯崇朴，字敬一，号寓匏，曹尔堪之婿，嘉善人。康熙十一年（1672）副贡，官中书。己未举博学鸿词，官内阁。有《振雅堂集》，词风醇雅。协助朱彝尊选编《词综》，倡导“浙西”词风。

六子相聚瞻园，彼此唱和，相交甚契。六家词集中众多同调同题之作，即作于同幕龚府之时。六子的这次聚集，直接促动了龚翔麟编辑《浙西六家词》。康熙十八年（1679），龚翔麟将朱彝尊《江湖载酒集》三卷、李良年《秋锦山房词》一卷、沈皞日《柘西精舍词》一卷、李符《耒边词》二卷、沈岸登《黑蝶斋词》一卷、龚翔麟《红藕庄词》三卷合刻为《浙西六家词》。每家词集前皆有序，除《秋锦山房词》外，其他序言皆彼此相互捉刀代作。这些序言篇幅虽小，却保存了较多的史料，对于考察浙西词派的群体构成和初期活动形态及其当时词坛风气均有重要意义。其最明显的词学信息是：诸子的词集从搜集结集到出版所需之费全部由龚翔麟承担，而且六子长期客于龚幕，有较多的时间进行词学交流。

二、朱彝尊与龚翔麟幕府的词学活动

朱彝尊自入龚佳育幕，便与龚翔麟多切磨词学，自不必言。李符填词亦源于龚幕时期。高层云《布衣李君墓表》：“其后偕赵比部榷使于广陵，旋为金陵龚方伯（佳育）延致其署。公子蘅圃（龚翔麟）以兄礼事之。”可知入幕时间概在康熙十六年（1677）。龚府藏书甲于天下，藏书楼名“玉玲珑阁”，校刻有《玉玲珑阁丛书》。高层云《墓表》谓：“蘅圃又精鉴别，每得善本，君（李符）互相雠校。绛云烬后，以龚氏为最。先是，朱子锡鬯亦客龚署，故玉玲珑阁藏本，皆君与锡鬯勘定为多。”可知，龚府中的幕客多从事校对典籍的工作。朱、李相聚龚幕，工作余暇多有诗词唱和交流。朱彝尊离江宁入京应试，李符仍居龚幕，逗留数年。他与龚翔麟行吟往来，其唱酬之作多载于《香草居集》中。朱彝尊《解佩令·自题词集》谓学词“不师秦七，不师黄九，倚新声、玉田差近”。《词综发凡》又谓“姜尧章氏最为杰出”，公然标举南宋姜、张。同时，在朱、龚诸子的通力合作下，世所罕见的张炎《山中白云词》善本也得重见天日。朱彝尊编《词综》时尚未得见《山中白云》足本，但不久，就从钱庸亭处借录得张炎词集凡三百首，“厘为八卷，与诸同志辨正鱼鲁”。李符继与龚翔麟“取他本校对，或字句互异，题目迥别，则增入而存之，锓枣以传”。经过诸子的校对勘正，龚翔麟本《山中白云词》成为传世善本，这对于张炎词的推广和传播起到了重要作用。

因词学声名而被聘入幕，六子于龚幕中又因工作环境的一致相互濡染。朱彝尊《鱼计庄词序》追忆往日词学交友云：“曩予与同里李十九武曾，论词于京师之南泉僧舍，谓‘小令宜师北宋，慢词宜师南宋’，武曾深然予言。”又在《水村琴趣序》谓：“予尝持论，谓小令当法汴京以前，慢词则取诸南渡。锡山顾典籍，不以为然也。魏塘魏孝廉，独信予说，频与予唱和。”李良年论词，谓“南宋词人，如梦窗之密，玉田之疏，必兼之乃工”。李符初学词“善学北宋”，与云间派相一致，而“精研于南宋诸名家”之后，所作方“愈变而极工”。朱彝尊说沈岸登词“学姜氏而得其神明”。六子的词学理论，多散见于其词集序跋，就连开派宗师朱彝尊亦无完整的词学理论著作。但在他所作的与词相关之序文中，可归结出朱氏个人的词学观，而这个词学观深深引领着浙派词人的词学宗向，进而影响词人创作上的表现。李符《江湖载酒集序》云：

> 竹垞能文章、能诗，至于词亦无勿能，予每叹其为不可及。年来倦游，方与予约，将为青鞋布袜行歌互答于长水之乡，且终老焉。未几而征车北发，旋登史馆。继此而往，倚声按谱，吾知有不暇为也。于是其友蘅圃虑其稿之散漫而易失，亟授欹氏，盖先诗与文以行矣。集中虽多艳曲，然皆一归雅正，不若屯田《乐章》徒以香泽为工者。从来托旨遥深，非假闺阁裙裾不足以写我情，《高唐》、《洛神》，婉而多讽，亦何伤于文人之笔，而况于词乎？词而艳能如竹垞斯可矣。予恐不知竹垞者，狃于法秀劝淫之语，或不能以无疑，故并道之如此。

对竹垞的填词经历做了概括，同时说明了竹垞的词学趋向。李符《红藕庄词序》（龚翔麟词集）云：

> 词至晚宋，极变而工，一时名流，往往托迹西冷，篇章传播为最盛。数百年来，残谱零落，未有起而搜集之者。竹垞工长短句，始留意搜访，十得八九。……蘅圃家钱塘，少长京师，今方在盛年，需次郎署，然一丘一壑之想，与林薮逸民且有同好。间近里门，吊南渡以来诸词人，觞咏陈迹，感湖山之寂寞，辄低徊不能去。今所雕《红藕庄词》二卷，大半削稿羁旅，而乡国之思居多

焉。读蘅圃之词者，亦可以见其意志之所存矣。

龚翔麟为沈皞日《拓西精舍词》所为《序》云：

> 吾友沈子融谷，工于词久矣。……况之古人，殆类王中仙、张叔夏。叔夏尝谓中仙词极娴雅，有白石意趣。仇山村亦云：叔夏词律吕协洽，当与白石老仙相鼓吹。是二家之词，非深于情者，未必能好；即好之而不善学，亦未必能似。今融谷情之所至，发为声音，莫不缠绵谐婉，诵之可以忘倦。虽其博综乐府，兼括众长，固不尽出于二家，然体格各有所近，不位置融谷于二家之间可也。

从上段文字可以看出，三李与朱、龚具有基本相似的词学理念。

三、词集的编纂与词学取向

词学观念的一致，对于南宋姜、张雅词的推崇已达成共识，使得他们距离结为一派只差一步之遥。到康熙十七年（1678），六子相聚瞻园，时时切磋诗艺，相与唱和。于是龚翔麟干脆将瞻园唱和词结集为《六家词》出版。龚子认为六家词以况之古人，殆类王中仙、张叔夏。宗苏、辛之风的“阳羡派”宗主陈维崧为《浙西六家词》作序，云：“从此井华汲处，都吟柳永之章；纨帕贻来，半织元稹之曲。”其深信《浙西六家词》一旦问世，必能流播广远。

同时，龚翔麟填词受朱彝尊影响更为明显。李符《红藕庄词序》云：“词至晚宋，极变而工……数百年来，残谱零落，未有起而搜集之者。竹垞工长短句，始留意搜访，十得八九。当其客通潞时，蘅圃与之朝夕，悉取诸编而精研之，故为倚声最早，无纤毫俗尚得以入其笔端。”于此可知龚翔麟与朱彝尊在词学上的师承。

朱彝尊《报周青士书》：“吾党数人，漂转四方，天自、韬荒、武曾类皆有所遇合，而听闻之谬，谓仆以古文辞倾动一时。比之不龟手之药，其业则均，而洴澼洸，封侯有异，则仆诚有所未安。”浙西词派虽属于因地域相同而产生的一个词派，但后来也包括一些创作倾向相近的他籍词人。如汪森为安徽休宁人、钱芳标为华亭人、丁澎为仁和人等，披靡各地。朱彝尊《鱼计庄词序》云：“在昔鄱阳姜石帚、张东泽、弁阳周草窗、西秦张玉田、咸非浙产，然言浙词者必称焉。是则浙词之盛，亦由侨居者为之助，犹夫豫章诗派，不必皆江西人，亦取其同调焉尔矣。”一时互相唱和，互通声气。到厉鹗声势益盛，成为朱彝尊之后的词坛领袖。因此，六子瞻园之会具有深广的词史意义，它直接促成了作为流派诞生的宣言书——《浙西六家词》的刊刻。是集与《词综》被后世并视为浙西词派形成的两大标志。瞻园之会是一次词学观念的融会和提升，它标志着自晚明以来风靡词坛的以南唐、北宋为宗的云间词派和宗苏、辛的阳羡词派将面对不可抵挡的强大对手，一场即将影响词坛百余年的词学旋风正在以不可阻挡之势吹荡而起。

而这场即将到来的词坛巨变则经由幕府完成。六子游幕瞻园，以他们为中心，使得金陵成为当时的词学中心并影响深远。《六家词》刻成不久，诸子各自离幕而去。朱彝尊、李良年、沈皞日北上京师，参加康熙十八年（1679）的博鸿之举；李符则居留金陵，继续从事词学活动；龚翔麟则来往于两地，为诸子的进一步交流牵线搭桥。随后，朱彝尊因博鸿中举，典试金陵，遂将北京与金陵两个词学中心连在一起。于是，浙西词派便借权势与地势而遍及大江南北，成为词坛主流。

以六子为标志的浙西诗人群体并非出身世家，他们多手工业者或小商贾。如《送王翃游粤》所载以“前路夕阳外，行人春草中”诗句为时人激赏的王介人翃，是一位开染坊的小老板，后弃业游幕，布衣而终。为人孤傲，落拓不羁，有三国时击鼓骂曹的祢正平遗风。王介人死于抵北京的舟中，遗诗千余首。而周青士则是米商。处士陈晋明客京师，再客武昌，临行，朱彝尊为之饯行并写送别诗《送陈四处士晋明再入楚》，诗云："燕山雪后送君行，茸帽驼裘马上轻。一片晴川万杨柳，春风重入武昌城。"更多的青年才俊多游幕为生。王汸游岭南，黄伋客闽，陆进游汝阳，李秋锦、沈进等都几乎终生游幕。他们以束脩之资养家和从事文学交游。

四、《词综》编选及浙西词派的形成

康熙十一年（1672），朱彝尊从扬州回嘉兴，偕周青士访同里柯崇朴，商榷编辑《词选》事宜。当日聚首切磋之际，柯崇朴尚不知词选的原则，故《词综后序》云"稍引其端而未究其绪"，如何操作尚未决定，诸子便各自出游入幕。周青士馆桐川，朱彝尊北上京师入潞河龚家育幕府，柯崇朴亦奔走南北，入幕求食。但诸子相与书札交流，各自在幕府中抄录和购买宋元人词集，进行积累。八年后（1678），《词选》选辑终止，汪森付资刊刻。

朱彝尊《词综·发凡》自言负责"抄撮"。同时参与"讨论编纂者"共二十一人："汪子以外，则安丘曹舍人升六，无锡严征士荪友，江都汪舍人季甪，宜兴陈征士其年，华亭钱舍人葆馚，吴江俞处士无殊，休宁汪上舍周士、季青，钱塘龚主事天石，同郡俞处士右吉，沈上舍融谷，缪处士天自，沈布衣覃九，叶舍人元礼，李征士武曾、布衣分虎，沈秀才山子，柯孝廉翰周，浦布衣傅功，暨门人周灊岳也。"其中主要参与者三人："休宁汪森增定，嘉善柯崇朴编次，嘉兴周筼辨讹。"从上述名单可知，他们都是有学术情结的隐士或新贵。可以推知，他们合力从事的这个重大项目，尽管由朱彝尊主持，但朱却并不需付出修金，每个人都是自筹自治。如嘉兴柯崇朴，参加《词综》编纂即完全出于一种学术情结。

周筼（1623—1687），字青士，别字筜谷，嘉兴人，终生布衣。明末兵乱，弃举子业，21 岁时移居梅里，开设米店，以卖米为业，颇有积蓄。故家有遗书连船载以鬻于市者，青士买得一船，积楼下，自晨至午居市肆交易，过午辄闭肆，箕筥，斗斛，权衡堆满肆，拨乱书糠籺中，吟诵不辍。工诗，好客，与同里王翃①、范路②、路弟子缪泳，王汸③，朱一是，沈进④，李麟友⑤，朱彝尊、李良年、钟渊映等比邻相善，诗酒往来无虚日，有“梅里诗派”之称。周篔为人不趋附权贵，坦荡不羁，交游广泛，秉性刚直好义，遇人有急难，竭其所有相助。友人戴丙因家贫将女儿鬻于富家，及长婚配仆人。周篔知道后慷慨解囊，将戴女赎出并为之操办婚姻大事。又有采石商人将千金寄存周篔处，未几，商人不幸溺死。周篔为之买棺成殓，并将千金全数交还商人之子。每逢灾年，必出钱散米救赈难民，惠及乡里。后因耽于诗文，不善经营，生计日窘，遂以授人诗文为生。往来嘉善、桐乡之间，远近受业者甚众，所谓“梅里诗派”者，实肇始于周篔。康熙二十年（1681）七月，朱彝尊典江南乡试。九月，周篔去江宁晤朱彝尊，两人相见甚欢。十月，周篔、朱彝尊、王翚、李符等同游摄山，王翚为之绘图，周篔等各有诗以记。二十四年（1685）北上入龚佳育幕府，与竹垞相聚，竹垞有《喜周篔至》（卷十二）：“耆旧西吴大雅材，白头才一到金台。最愁马上乘船似，不道天边犯雪来。酒盏四年方得共，烛花昨夜记曾开。郊扉晚计何时遂，十里殳山日往回。”周篔居京师两年，“浙西诗人周青士”之名誉满京城。周篔在京师以布衣而傲睨权贵，嵚崎磊落，为人激赏。两年后，辞幕南返。同龚翔麟同舟返，至宿迁，堕水死。精于词律，广泛搜集唐、宋、元词家作品，按体裁编成《词纬》三十卷，又编《今词综》十卷，与柯崇朴同辑《乐章考索》十卷。著作有《采

① 王翃，字介人，以布衣称，陈子龙为其诗作序，有《秋槐堂集》。

② 范路，字遵甫，自兰溪迁长水，经乱卖药于市，有《灵兰馆集》。

③ 王汸，字千明，秀水学生，有文行，为盗所害。

④ 沈进，字山子，嘉兴县学生，有诗名，与周青士并称“周沈”。有《兰村集》，辑《古文会粹》二卷，《行国录》一卷。

⑤ 李麟友，字振公，扬州学官李自明次子，史可法兵败，自明自缢。麟友遂弃诸生，隐居其诗慷慨悲壮。

山堂集》二十四卷、《析津日记》三卷、《投壶谱》一卷。

周筼从事诗文创作和学术交流的经济支撑主要源自其米店经营。其参与编定《词综》二十六卷，负责校勘工作，辨证古今字句音韵之讹，极为精当。"如史梅溪《绮罗香》后阕'还被春潮晚急'，原系六字为句，《草堂》坊本脱去'晚'字，诸本因之。周晴川《十六字令》'眠，月影穿窗白玉钱'，原系'眠'字为句，选本讹作'明'字，遂以'明月影'为句。欧阳永叔《越溪春》结语'沉麝不烧金鸭，玲珑月照梨花'，并系六字句，坊本讹'玲'为'冷'、'珑'为'笼'，遂以七字五字为句。…… 其余纠正，难更仆数。"（《词综·发凡》）在周青士的帮助下，《词综》勘正了一些常见的人名，词人所处时代，词作的作者，以及词作中字句、音韵等的讹误。虽然陆续被后人发现书中仍存在不少错误有待勘正，但对当时来说，已属前所未见的大型历代词选集，在学术方面的价值当瑕不掩瑜。经周筼介绍，朱彝尊与年少自己二十余岁以藏书知名的汪森相识，直接促成了《词综》工程的启动。

汪森（1653—1723），字晋贤，号碧巢，安徽籍，侨居桐乡，贡生，官户部郎中。在桐乡修建别墅，朱彝尊《小方壶存稿序》云："碧巢当吟窝，筑华及之堂以燕兄弟宾客，建裘杼楼以藏典籍。其曰小方壶者，郡城东角里之书屋也。……吾友周布衣青士，好论诗，……晋贤特虚己下之，不以为忤。又交沈秀才山子，均延之宾坐，鸡鸣风雨不辍其音，海内名士闻声相求，舟车接于逵道。晋贤出缟纻订侨札之分，时名藉甚。"可知，汪森之藏书楼不仅多藏宋元善本，而且也是一个文人雅集的学术沙龙。周青士、沈进都是汪府名士。"哲昆周士，治别业于鸥波亭北。令弟季青，侨居雉城，往来酬和。四方名流，企其风尚，拏舟至者，户外屦满。有西溪小筑《忆秦娥》词云：'城隅嫩柳浮烟色，溪桥一带花遮宅。花遮宅，峭寒风雨，最难禁得。半篙新涨沙痕碧玉。篱根细糁苍苔迹。苍苔迹，春泥藜杖，到来吴客。'颇有宋元遗响。"可知汪森与朱彝尊词学观的一致。尽管年龄相差二十余岁，但学术宗向的一致使得二人成为忘年之交。

在《词综》编纂工程中，柯崇朴负责考订“词人之本末”。秦瀛《己未辞科录》卷四引《鹤征录补辑》所载，柯崇朴设法抄得周密《绝妙好词》，“所居小幔亭藏书甚富，尝与筜谷、竹垞两翁同辑《词综》，以未见周草窗《绝妙好词》为恨，属从子煜于钱遵王处借钞之，即为刊行”。朱彝尊《柯寓匏振雅堂词序》则记载了柯崇朴协助朱彝尊“编次宋元人之词，又同周布衣青士，博采诗人体制，探其源流，为《乐章考索》一书，其用心也勤，其倚声也敏，其于诗也兼工”。

朱彝尊、汪森诸子，在游幕之余专力于搜集前人典籍，为编辑《词综》大量搜集资料。他们都各用自己束脩之金购置图书，同时，他们也大量地进行抄录。《词综》的资料收集即得力于游幕和抄书，《词综·发凡》：“是编所录，半属抄本。白门则借之周上舍雪客、黄征士俞邰，京师则借之宋员外牧仲、成进士容若，吴下则借之徐太史健庵，里门则借之曹侍郎秋岳，余则汪子晋贤购诸吴兴藏书家，互为参定。”

黄虞卿（1629—1691），字俞邰，号楮园，初晋江安海金墩人，乃父黄居中有藏书楼——千顷斋。黄居中明末官南京国子监丞，酷爱典籍，修脯所入，衣食所余，均用于购书。筑千顷斋珍藏典籍，所收达六万余卷。黄居中还撰有《千顷斋藏书目录》《千顷斋集》。黄虞卿改父书斋为“千顷堂”。黄虞卿十六岁入江宁郡学，博览群书，于典籍问无不知，知无不举其精义，被当地藏书家丁雄飞视为知己。易代之际，黄虞稷慎守先世藏书，又广泛搜购他人流散市上的藏书，充实己藏。在其父黄居中千顷斋藏书六万余卷的基础上，增至八万多卷，成为江南首屈一指的大藏书家之一。连当世名儒、藏书家钱谦益在编纂《列朝诗集》时，也得向其借书，因之得以“尽阅本朝诗文之未见者”。黄虞稷拥有丰富的藏书，从不矜啬，公之同好，互相研究考订。他“常与江左诸名士约为经史会，以资浏览，借阅者无虚日”。他又和好友丁雄飞等人建立“古欢社”，尽出家藏秘本，互通有无，相与质疑问难，参订发明。为使当时历劫幸存的珍贵版本书籍得以广泛流传，黄虞稷还会同藏书家周在浚，共同发起征刻唐宋秘本藏书。他们从各自家藏中精心挑选出唐、宋秘本九十六种，详加校订，编成《征刻唐宋秘本书目》一卷，刊刻发布，广泛征求有财力的有识之士刊印出版，希望以此带动海内藏书家，共出所藏珍本。此一举动，得到许多学者的积极响应。朱彝尊、魏禧等五人联名发表《征刻唐宋秘本书启》，张芳还专就此事撰文，愿天下人共襄盛举。不久，纳兰性德刊刻《通志堂经解》，首先收入黄虞稷和周在浚提供的经部书籍。其后，在官纂《武英殿聚珍版丛书》和私刊《知不足斋丛书》中，又陆续刊印《征刻唐宋秘本书目》中的绝大部分珍籍。黄虞稷利用家藏的珍本，常与当时的名士学者论事校书。黄氏据其藏书，以个人之力，穷十数年之功，编成《千顷堂书目》，并以抄本形式广为流传。此书的编纂先后得到朱彝尊、杭世骏、卢文弨、吴骞诸等学者的推崇和校补，日臻完善，成为中国目录学史上不可或缺的重要著述。

朱彝尊与黄虞卿同为幕友，两人曾同入潞河龚佳育幕府。龚佳育是金陵藏书兼刻书的名家，黄虞稷在他府中立馆，一面教其子弟，一面为其校书。龚氏刊行的《授经图》《春秋纂例》诸书，大都经黄虞稷校正。

周在浚（1640—1696）字雪客，号梨庄，其父周亮工，在金陵有藏书楼——赖古堂。周亮工一生游宦四方，随处访求典籍，藏书日富。其中尤以藏闽中谢在杭书为珍贵。谢氏曾从秘阁传抄稀见典籍，亮工因而得唐宋秘本数百种。净雨《清代印刷史小记》：“清代刻书之兴盛，当推周亮工栎园为先驱。周氏河南人，世以刻书为业，清代开国而后，雕版行世，亮工实始其事。洎通籍，所收秘阁书甚多。”慕其藏书之富，和同道相谊，朱彝尊入周幕抄书。

早在山西曹溶幕府，在友人酒宴中，朱彝尊便与周在浚相识。二十年后，同官京师多有交游。后周在浚任职太原，朱彝尊为之送行，其

《送周参军在浚之官太原》："川涂屡漂泊，第宅改湫隘。谋生术愈疏，汲古心匪懈。诗图审正变，乐章别流派。博稽皇象碑，耽读向平卦。以兹河汉才，金门足迁拜。"

数位藏书家曾联手合作了许多刻书项目，净雨《清代印刷史小记》："在浚与晋江千顷堂黄氏仲子虞稷（俞邰），据所藏善本，同编《征刻唐宋秘本书目》，募剞劂之资。时人张芳因为藏书宜刻，刻藏书宜先经史后子集，藏书宜同心校刻诸论；而朱彝尊、钱陆灿、魏禧、纪映钟、汪楫五人为之启。"周在浚主持汇刻《古今词汇》，朱彝尊亦参与其中的部分工作，卓回作于康熙十七年（1678）《词汇缘起》云："去秋复自家之江宁，雪客启藏书楼阁，检验宋元秘本，且丐贷于俞邰、瑶星、锡鬯诸子。"卓回《古今词汇初编》所载"参定"者名单中亦有朱彝尊之名。朱彝尊编辑《词综》，多赖古堂和千顷堂借阅和抄录。

当诸子各自完成搜集校勘工作之时，汪森负责刊刻。朱彝尊《摸鱼子》自注："同青士重访晋贤，时书楼落成，订《词综》付雕刻，有怀周士、季青在吴兴。"《词综》共三十六卷，前二十六卷为朱彝尊费时八年编选而成，后十卷则由汪森增补而成，共收唐、五代、宋、金、元等词作二千余首，作者六百余人。依其合乎"醇雅"之词的标准下，选词最多的十大词家，依序为：周密五十七首、吴文英五十七首、张炎四十八首、辛弃疾四十三首、周邦彦三十七首、王沂孙三十五首、温庭筠三十三首、张先三十首、张翥二十七首、史达祖二十六首。这些词家中，除辛弃疾、温庭筠、张先三人非浙西词派所认定的同一流派外，其余皆是追求同一韵味的姜派传人，或是姜夔远绍词风的词人——周邦彦。

自南宋姜夔以下，尊奉其旨而为同脉者，朱彝尊《黑蝶斋诗余序》认为："词莫善于姜夔。宗之者：张辑、卢祖皋、史达祖、吴文英、蒋捷、王沂孙、张炎、周密、陈允平、张翥、杨基。基之后，得其门寡矣。"汪森《词综序》则认为："鄱阳姜夔出，句琢字鍊，归于醇雅。

于是史达祖、高观国羽翼之，张辑、吴文英师之于前，赵以夫、蒋捷、周密、陈允平、王沂孙、张炎、张翥效之于后，譬之于乐，舞《箾》至于九变，而词之能事毕矣。”朱、汪二人列举的词家，除元人张翥及明人杨基外，其余均是南宋词人。这说明了姜、张词风对南宋词坛影响甚深，但后继者却寥寥无几。承接此风的正是浙西词派，因而朱彝尊说，《词综》问世后，词坛将“从今不按，旧日《草堂》句”。朱彝尊认为词要“醇雅”，不要多“硬语”“新腔”（《水村琴趣序》）。奉姜夔、张炎为词坛正宗，他说：“词虽小技……有诗所难言者，委曲倚之于声，其辞愈微，而其旨益远。善言词者，假闺房儿女子之言，通之于《离骚》、变《雅》之义，此尤不得志于时者所宜寄情焉耳。”（《红盐词序》）此论在当时有为而发，所以其词也多有兴亡之感。朱彝尊所作的词现存四种，共七卷，五百余首。《江湖载酒集》三卷，《静志居琴趣》一卷，《茶烟阁体物集》二卷，《蕃锦集》一卷，都已收入《曝书亭集》。风格清雅疏宕。陈廷焯《白雨斋词话》评其词为“疏中有密，独出冠时”；并认为“《江湖载酒集》洒落有致，《茶烟阁体物集》组织甚工，《蕃锦集》运用成语，别具匠心”。长调如《金明池·燕台怀古和申随叔翰林》《水调歌头·谒张子房祠》《金缕曲·初夏》等亦工。但比较来说，是以小令为长。如《桂殿秋》：“思往事，渡江干，青蛾低映越山看。共眠一舸听秋雨，小簟轻衾各自寒。”况周颐推为一代“佳构”：《卜算子》“镇日帘栊一片垂，燕语人无语。”厉鹗表示“心折”。众誉之评表明了竹垞词在浙派中的领袖地位和后代词坛对其词风的认同。

《词综》选取唐、五代、宋、金、元词660家，2250多首。选词方面坚持雅正的准则，体例安排十分严谨。按照朝代先后次序排列，帝王之词各置于该朝之前，其余词人也是依照年代先后予以排列。《词综·发凡》记录了编纂中也“考之正史，参以地志、传记、小说，以集归人，以字归名，得十之八九”。务求体例统一，以方便读者翻阅。汪森

《词综　序》云："庶几可一洗《草堂》之陋，而倚声者知所宗矣。"《词综》一书的出现，确实为浙西词派在推展其创作理念上，起了一个良好的示范作用。浙西词派能在清代中期词坛独领风骚，《词综》在其中扮演催化的角色功不可没。

虽则浙西词派在明末清初词坛独领风骚，但仍不能免受指摘，原因在于：浙派词过分追求技巧，讲究声律，偏重词句琢磨，作品虽多，题材仍不免狭窄。陈廷焯《白雨斋词话》病其"微少沉厚之意……托体未为大雅"。朱氏又以为诗词有别，韩愈"欢愉之言难工，愁苦之言易好"的话，只适用于诗，"至于词或不然，大都欢愉之辞，工者十九，而言愁苦者十一焉耳"。《紫云词序》论词的社会功能也表达了"词则宜于宴嬉逸乐，以歌咏太平，此学士大夫并存焉而不也"的观点，在一定程度上对浙派词人和朱彝尊本人的创作都产生了不良的影响。不过瑕不掩瑜，文学史上没有任何一个流派完美无缺。不足和缺陷并没有影响浙西词派在当时的广被认同和审美接受。

总体来看，浙西词派，风靡清中期词坛近百年之久，堪称清代参与人数最多、历时最久、影响最大的一个词派。清末文廷式《云起轩词钞自序》论浙派影响云："二百年来，不为牢笼者，盖亦仅矣。"其影响之巨一直延续到晚清。而从作者组成身份看，则是幕府生活最终促成了浙西词派的形成，游幕之行促成了浙派词观的广播和产生影响。

参考文献

[1] 陈子龙. 陈子龙诗集 [M]. 上海：上海古籍出版社，1983.

[2] 陈瑚辑. 从游集 [M]. 扬州：江苏广陵古籍刻印社，1985.

[3] 张大复. 梅花草堂笔谈 [M]. 长沙：岳麓书社，1991.

[4] 戴仁柱. 十三世纪中国政治与文化危机 [M]. 刘晓，译. 北京：中国广播电视出版社，2003.

[5] 方文. 嵞山集 [M]. 上海：上海古籍出版社，1979.

[6] 顾梦游. 顾与治诗集 [M]. 四库全书存目丛书补编一. 济南：齐鲁书社，2001.

[7] 顾炎武. 顾亭林诗文集 [M]. 北京：中华书局，1959.

[8] 归庄. 归庄集 [M]. 上海：上海古籍出版社，1984.

[9] 何良俊. 四友斋丛说 [M]. 北京：中华书局，1959.

[10] 金埴. 不下带编 [M]. 北京：中华书局，1982.

[11] 计六奇. 明季南略 [M]. 上海：商务印书馆，1936.

[12] 况周颐. 蕙风词话 [M]. 民国 13 年（1924）武进赵尊岳刻本.

[13] 李因笃. 受祺堂诗集 [M]. 民国 20 年（1931）铅印本.

[14] 梁启超. 中国近三百年学术史 [M]. 上海：中华书局，1937.

[15] 林庚白. 丽白楼遗集 [M]. 北京：中国人民出版社，1996.

[16] 李邺嗣. 杲堂诗文集 [M]. 杭州：浙江古籍出版社，1988.

［17］刘献廷．广阳杂记［M］．北京：中华书局，1985.

［18］陆世．思辨录辑要［M］．北京：中华书局，1985.

［19］李延昰．南吴旧话录［M］．上海：上海古籍出版社，1985.

［20］李生龙．隐士与中国古代文学［M］．长沙：湖南教育出版社，2003.

［21］温睿临．南疆逸史［M］．北京：中华书局，1959.

［22］钮琇．觚剩［M］．南炳文，傅贵久点校．上海：上海古籍出版社，1986.

［23］瞿式耜．瞿式耜集［M］．上海：上海古籍出版社，1981.

［24］钱谦益．牧斋有学集［M］．上海：上海古籍出版社，1996.

［25］钱谦益．列朝诗集小传［M］．上海：古典文学出版社，1956.

［26］钱泳．履园丛［M］．北京：中国书店，1991年影印本

［27］阮葵生．茶余客话［M］．北京：中华书局，1985.

［28］任源祥．鸣鹤堂文集［M］．光绪16年（1890）刻本．

［29］宋懋澄．九籥集［M］．北京：中国社会科学出版社，1984.

［30］孙静庵．明遗民录［M］．杭州：浙江古籍出版社，1985.

［31］孙枝蔚．溉堂集［M］．上海：上海古籍出版社，1979.

［32］施闰章．施愚山集［M］．合肥：黄山书社，1992.

［33］宋琬．宋琬全集［M］．济南：齐鲁书社，2003.

［34］司徒琳．南明史［M］．上海：上海书店出版社，2007.

［35］尚小明．学人游幕与清代学术［M］．北京：社会科学文献出版社，1999.

［36］史可法．史可法集［M］．上海：上海古籍出版社，1984.

［37］万寿祺．隰西草堂集［M］．（1932—1933）刻本．

［38］吴梅村．吴梅村全集［M］．上海：上海古籍出版社，1990.

［39］王士祯．池北偶谈［M］．北京：中华书局，1982.

[40] 汪琬．尧峰文集［M］．上海：上海书店，1989影印本．

[41] 王时敏．王烟客集［M］．苏州：振新书社，民国5年(1916)铅印本．

[42] 汪琬．钝翁前后类稿［M］．上海：上海书店，1989.

[43] 魏禧．魏叔子文集［M］．北京：中华书局，2003.

[44] 魏裔介．兼济堂文集［M］．中华书局，2007.

[45] 夏完淳．夏完淳集［M］．白坚笺校，上海古籍出版社，1991.

[46] 徐渭．徐渭集［M］．北京：中华书局，1983.

[47] 谢肇淛．五杂俎［M］．北京：中华书局，1959.

[48] 徐夜诗选注［M］．天津：天津古籍出版社，1993.

[49] 谢国桢．增订晚明史籍考［M］．上海古籍出版社，1982.

[50] 徐釚．词苑丛谈［M］．北京：中华书局，1985.

[51] 余怀．板桥杂记［M］．南京：江苏文艺出版社，1987.

[52] 严迪昌．阳羡词派研究［M］．济南：齐鲁书社，1993.

[53] 卓尔堪辑．明遗民诗［M］．北京：中华书局，1961.

[54] 张煌言．张苍水集［M］．上海：上海古籍出版社，1985.

[55] 张瀚．松窗梦语［M］．北京：中华书局，1985.

[56] 周亮工．尺牍新钞［M］．长沙：岳麓书社，1986.

后　记

《经济与文学——对清初文人方文、朱彝尊的经济活动的考察》一书是对早期著作《明清之交文人游幕与文学生态——以徐渭、方文、朱彝尊为个案》（上海古籍出版社 2008 年）的修订。早期著作主要立足于文学的生成与嬗变的过程，文人的经济生活在其创作中所起到的作用。立足于文学，回归于文学。本次修订专注于经济的运作，古代文人如何经营自己的家庭、收入，其经济状况如何维系其文学创作、学术研究。由于徐渭生活于明朝，尽管他生命中最重要的旅程是游幕，但明清时期多数文人都有徐渭的生活经历。而方文和朱彝尊则分别代表了清初明遗民的两种阵营和两种选择。故本次修订不再关注徐渭。

易代之初，方文、朱彝尊等大批明遗民不仕新朝，含辛茹苦，誓做遗民。期间，各自谋求生存的途径，方文行医、卖卜，朱彝尊则做幕僚。数十年坚守之后，他们仍然分道扬镳，走向不同的归程。朱彝尊出山，入仕新朝。方文则固守节操，矢志不移。朱彝尊投奔新朝是为了完成自己的学术使命，方文则用一生证明了儒家的道德承载。他们都以生命完成了对儒家传统的弘扬与传播。

朱丽霞

2019. 3. 21